DAS BUCH

Sebastian Haffner und Wolfgang Venohr, zwei profunde Preußenkenner, suchen nach der historischen Wahrheit und Gerechtigkeit gegenüber diesem unter der Herrschaft Friedrich II. entstandenen ersten Rechtsstaat Europas. Sie wenden sich nicht der allgemeinen Geschichte zu, sondern einzelnen herausragenden Personen, die die Entwicklung Preußens maßgeblich mitbestimmt haben. Dabei bevorzugt Haffner das liberale, bürgerliche und Venohr das aufständische, revolutionäre Preußen. Haffner entwirft lebendige Porträts von Bismarck, Fontane, Engels, Wilhelm II., Eulenburg und Niekisch; Venohr von Friedrich Wilhelm I., Friedrich II., Gneisenau, Moltke, Ludendorff und Tresckow. So wird eine breite historische und kulturelle Entwicklung in Einzelpersonen anschaulich.

DIE AUTOREN

Sebastian Haffner, geb. 1907 in Berlin, freier Publizist und Historiker, veröffentlichte zahlreiche Bücher, unter ihnen die vielbeachteten *Anmerkungen zu Hitler, Preußen ohne Legende* und *Im Schatten der Geschichte.*
Wolfgang Venohr, Dr. phil., geb. 1925, freier Schriftsteller und Fernsehjournalist, lebt zur Zeit in Berlin. Veröffentlichungen u.a.: *Dokumente deutschen Daseins* (Ullstein-TB 1983), *Fritz der König* (Ullstein-TB 1985), *Fridericus Rex.* Fernsehfilme u.a.: *Stauffenberg-Vorbild für ganz Deutschland, Henning von Tresckow oder der preußische Widerstand.*

SEBASTIAN HAFFNER
WOLFGANG VENOHR

PREUSSISCHE PROFILE

MIT 12 ABBILDUNGEN

ULLSTEIN

Ullstein Buchverlage GmbH & Co. KG,
Berlin
Taschenbuchnummer: 26527

Neuausgabe von UB 34618
April 1998

Umschlaggestaltung: Theodor Bayer-Eynck

Printed in Germany 1998
Satz: hanseatenSatz-bremen, Bremen
Druck und Bindung: Ebner Ulm

ISBN 3-548-26527-8

Gedruckt auf alterungsbeständigem
Papier mit chlorfrei gebleichtem Zellstoff

Die Deutsche Bibliothek –
CIP-Einheitsaufnahme
Haffner, Sebastian
Preußische Profile / Sebastian Haffner; Wolfgang Venohr. – Neuausg.
von UB 34618. – Berlin: Ullstein, 1998
(Ullstein-Buch; Nr. 26527)
ISBN 3-548-26527-8

»Ist Preußens Kraft einmal gebrochen, so wird Deutschland schwerlich dem Schicksal Polens entgehen.«

Otto v. Bismarck im Jahre 1866

»Wenn Preußen fällt, dann ist es vorbei mit der deutschen Nation! Deutsche kann es dann noch geben, aber keine deutsche Nation; nur deutsche Vasallenstaaten.«

Helmuth v. Moltke im Jahre 1868

»Deutsches Volk? Ach was: deutsch redender oder schwatzender Bevölkerungsbrei, für einen kurzen Augenblick von ein paar großen Männern in eine staatliche Form gepreßt! Morgen vielleicht sind sie tot, diese Männer, und der deutsche Brei fließt wieder auseinander und die Fremden werden dreist wieder von allen Seiten mit ihren Löffeln vorrücken zur Wiederaufrichtung der angeblichen Freiheiten teutscher Nation.«

Wilhelm Raabe im Jahre 1871

INHALTSVERZEICHNIS

PREUSSEN UND DEUTSCHLAND

VON WOLFGANG VENOHR

Um die Jahreswende 1965/66 schrieb ich in einem Filmtext: »Deutschland ist nach 1871 nicht verpreußt, sondern Preußen ist eingedeutscht worden.«

Darob, damals, allgemeines Erstaunen, fassungsloses Kopfschütteln. Heute, zwanzig Jahre später, gehört diese Feststellung fast schon zu den Binsenwahrheiten. Sebastian Haffner griff sie in seinem geistreichen Buch »Preußen ohne Legende« auf, und das öffentliche Echo klang durchaus moderat. Nur unsere unverbesserlichen Linksliberalen und die bedauernswerten SED-Historiker knirschen noch mit den Zähnen: Schließlich bräche ihnen eine Welt zusammen, wenn sie die angebliche Misere der deutschen Geschichte nicht mehr dem Preußentum anlasten könnten.

Einigkeit besteht allseits darüber, daß Deutschlands Geschichte seit 1900 in verhängnisvolle Bahnen geriet. Doch wie kam es dazu? Wer trägt die historische »Schuld« daran? An dieser Frage scheiden sich die Geister. Die einen meinen, Deutschland sei an Preußen gescheitert; die anderen sehen es genau umgekehrt.

Versuchen wir, uns den Entwicklungsgang Preußens in Deutschland vor Augen zu führen:

Da ist, 1740, ein kleiner ehrgeiziger Potentat, Friedrich II. von Preußen, der in 23 Jahren aus einem besseren Duodezfürstentum einen europäischen Großstaat macht. Als ihm das – gegen Willen und Widerstand ganz Europas – endlich gelungen ist, schreibt man das Jahr 1763. Nun hätte dieses junge Staatsgebilde, dieser mit Trotz und Neid geduldete Emporkömmling, mindestens hundert Jahre Ruhe haben müssen, um sich innerlich finden und festigen zu können. Seine Bewohner hätten erst einmal im Laufe der Zeit zu dem Bewußtsein gelangen müssen, daß sie »Preußen« sind.

Doch bereits drei Jahre nach dem Tode des Preußenkönigs, 1789, steht –

infolge der Pariser Revolution – die Nation auf der Szene. Und im Jahre 1798, also nur 35 Jahre nach dem Ende des Siebenjährigen Krieges, erscheint in Berlin, der Hauptstadt Preußens, anläßlich der Thronbesteigung Friedrich Wilhelms III. ein Flugblatt (bei J. J. Zürngibl an der Grünstraßen-Brücke), das sehr plastisch das Selbstverständnis des Volkes widerspiegelt: in dessen fünf Strophen nämlich nicht ein einziges Mal das Wort »Preußen« vorkommt, aber von »deutsch« ständig die Rede ist! Dem preußischen König wird darin die deutsche Nationalität förmlich oktroyiert:

Er gehorcht nicht fremdem Wahne,
nicht empörter Leidenschaft.
Seine Taten, seine Plane
sind Geburten deutscher Kraft!
In der Wissenschaft Gebiete,
durch das Lächeln seiner Gunst
treiben *deutscher* Fleiß und Kunst
neue Früchte *deutscher* Blüte.
Erhalt uns Ihn, o Gott!
Erhalt ihn *deutsch* gesinnt!
Durch ihn sieht dann die Welt,
was *deutsche* Kraft beginnt.

Und 1813? In den Befreiungskriegen? Da sind die besten Preußen drauf und dran, ihren Staat, den preußischen, zugunsten der Nation, der deutschen, preiszugeben. Gneisenau, der erste Generalstabschef der preußischen Armee, fühlt sich kaum als Preuße; er ist einer der großen *deutschen* Patrioten. Johann Gottlieb Fichte, der nationalrevolutionäre Philosoph, spricht in Berlin nicht zu den Preußen, sondern hält Reden »an die *deutsche* Nation«. Nicht anders denkt Wilhelm von Humboldt. Blücher, der Feuerkopf, will das »Schelmenfranzosenzeug« nicht nur aus Preußen verjagen, sondern vom »*deutschen* Boden« vertreiben. Selbst Friedrich Ludwig von der Marwitz, ein preußischer Junker bis in die Knochen, spricht 1813 seinem König von »*Teutschland*«. Für den Freiherrn vom Stein gar ist Preußen nichts als ein Mittel zum nationalen Zweck, und er spricht es unverblümt aus: »Ich habe nur ein Vaterland, das heißt *Deutschland*. Und da ich nach alter Verfassung nur ihm und keinem besonderen Teil desselben angehöre, so bin ich auch nur ihm und nicht einem Teil desselben von ganzer Seele ergeben.«

Das heißt konkret, ein halbes Jahrhundert nach Begründung der preußischen Großmacht sind die Preußen auf dem besten Wege, ihren *Staat* nicht als wohlverstandenen Selbstzweck zu betrachten, sondern ihn auf dem Altar der *Nation* zum Opfer zu bringen. Die historischen Quellen weisen aus, daß die nationale und freiheitliche Begeisterung von 1813 fast ausschließlich auf Preußen (Königsberg, Breslau und Berlin) beschränkt blieb, während sie in Sachsen-Thüringen (Theodor Körner ausgenommen), im ganzen Westen Deutschlands (von Görres abgesehen) und vor allem in Süddeutschland kaum Widerhall fand.

Das große Jahr 1813, es war genau genommen kein *deutsches*, es war ein *preußisches* Jahr! Aber es waren wiederum gerade diese Preußen, die Landwehrmänner in ihren Leinenkitteln, barfuß zum Teil, mit Piken in der Hand, das Yorcksche und das Bülowsche Korps, die Berliner, Pommern, Ostpreußen, Westpreußen, Schlesier und Brandenburger, die zum erstenmal in der Neueren Geschichte nicht für einen Fürsten und nicht für irgendeinen Länderfetzen, sondern für ein freies und einheitliches *Deutschland* kämpften.

Auf den Fürstenthronen und in den Hofkanzleien gab man sich alle Mühe, diesen unbegreiflichen preußischen Drang zur Selbstaufgabe zu zügeln; vergeblich. Etwa dreißig Jahre später steht der Verfasser der Preußengedichte, Theodor Fontane, im März 1848 hinter den Berliner Barrikaden, eine Theaterflinte in der Hand, und kennt keinen sehnlicheren Wunsch als den, daß Preußen sich schleunigst selbst umbringe und flugs in Deutschland aufgehe. Und der Mann auf der anderen Seite der Barrikade, Preußens König Friedrich Wilhelm IV., er mag innerlich noch so sehr wüten über die Demütigungen der Revolution. Er weiß, wenn er es vermeiden will, daß ihm seine »lieben Berliner« doch noch den Kopf vor die Füße legen, dann *muß* er die schwarz-rot-goldenen Nationalfarben Deutschlands anlegen, dann *muß* er es expressis verbis aussprechen: »Preußen geht fortan in Deutschland auf!«

Und es ist darin aufgegangen (nach 1870) – und es ist darin untergegangen (nach 1890). Friedrich Engels, national- und realpolitisch ungleich weitblickender als Karl Marx, hat sogleich erkannt, daß der Sieg bei Königgrätz der erste Schritt zur Eingemeindung Preußens in Deutschland war, nicht umgekehrt; daß der preußische Junker Bismarck die Sache der deutschen Bourgeoisie verfocht, gewollt oder ungewollt; und daß die königlich-preußische Armee unvermeidlich, und wenn auch gegen ihren eigenen Willen, auf die Dauer zum großen deutschen Nationalheer werden mußte.

Hat Bismarck etwa 1871 ein Groß*preußen* geschaffen? Das zu behaupten haben nicht einmal die Umerziehungsapostel nach 1945 gewagt. Was er schuf, war Klein*deutschland*. Und er tat es unter dem massiven Druck der deutschen öffentlichen Meinung, ohne Alternative und ohne Wahl, bei Strafe des eigenen Untergangs. Adresse auf Adresse, Deputation nach Deputation mußte er 1870 in Versailles empfangen. Selten ist eine Staatsgründung in der Geschichte auf einer so breiten Basis des öffentlichen Volkswillens und der allgemeinen nationalen Zustimmung in Angriff genommen worden. Und denen, die heute immer noch von der Reichsgründung 1871 als von einem undemokratischen Akt »von oben« reden, möchte man warnend zurufen: Nur nicht so laut vor Jericho! Man könnte sonst auf die Idee kommen, die »demokratische« Legitimation der beiden deutschen Teilstaaten von 1949 zu untersuchen...

Nein, Deutschland wurde durch die Reichsgründung nicht verpreußt; im Gegenteil. Und Bismarck sah das bald. Er analysierte mit sorgenvoller Schärfe den latenten inneren Widerspruch Preußens, dem es sich mit seinem ihm innewohnenden nationalen Impetus selbst auslieferte. Doch was er auch praktisch tun mochte, alles führte geradenwegs von Preußen zu Deutschland hin, und damit zum Ende des preußischen Staates. Mochte er auch noch so listig den süddeutschen Föderalismus zu stärken suchen, angeblich um den preußischen »Partikularismus« einzudämmen, tatsächlich um ihn an fremden Partikularismen in Deutschland zu kräftigen – es nützte alles nichts und schlug ihm zum Gegenteil aus. Die Wahrheit war: Es gab keinen nennenswerten preußischen Partikularismus; es hat ihn nie gegeben. Selbst Bismarck – so unglaublich das klingt – sagte, wenn er in Rage geriet: »Deutschland oder Preußen, das ist mir einerlei.«

Überhaupt: Bismarck und Deutschland, der *preußische* Junker und die *deutsche* Bourgeoisie – welche Ironie der Geschichte! Noch in den fünfziger Jahren des vorigen Jahrhunderts hatte Bismarck den bürgerlichen Drang zur Einheit Deutschlands schlankweg als »deutschnationalen Schwindel« bezeichnet und mit Blickrichtung auf die liberale Bourgeoisie verächtlich erklärt: »Es ist nicht Preußens Aufgabe, überall in Deutschland den Don Quichote für gekränkte Kammer-Zelebritäten zu spielen.«

Das klang noch ganz unsentimental nach preußischer Staats- und Interessenpolitik (innerhalb Deutschlands). Ein Jahrzehnt später – 1864, 1866, 1870/71 – tat Bismarck dann im Grunde nichts anderes, als den Deutschlandplan der liberalen Bourgeoisie zu verwirklichen! Und niemand erkannte das schärfer und schneller als Friedrich Engels, der bereits am 25. Juli 1866 an Karl Marx schrieb:

»Was die nationale Seite der Sache angeht, so wird Bismarck jedenfalls das kleindeutsche Kaisertum in dem von der Bourgeoisie beabsichtigten Umfang, d. h. inklusive Südwestdeutschland, herstellen ... Politisch wird Bismarck genötigt sein, sich auf die Bourgeoisie zu stützen, da er sie gegen die Reichsfürsten braucht ... so daß, wenn Bismarck auch möglicherweise jetzt den Bürgern nicht mehr gibt, als er eben muß, er doch in das Bürgerliche mehr und mehr hineingetrieben wird ...«

Prophetische Worte. Bismarck und Preußen: »in das Bürgerliche mehr und mehr hineingetrieben«; genauso ist es dann gekommen! Die preußische Krone, der preußische Staat, das preußische Junkertum: Sie waren nicht die Sieger von 70/71, sie genossen nur scheinbar den Triumph von Versailles. Der alte König, Wilhelm I., fühlte das nur allzu deutlich, als er am 17.1.1871, einen Tag vor der Kaiserproklamation, in Tränen aufgelöst klagte: »Morgen ist der unglücklichste Tag meines Lebens! Da tragen wir das preußische Königtum zu Grabe.«

In der Tat: Gesiegt hatten bei Metz und Sedan in Wahrheit das deutsche Bürgertum, das deutsche Volk (wie man will). Und Bismarck, der preußische Junker, tat mit der Reichsgründung nichts anderes als ein Stück Arbeit – das entscheidende Stück Arbeit! – für den Fortschritt der deutschen Bourgeoisie (und der Sozialdemokratie), was gesetzmäßig und unvermeidlich zum Untergang des feudal-agrarischen Preußen im bürgerlich-industriellen Deutschland führen mußte.

Wohlverstanden, es geht hier durchaus nicht um eine Neuauflage der liberalen Droysen-Treitschke-These von der »deutschen Mission« des preußischen Staates, an die Moltke glaubte und der er so begeistert applaudierte. Unbestreitbar haben die Könige von Preußen, von Friedrich II. bis Wilhelm I., geglaubt, sie könnten preußische Interessenpolitik in und mit Deutschland treiben; jedem von ihnen war das Hemd natürlich näher als der Rock. Nur, die Bevölkerung Preußens – in allen ihren Klassen und Gesellschaftsschichten – hat sich niemals in dem Sinne »preußisch« gefühlt, wie Bayern »bayerisch«, Sachsen »sächsisch«, Hanseaten »hanseatisch« dachten. Es gab eben kein preußisches, es gab nur ein *anti*preußisches Sonderbewußtsein.

Freilich, ein paar schwarz-weiße Konservative wie Gerlach und Roon knirschten mit den Zähnen, als die Farben Schwarz-Weiß-Rot am Reichsmast aufgezogen wurden und der Preußenadler herabsank. Doch was wollte das schon besagen? Das Bewußtsein der Massen wurde nach 1871 nicht von den konservativen preußischen Junkern, sondern vom liberalen deutschen Bürgertum geprägt. Mochten die Rochows und Bredows, die Kleists und Witzlebens sich in der Quarantäne ihrer Kasinos und Kasernen noch die Herren dünken – die Ereignisse waren längst über sie hinweggegangen, die Gesellschafts- und Machtstrukturen hatten sich nachhaltig verschoben: Kolonialpolitik und Flottenbau, Welthandel und Imperialismus, Großchemie und Bagdadbahnpolitik, Trusts und Kartelle waren Sachen des Kapitals und der Bourgeoisie, von Siemens und AEG; aber nicht des preußischen Schwert- und Amtsadels. Und als der erste bürgerlich-imperialistische Krieg 1918 zu Ende war, da waren die Junker fast alle gefallen, und von Preußen war nicht viel die Rede mehr.

Ja, hier scheiden sich die Geister: Deutschland ist nach 1871 nicht verpreußt, sondern Preußen ist eingedeutscht worden (soweit das bei dem nationalen Bewußtsein seiner Bevölkerung überhaupt noch nötig war). Das junkerliche Offizierskorps in der Armee und das reaktionäre Dreiklassenwahlrecht in Preußen haben diese Entwicklung nicht aufhalten können. Der Krieg von 1914 entstand nicht um des »preußischen Militarismus« willen, sondern aus dem Zusammenstoß des deutschen bourgeoisen Imperialismus mit den entsprechenden Imperialismen Englands, Rußlands, Japans, Frankreichs und – später, aber nicht zuletzt – der Vereinigten Staaten von Nordamerika. Und die ostelbischen Gutsbesitzer, konservativ-agrarisch orientiert und »nach Juchten riechend«, waren vom bürgerlich-ökonomischen Denken ungleich weiter entfernt als Liberale oder auch als Sozialdemokraten.

Warum liest niemand mehr Gustav Freytags prophetisches »Soll und Haben«? Es ist der bürgerliche Klassenroman deutscher Nationalliteratur. Ein Blick genügt, und man versteht, daß die junkerlichen »Rothsattels« den bürgerlichen »Schröters« historisch hoffnungslos unterlegen waren. Man begreift, daß gegen Kapital, Arbeit, Wachstum und Profit kein Kraut gewachsen war (auch kein Krautjunkertum). Zum erstenmal erschien in Preußen ein Roman, der in seiner Ideologie völlig *unpreußisch,* der von einem *deutschen* Liberalen geschrieben worden war: mit seinem aufkeimenden Antisemitismus, der beinahe schon rassistisch begründet wurde, mit seinem deutschen Chauvinismus, der auf Kosten des Polentums ging. Dem Rezensenten Fontane wurde es – bei aller Bewunderung der literarischen Leistung und der figurativen Originalität – in seiner preußischen Haut unheimlich zumute.

Kurz, spätestens seit 1890 war Preußen in Deutschland nur noch eine Fiktion, wurde es zum Schreckgespenst degradiert. Nur sein unnachahmliches Offizierskorps wurde noch ein paarmal gebraucht, um in zwei bürgerlichen

Weltkriegen Schlachten zu schlagen, deren politische Ausgangslage jedesmal so abstrus und abenteuerlich war, daß sie nicht gewonnen werden konnten.

Das Fazit lautet: Am Dualismus von Staat und Nation *mußte* Preußen zugrunde gehen! Wenn immer wieder von der »Fragilität« Preußens die Rede ist, so kann das nur in diesem Sinne verstanden werden. Seit 1813 war Preußen ein bloßes Provisorium, von Natur aus dazu bestimmt, sich ständig selbst in Frage zu stellen und die eigene Existenz zugunsten einer höheren Einheit aufs Spiel zu setzen. Was die Bundesrepublik laut Grundgesetz und die DDR kraft Tradition tun sollten, das hat Preußen getan.

Aber die Preußen sollen an 1933 und 1945, sie sollen am Unglück Deutschlands schuld sein.

Wer erinnert sich nicht noch jener phantastischen Zeiten nach der »Stunde Null«, als sich die Vergangenheit der Deutschen als die Geschichte eines einzigen Verbrechens entpuppte? Von Luther über Friedrich II. und Bismarck führte eine strikte Bahn nationalpolitischer Kriminalität zu Hitler. Die Namen Friedrichs des Großen und Otto v. Bismarcks besagen es schon: In der preußischen Überlieferung erblickte man das eigentliche Erbübel Deutschlands.

Wehe demjenigen, der sich damals von der alliierten Reeducation nicht gleichschalten lassen wollte, der seine Stimme und seinen Stolz gegen die Flut von Fälschungen und Verdrehungen erhob und gar die Ehre Preußens verteidigte. Wenn er Glück hatte, war er ein »Unbelehrbarer«, ein »Ewig-Gestriger«; andernfalls war er ein »Nazi«.

Die Nazis und die Preußen: ein ungeschriebenes Kapitel deutscher Geschichte. Man könnte es sich leicht machen und mit Ernst Niekischs zugespitztem, aber nachdenkenswertem Bonmot räsonieren: »Hitler – das war Österreichs Rache für Königgrätz«. Das Wort eines Preußen, der von den Nazis zugrunde gerichtet wurde und der es eigentlich wissen mußte. Doch der Prophet gilt bekanntlich nichts in seinem Vaterlande.

Georg Lukács, der große marxistische Philosoph, der im Sommer 1968 mit dem Verfasser dieser Zeilen in Budapest ein langes Streitgespräch über Preußen und Deutschland führte, sagte – nachdem die Fernsehkameras ausgeschaltet waren – wörtlich: »Ich habe einen universellen Haß gegen alles, was preußisch ist!« Er darf also mit Fug und Recht als Todfeind Preußens klassifiziert werden. Im Jahre 1943 schrieb er über das Verhältnis von Preußentum und Faschismus (und er hat nie etwas davon zurückgenommen):

»Krankheit, Tod und Verwesung, zu Inhalten des neuen Preußentums geworden, schaffen die Grundlage für einen uniformierten, bürokratisch-militaristisch geregelten bestialischen Blutrausch. Hunderttausende von preußisch gedrillten, zur Blutgier aufgestachelten Bestien und Teufeln ziehen nun im preußischen Stechschritt, in Braunhemd und Schwarzhemd gegen die Menschheit los. Die Verpreußung der Unterwelt verwandelte Deutschland in ein gigantisch vergrößertes Abbild der Danteschen Hölle. Die formalistische Hohlheit der preußischen ›Pflichtethik‹ wird bei den führenden Nazis zu einem demagogischen Zynismus allen sozialen Inhalten gegenüber; sie macht es für sie möglich, jeden Inhalt auf dem Wege der Instinktentfesselung, verkoppelt mit diesem ganz seelenlos gewordenen Militarismus, in den Dienst der reaktionären Weltherrschaft ihres Deutschland zu stellen. Ein Hexensabbat, dirigiert vom preußischen Korporalstock der Nazis zur Bedienung des reaktionären Imperialismus: das ist die letzte Steigerung im Verfaulungsprozeß des Preußentums.«

Selten ist Unsinn geistreicher dargeboten worden. Aber der Nonsens hatte Methode. Denn es ist klar, daß gerade Lukács, Sohn einer großbourgeoisen Familie aus Budapest und Kind des bürgerlichen 19. Jahrhunderts, für den die Weltliteratur mit Goethe begann und mit Thomas Mann endete, der an Napoleon, Goethe und Hegel den bourgeoisen Kosmopolitismus (und damit letzten Endes auch den Imperialismus) bewunderte, daß er das Antibürgerliche an Preußen tief empfunden, daß er das Nationalrevolutionäre Preußens immer verabscheut hat.

Seine antipreußischen Argumente waren denn auch nichts anderes als die Rückzugsgefechte einer *spätbourgeoisen Nachhut,* die sich in permanentem Selbstmißverständnis für eine *sozialistische Avantgarde* gehalten hat. Solcher Angriff auf Preußen dient der Spurenverwischung! Er dient der Vertuschung und Manipulation der Wahrheit, um die demokratischkosmopolitische Bourgeoisie und ihre marxistischen Kollaboranten vor der historischen Verantwortung und vor dem Urteilsspruch der Geschichte zu retten.

Wie jedermann weiß, ist der Faschismus in seinem soziologischen, in seinem historisch-philosophischen Gehalt längst definiert: Der Faschismus, das ist die bürgerliche Gesellschaft im Belagerungszustand. Der Faschismus, das ist das letzte militante Aufgebot der Bourgeoisie im Kampf gegen die sozialistische Revolution. Der Faschismus ist eine Variante – die extremste Variante – im Klassenkampf von Bürgertum und Proletariat. Er ist also eine Erscheinungsform unseres, des 20. Jahrhunderts. Er ist v o r der Oktoberrevolution, vor dem ersten konkreten Sieg sozialistischer Kräfte in der Welt, historisch nicht denkbar.

Preußen aber hat das 20. Jahrhundert nicht erreicht. Die Sozialistengesetze Bismarcks waren eine staatlich-autoritäre Maßnahme gegen die heraufkommende Revolution, die sich in ihrem monarchisch-feudalistischen Repressionscharakter mit den Karlsbader Beschlüssen Metternichs vergleichen lassen. Der Faschismus dagegen ist ein gesellschaftliches Phänomen innerhalb des internationalen Klassenkampfes zwischen Bourgeoisie und Proletariat. Hitler war demnach kein Wahlkönig der Preußen, sondern der erkorene Vorkämpfer aller antisozialistischen, in Sonderheit aller bürgerlichen Kräfte Deutschlands.

Wenn jemand von der tiefsten Wurzel her antipreußisch war, dann war er es. Man lese daraufhin noch einmal Hitlers Monologe und Tischgespräche nach, und man wird finden, daß seine Vorstellungs- und Ideenwelt, die ein unbegreifliches Gemisch von nordisch-mittelalterlichem Mystizismus und plattem Darwinismus plus Technik und Motorisierung umfaßt, um Welten von Preußen und preußisch-hugenottischer Ratio entfernt war. Nichts verband ihn in Wahrheit mit der preußischen Tradition, deren er sich scheinheilig und schlau am »Tag von Potsdam« zum Stimmenfang bedient hatte. Für ihn gab es kein preußisch staatliches, sondern ein halb germanisches, halb universalistisches Gau- und Reichsdenken. Die zukünftige Hauptstadt des sieghaften Großdeutschen Reiches sollte nicht mehr Preußisch-Berlin sein, sondern »Germania« heißen und in der Nähe von Linz, in Österreich, aufgetürmt werden.

Bei einem Manne wie Hitler, der jeden Schritt, jede Geste auf Wirkung und Bedeutung berechnete, kann es unmöglich ein Zufall gewesen sein, daß er in den zwölf Jahren seiner Berliner Reichskanzlerschaft niemals Schloß Sanssouci besichtigte. (Alte Parkwächter erinnern sich, daß er am »Tag von Potsdam« schnell durch die Gärten fuhr, um den Weg abzukürzen.) Selbstredend, daß er den Namen Friedrichs des Großen häufig im Munde führte; vor allem von 1941/42, also von dem Augenblick an, als ihn das Kriegsglück verließ und es nun um das stoische »Ertragen des Unerträglichen« ging. Da bog er sich den Philosophen von Sanssouci zum Durchhaltemonster zurecht. Doch die direkte Berührung mit dem geistigkulturellen Ambiente des Preußenkönigs, das heute noch in jedem Winkel Sanssoucis nistet, scheute er wie der Teufel das Weihwasser.

Natürlich, auch Hitler bediente sich skrupellos der militärischen Überlieferungen und Vorzüge Preußens, ohne die man weder 1914 noch 1939 als Kriegführender ernst genommen worden wäre. Die erstaunliche Geschichte vom Verfall preußischer Traditionen im NS-Heer muß erst noch geschrieben werden. Doch schon die Äußerlichkeiten sprechen Bände: Skimützen und Kappen ersetzten die preußisch-russischen Tellermützen, in der Uniformierung trat großdeutsche Bombastik an die Stelle preußischer Bescheidenheit, und im II. Weltkrieg sprach der Landser nicht mehr vom »Kommiß«, sondern vom »Barras«.

Das waren keine Zufälligkeiten. Bei der Waffen-SS, der Zukunftstruppe des NS-Reiches, schmückten nicht preußische Gardelitzen, sondern österreichische Sterne die Kragenspiegel. Die Namen der SS-Divisionen und -Regimenter waren zu einem Drittel der NS-Parteigeschichte entlehnt (»Adolf Hitler« – »Der Führer« – »Hitlerjugend« – »Reichsführer SS« – »Horst Wessel« – »30. Januar«), erinnerten zu einem weiteren Drittel an die alte deutsche Reichsgeschichte (»Das Reich« – »Hohenstaufen« – »Frundsberg« – »Götz von Berlichingen« – »Florian Geyer«) oder entstammten dem nordisch-mythologischen Geschichtsbereich (»Germania« – »Thule« – »Wiking« – »Danmark« – »Nordland« – »Nederland«). Zwei weitere SS-Divisionen trugen Namen aus der Habsburger Geschichte: »Prinz Eugen« und »Maria Theresia«. (Lediglich eine Alarmeinheit in Regimentsstärke bekam den Namen des preußischen Guerillaführers »Schill«.)

Freilich, das Offizierskorps hat es Hitler sehr leicht gemacht, die Traditionen Preußens zu mißbrauchen. Seit 1918 ohne Monarchen, der ihm häufig einen Dienst am Staate abverlangt hatte, der keineswegs immer automatisch mit den feudalen Klasseninteressen konform ging, ließ es sich vom bourgeoisen Schreckgespenst des Sozialismus düpieren und degradierte sich selbst zum Werkzeug einer antipreußischen Bewegung. Das begann bereits am 30. Juni 1934, als das Offizierskorps Hitler die Waffen und Fahrzeuge für den ersten Massenmord in der Neueren deutschen Geschichte lieferte. Von da war es nur noch ein winziger Schritt zu dem erbärmlichen Wort, das ein deutscher Feldmarschall im II. Weltkrieg sprach, als sein Ordonnanzoffizier ihn schreckensbleich auf die Ermordung russischer Zivilisten vor dem Stabsquartier aufmerksam machte: »Ziehen Sie die Vorhänge zu!«

So weit war es mit einer Armee gekommen, deren Offiziere einst Undank statt Unehre gewählt hatten, deren grimmigster Repräsentant, der »Eisenfresser« Yorck, seinen Soldaten 1813 beim Ausmarsch von Berlin eingeschärft hatte, daß »ein edles, menschliches Betragen selbst gegen den Feind« etwas

Höheres als Tapferkeit, Ausdauer und Manneszucht sei, und deren populärster Führer, Feldmarschall Blücher, beim Einzug in Paris am 7. Juli 1815 befohlen hatte: »Ich erwarte, daß sich die Armee nicht durch Übermut entehren, sondern auch als Sieger menschlich und bescheiden betragen werde.«

Als der 20. Juli 1944 vorbei war, erfuhr die Welt, wer den letzten verzweifelten Aufstand für die Ehre der Armee und der Nation gewagt hatte: die Kleist und Tresckow, die Schulenburg und Moltke, von Haeften und von Schwerin, und auch Stauffenberg, ein Urenkel Neithardt von Gneisenaus. Es waren die Leitartikler des »Schwarzen Korps« der SS, die den offiziellen Propagandanebel durchschauten und sich nicht scheuten, den inneren Feind Nazi-Deutschlands beim wahren Namen zu nennen: Preussen.

Insofern war es wenig originell, als Winston Churchill 1943 während der Konferenz von Teheran mit Blick auf das zu zerstückelnde Deutschland erklärte: »Ich möchte hervorheben, daß Preußen die Wurzel des Übels ist!« Der alte Stalin machte sich darüber lustig, indem er meinte, die Süddeutschen hätten nicht weniger fanatisch als die »Preußen« für Hitler gekämpft. Die Ideologen der SS aber hätten dem britischen Kriegspremier höhnisch lächelnd Beifall zu zollen vermocht.

Nun gehen gerade die Briten mit Preußen scharf ins Gericht, mit dem sie doch im Siebenjährigen Krieg und in den Befreiungskriegen auf Leben und Tod verbündet waren. Selbst Gooch, ein hervorragender Kenner der friederizianischen Epoche, kommt über den »Raub« Schlesiens durch Friedrich II. nicht hinweg. Es wäre vielleicht nicht fair, den weisen Fontane, der eigentlich alles wußte, über die politische Moral der Briten (z. B. in Irland, Indien, Afghanistan) philosophieren zu lassen. Doch Lukács, der wortgewaltige Ankläger, wirft es den Preußen gerade vor, daß sie sich dazu hergegeben hätten, in Schlesien die Rolle des Festlandsdegens für England zu spielen, das inzwischen außerhalb Europas sein imperialistisches Kolonialreich zusammengestohlen habe.

»In der Politik sind die uns überkommenen Spielregeln der Moral außer Kurs gesetzt«, schrieb Treitschke etwas frivol. Aber wirklich, man sollte mehr an die Kausalzusammenhänge denken: Hätte Friedrich nicht mit bewaffneter Hand Schlesien genommen und das reaktionäre Österreich (mit Hilfe britischer Subsidien) über die Glatzer Berge gejagt, es hätte keine preußische Großmacht, es hätte 1813 in Breslau keinen »Aufruf an mein Volk«, es hätte keine Schlesische Armee Blüchers, Yorcks und Gneisenaus, kurz: es hätte keine Befreiung Europas vom napoleonischen Joch gegeben! Und die Briten wären bei Waterloo wie Frühlingsschnee in der Sonne geschmolzen, wenn nicht Gneisenaus Kolonnen rechtzeitig bei Plancenoit erschienen wären.

Gewiß ist, daß die britische Politik der »balance of power« immer bemüht blieb, den scharfen preußisch-deutschen Degen auf dem europäischen Festland für ihre eigenen Interessen zu ziehen: Das war so gegen Frankreich unter Pitt, und das sollte so gegen die Sowjetunion unter Chamberlain sein. Friedrich II., der seine Koalitionen wie schmutzige Hemden wechselte, hat sich darüber durchaus nicht getäuscht und die britische Karte mit Vergnügen gespielt, so lange sie gegen die französischen, österreichischen und russischen Farben stach. Bismarck schließlich, aller außenpolitischen Abhängigkeiten ledig, erbrachte den historischen Nachweis, daß Europa auch ohne britische Vormundschaft fähig und imstande war, seine Probleme friedlich und rational zu lösen – eine Lektion, die man ihm und Preußen in London nie verziehen hat.

Die »halbslawischen Kasernen« Preußens könnten aber nie der Hort der deutschen Freiheit sein, wagte ein hessischer Minister 1866 zu prophezeien. Sollte er damit die *äußere* Freiheit Deutschlands im Auge gehabt haben, so hat er sich böse getäuscht. Die *innere* Freiheit, die Demokratie ja, die hätten die Nicht-Preußen 1813/14 miterkämpfen sollen, zusammen mit Gneisenau, Boyen und Grolmann; die hätte das deutsche Bürgertum 1848/49 mit der Waffe in der Hand verteidigen müssen, gemeinsam mit Schurz, Engels und Corvin; die besten Preußen wären immer dabei gewesen. Was die deutsche Bourgeoisie mit ihrer revolutionären Lauheit im »tollen Jahr« von 1848 verdarb, das versäumte die deutsche Arbeiterklasse vor und nach 1918, die Friedrich Engels vergeblich ermuntert hatte, ihrem bürgerlichen Pazifismus abzuschwören, massenhaft in das preußisch-deutsche Heer der allgemeinen Wehrpflicht einzutreten und es aus einem repressiven Instrument der Monarchie und des Feudalismus in eine revolutionäre Waffe des deutschen Proletariats umzuschmieden.

ES IST HISTORISCH WEDER BILLIG NOCH ZULÄSSIG, DIE SÜNDEN UND VERSÄUMNISSE DER BÜRGERLICHEN UND PROLETARISCHEN KLASSEN DEUTSCHLANDS DEM PREUSSISCHEN STAAT ANZULASTEN.

Nach außen aber waren die »halbslawischen Kasernen« Preußens tatsächlich der Garant, der Hort der deutschen Unabhängigkeit und Freiheit. Es muß für West- und Osteuropäer seit Jahrhunderten – genau seit 1618, seit Beginn des 30jährigen Krieges – ein tiefes inneres, offenbar unwiderstehliches Bedürfnis sein, an Deutschland und an Mitteleuropa herumzuschneiden, zu teilen und zu halbieren, zu gängeln und zu manipulieren. Solange die Deutschen mitmachten und sich gegeneinander ausspielen ließen, ging das – und geht es ja auch heute – ganz vorzüglich. Es ist dies eine alte *deutsche* Eigenart. Der Appell an den Separatismus hat aber in *preußischen* Herzen niemals ein Echo gefunden.

Insofern hatte Churchill doch recht, wenn er Preußen bestrafen und selbst seinen Leichnam noch zerstückeln wollte. Die äußeren und die inneren Feinde des Preußentums haben zu jeder Zeit mit einem geradezu bewunderungswürdigen Instinkt gewußt: *daß es Preußen war, mit dem Deutschlands Einheit stand oder fiel.*

Besser noch als alle anderen wußte es Bismarck. Denn wie niemand sonst hatte er die Antriebskräfte wie die Beharrungsgesetze der europäischen Machtpolitik durchschaut. Als *Preuße,* also als Mann der *Ratio,* täuschte er sich auch niemals über die wahre Interessenlage der Randvölker (Briten, Russen, Franzosen, Italiener) gegenüber der Mitte Europas (Deutschland). Und so prophezeite er schon 1866, drei Monate vor Königgrätz: »Ist Preußens Macht einmal gebrochen, so wird Deutschland schwerlich dem Schicksal Polens entgehen.«

Das Schicksal Polens: das ist die Spaltung des Vaterlandes, die Teilung der Nation. Und ist es nicht so – auf das Wort genau – gekommen?

Nicht nur die preußische Macht ist gebrochen. Preußen selbst scheint tot, scheint für alle Zeiten begraben zu sein. Aber: Sollte die deutsche *Nation* noch jemals den Wunsch empfinden, einen unabhängigen gemeinsamen *Staat* zu besitzen, das heißt konkret, vom Objekt wieder zum Subjekt der Weltgeschichte zu werden, so wird sie sich in eine Façon, in eine Haltung versetzen müssen, die man eine p r e u s s i s c h e nennt.

DER SOLDATENKÖNIG

WOLFGANG VENOHR

14.8.1688	geboren in Berlin; Erziehung durch Alexander Graf zu Dohna und Jean Philippe Rebeur
1698	Gutsherr von Wusterhausen
1700 und 1704	Bildungsreisen nach Holland
1701	»Kronprinz in Preußen«
1702	Aufnahme in den Geheimen Rat
1703	Aufnahme in den Geheimen Kriegsrat
1704	Ernennung zum Major
1706	Heirat mit Sophie Dorothea von Hannover; aus der Ehe gehen sieben Söhne und sieben Töchter hervor
1706 und 1709	Teilnahme an Feldzügen des Spanischen Erbfolgekrieges
1708	übernimmt während einer Reise Friedrichs I. die Leitung der laufenden Regierungsgeschäfte (erste Statthalterschaft; zweite Statthalterschaft 1711)
1713	Regierungsantritt; Reformen in Verwaltung, Wirtschaft und Militär; Sanierung der Staatsfinanzen; Zentralisierung der staatlichen Verwaltung; merkantilistische Wirtschaftspolitik; starke Erweiterung der Armee
1717	Einführung der allgemeinen Schulpflicht
1717-1721	Reformen zur Beseitigung ständischer Privilegien (1717 Aufhebung des adligen Steuerprivilegs)
1718/19	erste Ansätze zur Bauernbefreiung (Domänenbauern)
1720	gewinnt im Nordischen Krieg Schwedisch-Vorpommern mit Stettin und der Odermündung
1722	verfaßt für den Kronprinzen Friedrich sein »Politisches Testament«
1723	Gründung des »General-Ober-Finanz-, Kriegs- und Domänen-Direktoriums« als zentraler Staatsbehörde
1726	Bündnis mit Österreich und Rußland
1730	Konflikt mit Kronprinz Friedrich, dessen Fluchtversuch er mit Festungshaft in Küstrin ahndet
1732	Einwanderungspatent zugunsten der verfolgten Salzburger Lutheraner
1733	führt mit dem »Kantonreglement« ein inländisches Rekrutierungssystem zur Armee ein
1740	stirbt am 31. Mai im Alter von 51 Jahren in Potsdam

Friedrich Wilhelm der Erste, ca. 1733, Gemälde von Antoine Pesne

Voltaire, das geistige Oberhaupt der französischen Aufklärung, nannte ihn nur »den Vandalen«. Die Höfe Europas amüsierten sich – hinter der vorgehaltenen Hand – über den »Berliner Berserker«. Manche bezeichneten ihn herablassend als »königlichen Korporal«, der älteste Sohn sprach von ihm haßerfüllt als von seinem »Todfeind«. Die eigene Ehefrau, Sophie Dorothea, verachtete ihn insgeheim; für die älteste Tochter, Wilhelmine, war er nichts anderes als ein Barbar, ein Wüterich.

Eine schlechtere Presse, einen schlechteren Namen hat sich noch niemand selber verschafft als Friedrich Wilhelm I., König in Preußen, von der Nachwelt genannt »der Soldatenkönig«. Mit einem Ruf wie Donnerhall ging er in den Tod, von so gut wie niemandem beweint und betrauert. Als Berlin, die preußische Hauptstadt, am Nachmittag des 31. Mai 1740 vom Ableben dieses Königs in Potsdam erfuhr, kam es zu öffentlichen Tumulten, zu Freudenkundgebungen der Bevölkerung auf den Straßen und Plätzen (was den Sohn, Friedrich II., bewog, am nächsten Tag nicht nach Berlin, sondern nach Charlottenburg zu reiten und vorerst dort seine Residenz aufzuschlagen).

Das miserable Odium, das den Namen Friedrich Wilhelms I. umgab, hielt sich länger als hundert Jahre. Erst zwischen 1850 und 1870 erhellte sich das düstere Image, als hochqualifizierte Historiker vom Schlage Försters und Droysens anhand der Quellenüberlieferung ein erstes differenziertes Bild des preußischen »Soldatenkönigs« zeichneten. Das blieb jedoch Fachgeraune; die breite Öffentlichkeit klammerte sich weiterhin an ihre negativen Vorurteile. Und daran änderte sich im wesentlichen nichts bis in die zwanziger, dreißiger Jahre dieses Jahrhunderts. Dann erst begann die Teilrevision eines einseitigen Geschichtsbildes. Auf fachlichem Gebiet erschloß das penible Forschen des Geschichtsprofessors Carl Hinrichs neue Felder im Leben und Wirken Friedrich Wilhelms; das gebildete Lesepublikum delektierte sich an

Jochen Kleppers einfühlsamem Romanwerk *Der Vater;* die breiten Massen staunten in den Kinos über den Zelluloidstreifen *Der alte und der junge König,* der 1934 gedreht wurde und in dem der große Emil Jannings einen überraschend sympathischen Soldatenkönig spielte (Drehbuch: Thea v. Harbou, Regie: Hans Steinhoff).

Nach dem II. Weltkrieg dann wieder nichts als Karikatur (der Vorwurf des »preußischen Militarismus«) oder Komödie (die Story von Professor Gundling). Während der alte Professor Hinrichs in den fünfziger Jahren im Kreise seiner Studenten und Doktoranden an der neubegründeten »Freien Universität« Berlins mit wissenschaftlicher Akribie die sensationellen Leistungen Friedrich Wilhelms I. in der Wirtschafts- und Sozialpolitik sezierte, vergaß die Öffentlichkeit wieder alles, was in hundert Jahren Forschung und Erkenntnis erarbeitet worden war. Heute sind Leben und Taten des preußischen Soldatenkönigs ganz einfach ein Desiderat.

Wie soll man ihn nennen? So, wie es das 18. Jahrhundert tat: den wilden Berserker? Oder so, wie ihn die Forschung späterer Zeiten sah: den großen Wirt?

Friedrich Wilhelm I. sprengt, mißt man ihn an anderen Herrscherpersönlichkeiten der Geschichte, alle Vergleichsmaßstäbe. (Allenfalls Peter I. von Rußland ließe sich noch im Kontext heranziehen.) Alles, was dieser Mann in den 27 Jahren seines Königtums tat oder schuf, entbehrte der Vorbilder, widersprach jeglichen Traditionen wie jedwedem Zeitgeist, kurz: war neu und originell.

Das achtzehnte Jahrhundert war, so muß man ungeschminkt feststellen, das unsauberste, das dreckigste Säkulum, das man sich denken kann. Es stank, mit Verlaub gesagt, aus allen Ritzen und Ecken. Man badete nicht, ja, man wusch sich kaum Gesicht und Hände. Seife und Zahnpasta waren unbekannt. Alles wurde mit Puder und Parfüm zugekleistert. Über Großstädten wie Paris und London hing – nach den Schilderungen der Zeitgenossen – Tag und Nacht ein Kloakengeruch. Man kann es sich nicht schlimm genug vorstellen. Und nun kommt in Berlin ein Mann auf den Thron, der dem Schmutz und der Rückständigkeit den schärfsten Kampf ansagt. Als erstes läßt er aus allen Schlössern die prächtigen Plüschmöbel verbannen, aus denen bis dato Wolken von Staub und Bakterien aufstiegen, und sie durch einfache Holzstühle und -bänke ersetzen, die man täglich mit Wasser blankschrubben kann. Dann holt er holländische Kastellane und Verwaltungsbeamte ins Land, die den eingeborenen Dreckspatzen peinliche Sauberkeit vorexerzieren. Der König wäscht sich mehrmals am Tag oder bei Tisch mit Kernseife Gesicht und Hände, verlangt auch von seiner hochgeborenen Familie, sie solle nicht »so schmutzig« sein, solle seinem Beispiel folgen und damit den Bewohnern des Landes ein Vorbild geben. Und schließlich, wenn er sich zum Aktenstudium oder zur Posterledigung an den Schreibtisch setzt, bindet er sich eine blitzblanke Schürze vor und zieht Ärmelschoner bis zu den Ellenbogen an.

Eine fixe Idee, eine königliche Marotte? Mitnichten. Hier ist eine Kulturrevolution im Gange! Denn vom Ärmelschoner des einzelnen zur Akkuratesse des Ganzen ist nur ein Schritt.

Man kann sich denn auch das Erstaunen der Mitwelt von damals heute kaum noch vorstellen. Ein Mann krempelt die Zeitmode um! Und ebenso sensationell wirkt es, daß dieser Monarch in seinen Schlössern und auf seinen Inspektionsreisen mit den vornehmen wie mit den einfachen Leuten deutsch reden will. Seit hundert Jahren, seit den Zeiten des unseligen Dreißigjährigen Krieges, wurde in Deutschland von den Gebildeten und an den Fürstenhöfen nur französisch gesprochen. Das nationale Selbstbewußtsein der Deutschen lag seit 1648 völlig am Boden, war im Grunde gar nicht mehr vorhanden. In allem – in der Mode, in der Sprache, auf der Bühne, in der Architektur wie in der Literatur – galt ausschließlich das französische Vorbild. Wer etwas gelten wollte, gab sich *à la français*. Deutsch sprachen nur die Unterprivilegierten, die Bauern, Kutscher, Bettler und Dienstboten. Und nun kommt dieser Mann aus Berlin und pfeift auf das Vorbild von Paris, macht sich lustig über die staubigen Allongeperücken des allverehrten Sonnenkönigs, erklärt die angehimmelten Nachbarn westlich des Rheins zu »Schelmenfranzosen«, nennt seinen für Versailles schwärmenden ältesten Sohn verächtlich einen »Französling« und verlangt von ihm, er solle sich das französische und englische Getue aus dem Kopfe schlagen, »nichts als preußisch« sein und nichts als »ein deutsches Herz« haben. Wenn dieser König bei der Tafel sitzt, im Kreise seiner Freunde und militärischen Genossen, so nennt er sich stolz einen »deutschen Fürsten«, und wenn er das Glas hebt und seinen liebsten Trinkspruch ausbringt, so heißt der: »Auf Germania teutscher Nation; ein Hundsfott, wer's nicht ehrlich damit meint!«

Ist das zum Lachen? Vielleicht auch; aber auf jeden Fall ist es zum Staunen. Im Grunde ist es nicht zu begreifen. Woher hatte er das? Was schwebte ihm vor Augen? Woher kam bloß die innere und äußere Motivation? Sein

Vater, König Friedrich I., verfolgte nur den einzigen Lebenssinn, in allem und jedem Versailles nachzuahmen, französischer als die Franzosen zu sein. Seine Mutter, die schöne und geistreiche Sophie Charlotte, die mit Leibniz über den Sinn und Unsinn der Welt disputierte, bewegte sich in gebildeten Gefilden, war allem Volkstümlichen und Populären gänzlich abhold. An den deutschen Fürstenhöfen und in den deutschen Bürgerhäusern überschlug man sich förmlich, wenn ein französischer Marquis oder ein britischer Gentleman auftrat und die Eingeborenen seine Herablassung fühlen ließ. Goethe und Schiller gab es noch nicht. Lessing lag gerade erst in der Wiege (1729). Kein Mensch sprach von Deutschland und von der deutschen Nation – bis auf diesen König im halbbarbarischen Preußen.

Es ist unglaublich, es ist wirklich bodenlos, wie originell dieser Mann Friedrich Wilhelm ist, wie unbelastet und voraussetzungslos er an alles herangeht. Er schert sich den Teufel um den Zeitgeist (wer kann das, auch heute, schon von sich sagen?). Und so verfährt er in allem, auch und gerade in seiner Staatspolitik: Er verkündet als erster Monarch Europas die allgemeine Schulpflicht in seinem Lande (1717) – er führt als erster Souverän die allgemeine Wehrpflicht ein (1733) – er verzichtet auf das Vorrecht der Souveräne, andere für sich die Arbeit machen zu lassen, und leitet als sein eigener Ministerpräsident die Staatsgeschäfte, ohne je den Überblick zu verlieren – er baut die schlagkräftigste Armee Europas auf, ohne damit sein Land volkswirtschaftlich zugrunde zu richten – er faßt in den Jahren von 1714 bis 1722 die verschiedenen, traditionell getrennt operierenden Behördenzweige zu einer einheitlichen Ämterstruktur zusammen und macht damit Preußen zum Modell eines zentralisierten modernen Verwaltungsstaates.

Es ist nicht nur höchst erstaunlich, es ist eigentlich unbegreiflich. Denn alle Herrschenden und Regierenden treten in die Fußstapfen ihrer Vorgänger, ja selbst die erfolgreichen Umstürzler und Revolutionäre knüpfen in den äußeren Strukturen an Überliefertes, Bewährtes, Tradiertes an. Wie sollte es auch anders gehen? Daß es anders geht, daß man die Konventionen radikal brechen, daß man die überkommenen Lebensverhältnisse wahrhaft revolutionieren (also: grundlegend verändern) kann, bewies dieser bemerkenswerte Mann, dieses Musterexemplar an Urwüchsigkeit und Originalität.

Aber mit welchen Mitteln! Alles wurde von oben befohlen und erzwungen; ja, man kann sagen: wurde erprügelt. Niemals sonst hat ein Herrscher den Krückstock mit solcher Ausdauer und Wollust geschwungen und ihn auf dem Rücken seiner Untertanen tanzen lassen. Man hätte ihn auch den »preußischen Prügelfetischisten« nennen können. Noch wenige Augenblicke vor seinem Tod tobte er, als Bedienstete seine Pferde vorführten und die falschen Schabracken aufgelegt hatten: »Wenn ich bloß gesund wäre, wie wollte ich die Schurken durchprügeln! Geh' doch jemand hinunter und hau ihnen die Hucke voll ...« Wenn er krank und an den Rollstuhl gefesselt war, ließ er sich mit Salz geladene Pistolen zurechtlegen, um damit auf faule Lakaien zu feuern. Wenn er durch die Straßen Berlins oder Potsdams spazierte und hörte, daß ein Ehepaar sich zankte, betrat er spornstreichs das Haus, prügelte beide Eheleute durch und ließ sich in die Hand versprechen, daß sie sich in Zukunft vertragen würden. Und als schließlich, am Ende des Lebens, Gevatter Hein an sein Bett trat, bäumte er sich auf, drohte mit der Faust und rief auf berlinisch: »Tod, ick jraule mir nich vor dir!«

Wirklich und wahrhaftig: ein Berserker, ein Wüterich, vielleicht der undiszipliniertestе Mensch, den es je gegeben hat. Die Eltern haben jede Erziehung an ihm versäumt, haben dem Jungen immer seinen Willen gelassen, taten und sagten nichts, wenn er rundum seine Spielkameraden (darunter den späteren König von England) verdrosch. Wollte die Mutter ihm doch einmal etwas verbieten, sprang er stracks auf das Fenstersims und drohte sich herabzustürzen, womit er natürlich wieder seinen Willen bekam. Und so glaubte er dann als König, alles, ohne Ausnahme, habe sich ihm blind zu unterwerfen, habe niemals zu räsonieren und habe Gott und ihm – was in Preußen praktisch dasselbe war – willenlos gehorsam zu sein. Sein Herrschertum war Despotismus in Reinkultur. Gut zu verstehen, daß die Berliner auf den Straßen tanzten, als sie seinen Tod erfuhren.

Daß man sich an den Höfen, in den aristokratischen und bürgerlichen Salons über seine Prügeleien mokierte, daß man sich über ihn das Maul zerriß, das allerdings hatte einen ganz anderen Grund. Im 18. Jahrhundert schlug jeder jedermann: der Fürst seine Bediensteten, der Gutsherr die Bauern, der Aristokrat die Bürgersleute, die Eltern ihre Kinder. Das war nichts Besonderes, darüber wurde kein Wort verloren. Nein, was die vornehme Welt am Soldatenkönig so aufregte, war etwas anderes, war ganz einfach die Tatsache, daß die Prügelsucht Friedrich Wilhelms weder vor Hoch noch Niedrig haltmachte, daß sein buchener Krückstock keine Klassenunterschiede kannte, keine Differenzen zwischen ›vornehm‹ und ›gering‹ machte. Das war der wahre Skandal in den Augen der kastenmäßig gegliederten Gesellschaft Europas! Der preußische Berserker verfuhr zugleich despotisch und demokratisch.

Derselbe Wüterich jedoch war im religiösen Bereich ein erleuchteter Toleranzfürst, ein Freund und Beschützer der Verfolgten und der Minderheiten. Kein Herrscher des 18. Jahrhunderts hat sich soviel Ruhm in der Verteidigung der Menschenrechte erworben wie Friedrich Wilhelm I. Und zugleich – wiederum ein Kuriosum oder eine Originalität – hat keiner es wie er verstanden, das Humane, das Tolerante so nahtlos mit dem Vorteil seines Staates und seiner Volkswirtschaft zu verbinden.

Die Geschichte von den Salzburger Einwanderern soll hier pars pro toto stehen.

Zu Beginn des Jahres 1730 erregte ein vierschrötiger Mann in Salzburger Tracht in den Gassen Regensburgs Aufsehen. Der Mann, der von einigen derben Bauerngestalten begleitet wurde, erklärte den Passanten umständlich, er heiße Lerchner und suche den Reichstag des »Heiligen Römischen Reiches Deutscher Nation«, der damals in Regensburg ansässig war.

Dieser Mann trat zwei Tage später vor die Gesandten der evangelischen deutschen Reichsstände, offiziell genannt »Corpus Evangelicorum«, und beklagte sich mit zu Herzen gehenden Worten darüber, daß der Erzbischof von Salzburg, sein Landesherr, ihn, den Lerchner, um seines lutherischen Glaubens willen verfolgt, wiederholt eingekerkert und jetzt sogar aus der Heimat vertrieben habe. Dabei liefen dem Lerchner die hellen Tränen über die Wangen, und seine Bauerngenossen in der Tracht bekräftigten seine Worte, indem sie zu jedem Satz langsam mit den Köpfen nickten und verzweifelt die Fäuste ballten.

Was war im schönen Salzburgerland geschehen?

Gut zweihundert Jahre zuvor hatte die Reformation des Dr. Martin Luther auch im Erzbistum Salzburg Proselyten gemacht. Und zuerst war alles gutgegangen, weil Luthers Freund und Förderer Staupitz zum Abt eines Benediktinerklosters im Salzburgischen ernannt wurde und seine schützende Hand über die Protestanten im Lande zu halten vermochte. Aber bald, nach Niederschlagung des großen Bauernaufstandes und nach Staupitz' Tod, hatte die Verfolgung der lutherischen »Ketzer« im Lande Salzburg begonnen, und in den folgenden zweihundert Jahren wurden die einheimischen Protestanten – mal rüder, mal lässiger – in den religiösen Untergrund gedrückt. An ihrer evangelischen Bekenntnistreue hatte das allerdings nichts zu ändern vermocht; dies um so weniger, als es den Herrschenden niemals gelang, die illegale Einfuhr lutherischer Bibelübersetzungen aus den protestantischen Städten Nürnberg und Augsburg ins Salzburgische zu unterbinden.

Im Jahre 1727 wurde Leopold Anton Eleutherius Graf Firmian zum Erzbischof von Salzburg berufen: ein religiöser Fanatiker, dessen erklärtes Ziel es war, die protestantischen »Ketzer« zu züchtigen, sie in den Schoß der alleinseligmachenden katholischen Kirche zurückzuzwingen. Er verbot aufs strengste die Lektüre lutherischer Schriften und setzte Jesuiten als Gesinnungsschnüffler ein, die von Hütte zu Hütte, von Bergdorf zu Bergdorf eilten, um nach Wittenbergischen Bibeln zu fahnden. Als Firmian von einem gewissen Lerchner hörte, der heimlich mit den Bauern die Lutherbibel las und sie ermahnte, den Jesuiten zu widerstehen und dem protestantischen Glauben der Väter treu zu bleiben, ließ er ihn in den Kerker werfen und schließlich, Ende 1729, des Landes verweisen.

Nun also, am 22. April 1730, wandte sich das Corpus Evangelicorum des deutschen Reichstags aufgrund der Lerchnerschen Beschwerde an den Salzburger Erzbischof und ermahnte ihn in wohlgesetzten Worten, die unhaltbaren Zustände in seinem Lande, die mit den Religionsbestimmungen des Westfälischen Friedens von 1648 unvereinbar waren, in Güte abzustellen. Das Ergebnis war kläglich: Firmian verweigerte die Annahme des Sendschreibens und verschärfte die Unterdrückungsmaßnahmen in seinem Erzstift. Ein Jahr später, am 16. Juni 1731, erschienen erneut Salzburger Bauern in Regensburg und überreichten dem Corpus Evangelicorum eine Beschwerdeschrift, in der es hieß: »Der Erzbischof zwingt uns, Rosenkränze und Skapulier (Klostertracht) zu tragen, Heiligenbilder anzubeten und bei zwei Gulden Strafe die Messe nicht zu versäumen. Katholische Geistliche drängen mit Gewalt in jedes Haus. Bei wem sich ein lutherisches Buch befindet, der erleidet Gefängnis, und wenn er nicht von seinem Glauben abfällt, Verbannung. Wobei es an Gelderpressungen und Gewalttätigkeiten aller Art nicht mangelt ...«

Unter dem erneuten Druck der evangelischen Reichsstände bildete Firmian endlich eine erzbischöfliche Kommission, bei der sich 20 678 Personen aus sieben Salzburgischen Bezirken als Anhänger der lutherischen Konfession registrieren ließen, etwa vierzig Prozent der Salzburgischen Protestanten. Es waren praktisch Selbstanzeige-Listen, die so entstanden, und der Erzbischof erklärte diese Leute denn auch kurzerhand zu gefährlichen »Schwärmern und Fanatikern«, die unter Polizeiaufsicht zu stellen seien. Zugleich appellierte er an den Kaiser in Wien, österreichisches Militär gegen seine protestantischen Untertanen zu schicken, denn – so erklärte er – im Salzburgerland gäre es von

Rebellentum, sei »ein neuer Bauernkrieg« im Anzug. In Wien wußte man recht gut, daß die Salzburger Bauern – wie es in einem Gesandtschaftsbericht aus jenen Tagen hieß – »keinerlei Unordnungen begangen noch überhaupt jemandem Unrecht getan« hatten. Dennoch ließ der Kaiser im August 1731 ein Invasionskorps von 3600 Mann ins Salzburgische einrücken, das sofort sämtliche Pässe sperrte, die Dörfer besetzte, den Bauernfamilien die lutherischen Bibeln wegnahm und 74 Männer ins Gefängnis nach Salzburg verschleppte.

Damit stand es nun um die Salzburger Verfolgten hoffnungslos, ja geradezu verzweifelt. Gegen den Kaiser, die höchste Obrigkeit auf Erden, schien es keinerlei Hilfe zu geben. Das Luthertum in dem schönen Alpenland schien verloren.

In diesem Augenblick, am 21. August 1731, wurde im 700 Kilometer entfernten Berlin dem preußischen König von seinem Ministerrat, dem Generaldirektorium, ein Bericht über die Salzburger Ereignisse vorgelegt, in dem die Minister vorsichtig ventilierten, ob nicht einige der verfolgten Glaubensbrüder als Flüchtlinge in Preußen aufgenommen werden könnten. Friedrich Wilhelm, der Soldatenkönig, zog die Ärmelschoner höher, als er den Bericht gelesen hatte, und griff zur Feder. »Sehr gut!« schrieb er an den Rand, und weiter: »Wenn man auch nur zehn Familien gewinnen kann, gut; wenn man tausend und mehr Familien bekommen kann, noch besser.« Er befahl, die Frage einer Salzburger Einwanderung in das Königreich Preußen von Amts wegen zu prüfen.

Damit geschah endlich etwas Konkretes zum Schutz der unterdrückten Menschenrechte. Gewiß, die Nachrichten über die Verfolgung der Salzburger hatten in der gesamten evangelischen Welt, vor allem im Norden Deutschlands, in den Niederlanden, in Dänemark und in Schweden, ein allgemeines »sonderbares Mitleiden« ausgelöst, wie es in zeitgenössischen Berichten hieß. Allerorten betete man in den evangelischen Kirchen für das Seelenheil der armen Verfolgten. Der Preußenkönig ließ es dabei nicht bewenden. Er hatte ja bereits in den zehn Jahren von 1718 bis 1728 an die dreißigtausend evangelische Einwandererfamilien, vor allem aus der Pfalz und aus den Bistümern am Rhein und am Main, in sein Land aufgenommen. Und so besichtigte Friedrich Wilhelm jetzt die Neuansiedlungen in der Mark Brandenburg und machte – in Erwartung von Neuankömmlingen – exakte Pläne für die Anlage von Häusern und Ställen, für die Beschaffung von Ackergeräten und den Ankauf von Viehbeständen. In seinem Kopf addierte, multiplizierte, dividierte und subtrahierte er, marschierten Zahlenkolonnen auf wie Kompanien und Regimenter. Sein praktischer, hauswirtlicher Sinn kombinierte die religiöse Frage unverzüglich mit dem staatsökonomischen Nutzen.

Am 1. September ging ein königliches Sendschreiben von Potsdam nach Regensburg, das den verfolgten Salzburgern die Einwanderung nach Preußen eröffnete. Vierzehn Tage später schrieb Friedrich Wilhelm seinem Gesandten am Reichstag: »Nachdem der Vertreter Salzburgs sich dem preußischen Reskript gegenüber derart impertinent verhalten hat, dürfte es nunmehr angebracht sein, ihm folgenden Gesichtspunkt deutlich zu machen: Die evangelischen Fürsten und Stände des Reiches hoffen zwar, daß der Kaiser die grausame Unterdrückung der Protestanten abstellt. Wenn aber der Salzburger Erzbischof mit seinen Verfolgungsexzessen fortfahren sollte, dann werden die evangelischen Fürsten und Stände solches ihre eigenen katholischen Untertanen empfinden lassen.«

Das half. Die katholischen Kirchenvorstände in Preußen befürchteten von der Drohung des Soldatenkönigs das Schlimmste und setzten ihre Glaubensbrüder in Österreich unter massiven Druck. So genötigt, erließ der Erzbischof von Salzburg am 11. November ein Auswanderungs-Patent. Darin hieß es, daß er im Gebiet seines Erzbistums keine andere Religion als die römisch-katholische dulden werde und daß Andersgläubige das Land unverzüglich verlassen müßten. Diese Leute hätten, so befahl er, »sofort binnen acht Tagen mit hintantragendem Sack und Pack bei schwerer Strafe an Gut, Leib und Leben ohne Gnade abzuziehen«. Punktum. Den Bauern, die Landbesitz hatten, wurde eine knappe Frist von zwei bis drei Monaten für den Verkauf ihrer Grundstücke eingeräumt.

Zur selben Zeit erschienen zwei Salzburger Bauern in Berlin: Peter Hildensteiner und Niklas Forstreuter. Der Preußenkönig ließ sich von ihnen persönlich über die Lage im Salzburgischen unterrichten, nicht zuletzt auch über die wirtschaftlichen Verhältnisse der dortigen Protestanten. Dann mußten zwei seiner Hofprediger, Roloff und Reinbeck, mit ihnen ein Religionsexamen anstellen. (Firmian hatte nämlich verbreiten lassen, es handele sich gar nicht um Lutherische, sondern um gefährliche »Schwärmer und Sektierer«.) Die beiden Salzburger, so berichteten die Hofprediger am 21. November dem König, seien von ihnen für ehrliche Christenleute und gute Lutheraner befunden worden. Friedrich Wilhelm war höchlichst zufrieden und glaubte die Angelegenheit auf gutem Wege.

Acht Tage später schickte der Salzburger Erzbischof Soldaten in die Gebirgstäler und Bergdörfer seines Landes. Das Auswanderungs-Patent hatte er nur zähneknirschend unterschrieben; jetzt wollte er den »Ketzern« Beine machen. Neunhundert Evangelische wurden in den Häusern und auf freiem Feld ergriffen und so, wie sie standen und gingen, ohne Habe und Gepäck, manche halbnackt, unter Mißhandlungen in die Stadt Salzburg getrieben. Nach vierzehn Tagen, Mitte Dezember, jagte man die armen Menschen bei klirrendem Frost über die bayerische Grenze. Erst Anfang Januar endeten ihre Leiden, als sie Kaufbeuren erreichten, eine Stadt, in der die Bevölkerung zur Hälfte evangelisch war und in der sich hilfreiche Hände fanden.

Ein Aufschrei der Entrüstung und des Erbarmens ging durch das protestantische Europa. Die Könige von Schweden und Dänemark brandmarkten in öffentlichen Verlautbarungen die Barbarei des katholischen Erzbischofs. Entscheidend war jedoch das Auftreten des Preußenkönigs: Am 2. Februar 1732 erließ Friedrich Wilhelm I. ein feierliches Einwanderungs-Patent, mit dem er die gesamte verfolgte Bevölkerung, mochte sie nun aus Bauern oder Handwerkern, aus Männern, Frauen oder Kindern bestehen, nach Preußen einlud. Der vielverlachte und vielgeschmähte preußische Soldatenkönig, dieser »Berserker« und »Vandale« und »Wüterich«, gab Europa ein unübersehbares Zeichen der Menschlichkeit und der Toleranz.

Das Patent selbst beschränkte sich jedoch nicht nur auf humanitäre Verkündigungen, sondern entpuppte sich als ein wohlüberlegter Katalog praktischer Maßnahmen: Der Salzburger Erzbischof wurde aufgefordert, seine Untertanen friedlich und mit all ihrer beweglichen Habe ziehen zu lassen; von dem Tage ihres Entschlusses an, sich nach Berlin zu begeben, sollten die Salzburger überall als preußische Staatsbürger respektiert werden; die Reichsfürsten und -stände wurden aufgefordert, den Emigranten freien Durchzug durch ihre Territorien zu gewähren; königliche Reisekommissare würden ihnen entgegenfahren, um sie sicher über eine Entfernung von fast tausend Kilometern zu geleiten; jedem Mann sollten täglich vier, jeder Frau drei, jedem Kind zwei Gute Groschen als Reisegeld ausgehändigt werden, und zwar regelmäßig morgens während der Gesamtdauer eines Trecks, der auf fünfzig bis siebzig Tagesmärsche berechnet war; jedem der Einwanderer sicherte der Preußenkönig angemessene Ländereien, Ackergerät, Vieh, kostenloses Bauholz und die Befreiung von Steuern und Abgaben für mehrere Jahre zu.

Jetzt endlich konnten die Salzburger Protestanten ihr Ränzel schnüren und ihren langen Marsch in das »gelobte Land« des Preußenkönigs antreten. Am

30. April 1732 kamen die ersten 843 von ihnen in Berlin und Potsdam an. Der braunschweigische Gesandte, Wilhelm Stratemann, berichtete darüber: »Sie hatten sämtlich Gesangbücher in ihren Händen und sangen geistliche Lieder wie ›Herr Gott, Dich loben wir‹ oder ›Was Gott tut, das ist wohlgetan‹ oder ›Wer nur den lieben Gott läßt walten‹. Ihnen folgten etwa dreißig Wagen, jeweils mit vier Pferden bespannt, worauf ihre Invaliden und ihre armseligen Bündel gefahren wurden. Das herzbewegende Spektakulum trieb den meisten Menschen die Tränen aus den Augen und bewog sie, diesen armen Vertriebenen milde Gaben zu reichen, so daß sogar die Juden ihre mildtätige Hand auftaten und auch mitleidige Soldaten ... Zu Potsdam stand der König mitten unter ihnen und hat mit einigen lange gesprochen, wobei Sr. Majestät die Tränen über die Wangen heruntergerollet.«

Friedrich Wilhelm ordnete an, daß die gelernten Handwerker in die ostpreußischen Städte Königsberg, Gumbinnen, Insterburg, Tilsit und Memel kommen sollten, während die Bauern in den umliegenden Dörfern, in den Kreisen Heiligenbeil und Balga sowie an den Masurischen Seen angesiedelt wurden. Man hatte ursprünglich mit viertausend Einwanderern gerechnet, doch als der Strom der Salzburger nicht abriß, wurden die Minister des Generaldirektoriums allmählich bedenklich. Der Soldatenkönig aber schrieb an den Rand einer warnenden Eingabe: »Gottlob! Was tut doch Gott dem Hause Brandenburg für Gnade an.« Menschen, so sagte er seinen Beamten, erachte er als den größten Reichtum eines Landes! Er ordnete an, zehntausend Flüchtlinge aufzunehmen. Doch Ende September hatten bereits 16 848 Salzburger Berlin passiert, und man vernahm, daß noch mehr als 7000 auf dem Anmarsch durch Süddeutschland seien. Ja, aus dem Berchtesgadener Land drängten weitere 1200 Protestanten nach Preußen. »In Gottes Namen«, verfügte der König, »alle annehmen.« Man schätzt, daß die preußischen Reisekommissare damals insgesamt mehr als fünf Millionen Gute Groschen an Reisespesen ausgezahlt haben.

In den nächsten sechs Jahren, bis 1738, steckte der Soldatenkönig über sechs Millionen Taler in das gigantische Aufbauwerk, das er der Provinz Ostpreußen zuteil werden ließ. 1713, als er den Thron bestiegen hatte, waren dort sechs Städte und 322 Dörfer durch die Pest entvölkert und verödet gewesen. Jetzt entstanden 332 Dörfer, sechs Städte und neun neue Domänengüter; etwa 180 000 Morgen wüstes Land wurden kultiviert, ausreichend für dreitausend neue Bauernwirtschaften. Überall sah man die Salzburger Einwanderer in ihren malerischen Trachten beim Ackern und Roden, beim

Hämmern und Bauen. Jeder zehnte Bewohner Ostpreußens war ein Einwanderer, jeder zwanzigste entstammte den Tälern und Dörfern des fernen österreichischen Alpenlandes.

Als der 27jährige älteste Sohn des Königs, Kronprinz Friedrich, im Jahre 1739 nach Ostpreußen kam – brummig, zynisch, schlecht gelaunt, weil er wieder einmal den ungeliebten Vater auf einer seiner langweiligen Inspektionsreisen begleiten mußte, auf denen man nur von einem Kuh- oder Pferdestall in den anderen kroch –, da fielen ihm vor Staunen fast die Augen aus dem Kopf. Wie hatte sich die Provinz in wenigen Jahren verändert! Eine ehemalige Wüstenei, so stellte er am 27. Juli 1739 in einem Brief an Voltaire fest, sei nun reicher und fruchtbarer als irgendeine andere Gegend des Deutschen Reiches. Es schiene ihm, fuhr er fort, etwas Erhabenes und Poetisches in dem Gedanken, »daß nach dem Winke eines Mannes auf diesen einst so verödeten Quadratmeilen jetzt Hunderttausende von denkenden Wesen in Glück und Wohlstand leben«.

Vom »Glück« seiner Bevölkerung hätte Friedrich Wilhelm I. nie gesprochen. So drückte sich der überspannte Kronprinz aus, der sich weniger als Sohn seines Vaters denn als Kind der Aufklärung verstand. Auch von denkenden Wesen wäre bei ihm nie die Rede gewesen. Über solchen »Quark« mochte sein ältester Sohn Fritz mit dem »Blitzfranzosen« Voltaire korrespondieren. Bei ihm, dem Preußenkönig, hatten die Leute nicht zu räsonieren oder zu philosophieren, sondern zu glauben und zu gehorchen; blindlings. Und es ist keine Frage und kann auch von dem glühendsten Preußen-Apologeten nicht bestritten werden, daß davon einiges für hundert Jahre an den Preußen hängengeblieben ist. Der Vorwurf des preußischen »Untertanengeistes« war ja nicht völlig aus der Luft gegriffen, und niemand hat sich an der Sklavenmentalität der preußischen Bevölkerung mehr gerieben als der Sohn des Soldatenkönigs, Friedrich der Große, dem es ungeachtet der verschiedensten Anläufe doch niemals gelang, aus der Stupidität des preußischen Landvolkes ein paar geistige Funken zu schlagen. Erst die Humboldtschen Bildungsreformen und die Befreiungskriege haben bewirkt, daß die Preußen sich in der Zeit von 1815 bis 1865 als selbstbewußte und gebildete Staatsbürger an die Spitze der europäischen Entwicklung setzten.

Im geistigen Überbau seiner Zeit wirkte Friedrich Wilhelm I. zweifelsohne reaktionär, ja geradezu mittelalterlich, wenn er die totale Unterwerfung der Menschen unter Gott und den Herrscher forderte, wenn er der Aufklärung, wenn er den Künsten und Wissenschaften mit Verachtung begegnete (über den Philosophen Leibniz, den Freund seiner Mutter, griente er nur und meinte, der Kerl eigne sich nicht einmal zum Schildwachestehen). Im praktischen Lebensbereich dagegen, im Alltagsleben des Individuums wie im Wirtschafts- und Sozialleben der Gesellschaft, wirkte er in des Wortes wahrer Bedeutung als Revolutionär.

Wenn man die französische Revolution von 1789 eine juristische, die russische Revolution von 1917 eine soziale genannt hat, so muß man die preußische »Revolution von oben«, die Friedrich Wilhelm praktizierte, eine pädagogische nennen. Die französische Bourgeoisie blieb ja vor und nach 1789 dieselbe, wandelte sich mitnichten in ihrer fortschritts- wie profitorientierten Einstellung; die autokratischen Herrschaftsformen und die Passivität der Massen änderten sich im russischen Riesenreich auch nach 1917 kaum; ja, selbst die radikale Kulturrevolution Mao Tse-tungs ging an Geist und Gehabe der eine Milliarde Chinesen spurlos vorüber wie ein Sommerwind. Der Soldatenkönig jedoch veränderte die Menschen seines Landes: Mit Gewalt und Befehl krempelte er sie zu »Preußen« um, machte er aus schmutzigen Analphabeten und notorischen Faulpelzen frischgewaschene und fleißige Landwirte, pflichtbewußte und qualitätsbesessene Wollproduzenten. Man lese nur einmal die leider völlig unbekannten Denkwürdigkeiten des bayerischen Majors Friedrich v. Furtenbach, der von 1794 bis 1797 und von 1812 bis 1814 durch die östlichen Provinzen Preußens, durch Brandenburg, Schlesien, Pommern, West- und Ostpreußen zog, und man wird zu umstürzenden Aha-Erlebnissen kommen, wird verstehen lernen, welch ungeheure Kultur- und Menschenarbeit Friedrich Wilhelm und (später) sein Sohn in ihrem Staat vollbracht haben. Selbst der vielverlachte »Soldatenfimmel«, dem der Berliner Berserker huldigte, änderte daran nichts. Im Gegenteil, Wirtschafts- und Heeresaufbau erwiesen sich als untrennbare Kehrseiten einer Medaille.

Einige nüchterne Zahlen mögen das untermauern:

Im Jahre 1713, als Friedrich Wilhelm König wurde, betrugen die preußischen Staatseinnahmen jährlich etwa 3,6 Millionen Taler. Bis zum Jahre 1740, seinem Todesjahr, verdreifachte sich diese Summe. Die städtische Bevölkerung der Mark Brandenburg wuchs von 100 000 Köpfen im Jahre 1713 auf 200 000 im Jahre 1740. Die Stärke der preußischen Armee stieg in der Regierungszeit des Soldatenkönigs um das Zweieinhalbfache: von 32 000 auf 80 000 Mann. Damit hatte Preußen die viertstärkste Armee des Kontinents

(Frankreich 150 000, Rußland 130 000, Österreich 100 000 bis 120 000 Mann), obwohl es nach Flächengröße erst der 10., nach der Bevölkerungszahl erst der 13. oder 14. Staat Europas war. Aber diese Armee war keine Last des Volkes, sondern ein Fortschritt des Landes. Lediglich 8000 einheimische Soldaten standen – neben den 24 000 angeworbenen Söldnern – ganzjährig unter Waffen, die übrigen 48 000 wurden nur vier bis acht Wochen pro Jahr als Reservisten zu den Fahnen gerufen. Heerwesen und Wirtschafts- bzw. Sozialpolitik ergänzten einander, funktionierten als staatspolitisches Perpetuum mobile. Und so betrug denn auch der preußische Staatsschatz 1740 mehr als zehn Millionen Taler; der Sohn fand einen gesunden Staatshaushalt vor.

Hinter diesen kargen Angaben verbirgt sich bereits ein immenses Verwaltungs- und Aufbauwerk. Aber die wahre, nämlich die verändernde und umstürzende Bedeutung Friedrich Wilhelms I. erschließt sich dem Auge des kritischen Betrachters erst, wenn man die 27 Jahre seiner Herrscher- und Regierungszeit als eine sich auftürmende Pyramide betrachtet, als ein wohldurchdachtes Kunstwerk des Staatsaufbaus, das sich Stufe für Stufe nach oben vollendete. Mit sechs gewaltigen Hammerschlägen errichtete der Soldatenkönig Plattform auf Plattform, deren chronologische Entstehungsgeschichte sich so ausnimmt:

1. Mit einem einzigen Blick erkannte Friedrich Wilhelm 1713, beim Regierungsantritt, die Wurzel allen Übels, was den verrotteten Staatsaufbau des dahingegangenen 17. Jahrhunderts betraf, im Chaos der damaligen Finanzverwaltung. Nicht nur, daß jede kleine historische Landschaft ihre eigene Steuer- und Abgabenordnung kultivierte und eifersüchtig verteidigte, das Neben- und Gegeneinander von Generalkriegskommissariat (für die Angelegenheiten des Heeres) und Finanzdirektorium (für die Zivilsachen) hatte im Laufe der Jahrzehnte zu einem unübersehbaren Steuer- und Verwaltungs-Tohuwabohu geführt. Am 3. Oktober 1714 inaugurierte der König die sogenannteGENERALRECHENKAMMER, ausgehend von der Erwartung, beide Verwaltungszweige durch straffe Kontrolle von oben zur Kooperation bringen zu können. Dies war der erste entscheidende Schritt zu einer einheitlichen, zentralisierten Staatsverwaltung.
2. Am 23. Oktober 1717 erließ Friedrich Wilhelm an die Konsistorien und Kirchenbehörden »in allen königlichen Landen« ein generelles SCHULREGLEMENT, wonach die Eltern angehalten werden sollten, ihre Kinder vom 5. bis zum 12. Lebensjahr in die Schule zu schicken, und zwar

im Winter täglich, im Sommer - aus Rücksicht auf die landwirtschaftlichen Arbeiten, zu denen die Eltern ausnahmslos ihre Kinder als billige Arbeitskräfte heranzogen - zweimal wöchentlich. Damit war der erste Schritt zur Allgemeinen Schulpflicht getan, die entscheidende Voraussetzung zur Aufklärung und Bildung der werktätigen Massen. Daß es dem König wirklich und in erster Linie um die Bewußtseinsfrage ging, erhellt aus seinem Reskript vom 2. Juli 1718, in dem er bekümmert feststellte, »das Landvolk befindet sich in einem höchst deplorablen (beklagenswerten) Zustand in Ansehung alles Wissens und Thuns«, und in dem er dazu aufrief, »mit zusammengesetzten Kräften doch endlich der Unwissenheit abzuhelfen«. Die Basis, also die Bevölkerung auf dem Lande und in den Dörfern, ebenso wie der Überbau, nämlich die Regierung, die Kirchen, die Beamtenschaft und die Verwaltung, leisteten bis zum Tode des Königs zähen passiven Widerstand. Die einfachen Leute sahen im Schulreglement des Königs einen Eingriff des Staates in ihr Elternverfügungsrecht über die Kinder, die Kirchenfunktionäre erblickten darin einen staatlichen Übergriff auf ihr Privilegium der Volksbeeinflussung, und des Königs Ministerrat qualifizierte das Schulreglement gar als eine ökonomische Schädigung des Staatsganzen. Mit diesem Argument glaubte man bei dem königlichen Hauswirt, dem es doch so sehr auf das finanzielle Plusmachen ankam, nachhaltigen Eindruck zu schinden. »Dieses ist nichts«, antwortete jedoch Friedrich Wilhelm am 31. Januar 1722 zornig, »die Regierung will wohl das arme Land in der Barbarei erhalten?! Denn wenn ich baue und verbessere das Land und mache zugleich keine Christen, so hilft mir alles nichts ...« Es ist dies meiner Meinung nach der klügste und tiefblickendste Satz, der in den letzten dreihundert Jahren geschrieben wurde. Hier sah ein Mann, daß ein »Wirtschaftswunder« nichts ist ohne ein Bewußtseinswunder; denn ein »Christ« war in den Augen Friedrich Wilhelms ein Mensch, der lesen und schreiben konnte, der ein eigenes Bewußtsein hatte.

3. Die nimmermüde Propaganda, die dieser Herrscher für ein tüchtiges, tätiges Christentum entfaltete, entbehrte doch vom ersten Tage an jedes Zuges von Intoleranz (einzige Ausnahme waren und blieben die Jesuiten, die er in seinen Ländern partout nicht sehen mochte). 1722 schrieb er in einer grundlegenden TOLERRANZINSTRUKTION für den Kronprinzen: »Ich bin gut reformiert, glaube aber, daß ein Lutherischer ebenso gut selig werden kann und daß der Unterschied nur von den Prediger-

Zänkereien herrührt.« Von diesem Augenblick datiert die wohltuende religiöse Toleranz, die den preußischen Staat für zweihundert Jahre auszeichnete und zum Vorbild für die Welt machte. Und der Soldatenkönig lebte seinem Volk diese Haltung vor: Er besuchte ebenso den reformierten wie den lutherischen Gottesdienst, ohne sich um die sauren Mienen der Kirchenfanatiker zu scheren; er hielt streng darauf, daß seine katholischen Untertanen in keiner Hinsicht benachteiligt wurden, was immer ihm auch die evangelische Kirchenbürokratie Übles soufflieren mochte; und er trug Sorge dafür, daß katholische Geistliche regelmäßig die Garnisonen bereisten, um mit den Soldaten, die dem römisch-katholischen Glauben anhingen, mindestens einmal monatlich Gottesdienst zu halten. Die Meinungs- und Gewissensfreiheit des Menschen, die sich damals in seinem religiösen Bekenntnis ausdrückte, wurde fortan in Preußen von Staats wegen respektiert.

4. Acht Jahre nach Installierung der Generalrechenkammer gelangte Friedrich Wilhelm I. zu der Erkenntnis, daß Kontrolle oben noch keineswegs Kooperation unten bewirkt. An der Basis der Verwaltungsstruktur hatte sich noch nicht allzu viel bewegt, der Behördenegoismus und die Ämtereifersucht wucherten wie ein Krebsschaden am Staatskörper fort. Der König kanzelte seine Minister ab: »Bis jetzt haben Sie nichts getan als gegeneinander zu arbeiten, als wenn das Kriegskommissariat nicht sowohl des Königs von Preußen wäre als auch das Finanzdirektorium. Dieses Konfusionswerk kann nicht länger Bestand haben! Bisher hielt das Kriegskommissariat Rechtsgelehrte und Advokaten aus meinem Beutel, um gegen das Finanzdirektorium zu fechten; also gegen mich selbst. Das Finanzdirektorium wiederum hielt aus meinem Beutel Advokaten, um sich gegen das Kommissariat zu wehren. Glauben Sie vielleicht, daß Sie mich zum Narren halten und mir etwas vormachen können?!« Am 20. Dezember 1722 entschloß sich der König zu einem tiefeingreifenden Schnitt in die Behördenstruktur Preußens: Er schuf per Verordnung das »General-Ober-Finanz-, Kriegs- und Domänen-Direktorium«, kurz genannt GENERALDIREKTORIUM, in dem nun beide Verwaltungsstränge einheitlich zusammenliefen. Mit einem Schlage war der moderne, effiziente Verwaltungsstaat geschaffen, und das Generaldirektorium war nichts anderes als der zusammengefaßte Ministerrat eines Staates, dessen König als sein eigener Ministerpräsident fungierte.
5. Das EINWANDERUNGSPATENT vom 2. Februar 1732, das wir bereits

kennen und das den verfolgten Salzburger Protestanten die Türen zum preußischen Zufluchtsort öffnete, war nur die öffentliche Beurkundung einer Politik, die Friedrich Wilhelm bereits seit 1718 konsequent betrieben hatte und die dem preußischen Staat innerhalb von vierzehn Jahren eine Einwanderungsquote von etwa 140 000 Menschen verschaffte. Preußen wurde - wie schon zu Zeiten des Großen Kurfürsten, der 20 000 verfolgte Hugenotten in Brandenburg aufnahm - von nun an zum klassischen Einwanderungsland Mitteleuropas: Von 1742 bis 1755 und von 1763 bis 1786 kamen 360 000 Immigranten in das Königreich Friedrichs des Großen, und von 1838 bis 1868 betrug die Einwanderungszahl nach Preußen noch einmal über 500 000 Köpfe. Gut eine Million Menschen zogen in 150 Jahren den preußischen Staat ihrem eigenen Heimatland vor.

6. Am 15. September 1733 erließ der Soldatenkönig ein sogenanntes KANTONREGLEMENT, das alle Feuerstellen des Landes in »Kantonen« erfaßte bzw. einteilte und in dem es wörtlich hieß: »Alle Einwohner des Landes sind für die Waffen geboren.« Das war praktisch die Verkündung der allgemeinen Wehrpflicht (die dann achtzig Jahre später durch Boyen in ein modernes Gesetzgebungswerk gegossen wurde). Das Neuartige, das Revolutionäre dieses Reglements lag darin, daß alle Staatsangehörigen, soweit sie Bauern waren (die Bürger waren grundsätzlich vom Wehrdienst befreit), zur Landesverteidigung herangezogen wurden. Überall im damaligen Europa gab es den Unterschied zwischen Gutsdörfern und Amtsdörfern, wobei die Bewohner der Gutsdörfer juristisch ihren Gutsherren unterstanden, die ausschließlich darüber bestimmten, wer das Dorf verlassen und außerhalb seiner Grenzen fremde Dienste nehmen oder sich beruflich verändern durfte. Mit der Einführung des Kantonreglements wurde dieses jahrhundertealte Privileg des Adels gebrochen. Die Enrollierung, also die Einschreibung in die Regimentslisten, erwies sich bald als erster Schritt zum Staatsbürgertum späterer Zeiten, und die Wehrpflicht für sämtliche bäuerlichen Landesbewohner bedeutete in ihren historischen Konsequenzen eine der wichtigsten Voraussetzungen des künftigen Demokratisierungsprozesses der breiten Massen.

Jede radikale Veränderung im Leben der Völker bedarf, nach Vollziehung des Umbruchs, einer neuen Form, eines neuen Gefäßes, damit die Bewegung nicht gestaltlos zerfließt, sich nicht verflüchtigt, sondern in feste Bahnen, in eine neue Ordnung gelenkt wird. Das gilt ausnahmslos für alle Kurswechsel der

Geschichte: In der Großen Deutschen Bauernrevolution von 1525 ersann man die Verheißung der evangelisch-brüderlichen Genossenschaft, in der französischen Revolution von 1789 die der einheitlichen, unteilbaren Nation, in der Oktoberrevolution von 1917 triumphierte die Proklamation der proletarischen Klasse, in Friedrich Wilhelms Revolution von oben manifestierte sich die Idee des preußischen Staates. Wie einen »rocher de bronce« wollte dieser König das Bekenntnis zum Staat als neuen Lebensinhalt seines Volkes errichten. Durch ihn, durch den Soldatenkönig, wurde Preußen zur Verkörperung der Staatsidee schlechthin in der Welt.

Als Friedrich Wilhelm 1740 starb, war ein neuer politisch-gesellschaftlicher Begriff geboren: der des Preußentums. Die europäische Umwelt nahm ihn mit Erstaunen zur Kenntnis, teils bewundernd-nachahmend, teils eifersüchtig-ablehnend. Zweihundert Jahre lang existierte das Phänomen einer eigenwilligen Lebenshaltung, einer beispiellosen Daseinsform, in der jedermann, freiwillig oder gezwungen, immer aber ideologiefrei dem Staat und der Gesellschaft diente. Fest, straff und diszipliniert - nicht unähnlich dem Dienst in einer Armee - blieben die Selbstsucht des einzelnen wie der Gruppen- und Klassenegoismus, die es selbstverständlich wie in aller Welt gab, eingebunden in die übergeordneten Interessen und Anforderungen des Gesamtorganismus. »Der Staat«, dozierte Hegel seinerzeit und theoretisierte damit lediglich die Praxis des zweiten Preußenkönigs, »ist die göttliche Idee.« Er hätte auch sagen können: ist das Gefäß der Ordnung.

Wie immer man im nachhinein dazu stehen mag: Der eigentliche Schöpfer, der revolutionäre Begründer des Preußentums war niemand anderes als Friedrich Wilhelm I., der Soldatenkönig.

FRIEDRICH DER ZWEITE

WOLFGANG VENOHR

24.1.1712	geboren in Berlin
1730-1735	mißglückter Fluchtversuch nach England, um sich der ihm widerstrebenden Erziehung seines Vaters, Friedrich Wilhelm I., zu entziehen; anschließend Festungshaft in Küstrin und Ausbildung in den Staatsgeschäften; Dienst in der Küstriner Kriegs- und Domänenkammer und als Regimentschef in Neuruppin
1736-1740	willigt gezwungenermaßen in die Ehe mit Elisabeth Christine von Braunschweig-Bevern ein; lebt auf Schloß Rheinsberg; widmet sich der Philosophie und den schönen Künsten; bekennt sich zu den humanitären Ideen der Aufklärung; Freundschaft mit Voltaire; schreibt »Considérations sur l' état présent du corps politique de l'Europe«, 1738, und den »Antimachiavelli«, 1739
1740	Regierungsantritt
1740-1742	erobert im Ersten Schlesischen Krieg gegen Österreich Schlesien
1744-1745	behauptet im Zweiten Schlesischen Krieg (Schlacht bei Hohenfriedberg) den Besitz Schlesiens
1746-1756	Friedensjahrzehnt; Ausbau des Bildungswesens, Justizreform, durchgreifende Steuerpolitik; verfaßt u. a. »Histoire de mon temps« (1746)
1756-1763	kommt dem Angriff Österreichs, Frankreichs, Rußlands und Schwedens zuvor und führt den »Siebenjährigen Krieg« um die Existenz des preußischen Staates; glänzenden Siegen bei Roßbach und Leuthen (1757) folgen katastrophale Niederlagen bei Hochkirch (1758) und Kunersdorf (1759); beschränkt sich nach dem Sieg bei Torgau (1760) in seiner Strategie auf die Defensive
1763	im Frieden zu Hubertusburg behauptet er zum dritten Male Schlesien; endgültige Anerkennung Preußens als europäische Großmacht
1764	Wiederaufbau (»Rétablissement«) des Landes und der Verwaltung; Hebung von Handel und Gewerbe
1772	erhält bei der ersten Teilung Polens Westpreußen (ohne Danzig und Thorn) und den Netze-Distrikt
1778	verhindert Vergrößerungsversuche Österreichs in Süddeutschland im unblutigen Bayerischen Erbfolgekrieg
1785	gründet den Fürstenbund
1786	am 17. August in Schloß Sanssouci bei Potsdam gestorben

Friedrich der Zweite, 1740, im Jahre seinerThronbesteigung, Gemälde vonAntoine Pesne

Am 1. Juni 1740 war Berlin, die preußische Hauptstadt, förmlich aus dem Häuschen. Tags zuvor war *Friedrich Wilhelm I.*, der Soldatenkönig, in Potsdam verschieden, und niemand weinte ihm eine Träne nach. (Wie die Leute eben so sind; denn niemand hatte für Brot, Arbeit und Architektur der Berliner mehr getan als der bärbeißige Korporal-König, der die Reichen nicht geschont hatte: »Der Kerl hat Geld – soll bauen!«)

Nun aber fuhr der strahlend-junge König, Friedrich II. von Hohenzollern, achtundzwanzig Jahre alt, elegant und hübsch anzusehen, im offenen Wagen durch die Straßen Berlins, streute freigebig mit Münzen um sich – wie das damals bei Thronbesteigungen so üblich war – und nahm gnädig den Jubel und das Jauchzen des Volkes entgegen.

Was war geschehen? Hatte ein »roi charmant«, ein Märchenprinz, den preußischen Thron bestiegen? Verwandelte sich das preußische Sparta in ein preußisches Athen? Wurde kasernierte Macht durch kapriziösen Geist ersetzt?

In der Tat: Kaum hatte der junge Mann mit selbstsicherer Geste die Zügel der Regierungsmacht in die Hand genommen, da verblüffte er alle Welt mit einem fortschrittlichen, linksintellektuellen Reformprogramm. In wenigen Tagen des Monats Juni 1740 jagten sich die Erlasse und Edikte, die der junge König den atemlosen Schreibern im Schloß Charlottenburg diktierte.

Zuerst einmal, Devise Heiterkeit:

Sämtliche Behörden, die untertänige Gratulationen zur Thronbesteigung geschickt hatten, bekamen zur Antwort: »Unsere größte Sorge soll darauf gerichtet sein, einen jeden Unserer Untertanen vergnügt und glücklich zu machen!«

Den Herren Ministern wurde kurzab klargemacht: »Wir wollen nicht, daß ihr euch bestreben sollt, Uns mit Kränkungen der Untertanen zu bereichern!«

Punktum. Fliegender Themenwechsel:

Auftrag an den Professor *Formey*, in Berlin eine französische Zeitung für Politik und Literatur mit dem Namen »Journal de Berlin« zu gründen.

Auftrag an den Buchhändler *Haude*, er möge eine deutsche Zeitung, die »Berlinischen Nachrichten«, herausgeben und zwar unter dem Motto: »Wahrheit und Freiheit«.

Gleich noch einen Befehl an den zuständigen Minister *v. Podewils*, daß die Zensur für den nichtpolitischen Teil der Zeitungen aufgehoben wird. Denn: *»Gazetten, wenn sie interessant sein sollen, dürfen nicht geniert werden!«*

So weit, so gut. Nun zur Architektur und Ökonomie:

Befehl an den *v. Knobelsdorff*, ungesäumt ein Königliches Opernhaus in Berlin zu errichten. Zusatz: »Berlin muß *die* Theaterstadt Europas werden!«

Brief an den Berliner Kaufmann *Gotzkowsky*. Er erhält Schirm und Förderung bei der Vermehrung und Vergrößerung seiner Fabriken und Manufakturen.

Halt, noch ein Reskript an das Generaldirektorium, unverzüglich ein besonderes Ministerium für Handel und Gewerbe einzurichten.

Weiter. Jetzt zur Frage des Justizwesens:

Ediktum: »Wir wollen, daß die peinliche Befragung der Angeklagten, daß die Tortur ein für allemal zu unterbleiben hat! Es sei denn, es handele sich um Hochverrat oder Massenmord.« (1755 wird sie auch für diese beiden Delikte abgeschafft, nachdem sie in der Zwischenzeit nur ein einziges Mal angewandt wurde.)

Schluß mit dem Skandal, daß die Kindsmörderinnen gesäckt (d. h. in einen ledernen Sack gebunden und dann im Fluß ersäuft) werden.

Wie halten wir es schließlich mit der Religion in Preußen?

Randverfügung: »*Alle Religionen sind gleich gut.* Und wenn Türken und Heiden nach Berlin kommen, so wollen wir Moscheen für sie bauen; wenn sie nur das Land bevölkern.«

Und wie in Erz gemeißelt: »DIE RELIGIONEN MÜSSEN ALLE TOLERIERT WERDEN. DENN HIER MUSS EIN JEDER NACH SEINER FAÇON SELIG WERDEN.«

Wunderbar. Einzigartig. Das europäische Publikum war entzückt, war hingerissen. Tatsächlich, der »roi charmant« war erschienen. Die linke Schickeria von Paris, die Aufklärer, Atheisten, Enzyklopädisten und Pazifisten, die den europäischen Ton angaben, applaudierten enthusiastisch dem jungen Reformfürsten und erhofften den Anbruch eines neuen Zeitalters, in dem Moral vor Macht gehen sollte.

Auch im langsam zerbröselnden, wurmstichigen Deutschen Reich war man fasziniert. Plötzlich hatten die deutschen Zeitungen aus dem fernen Preußen des Militärdrills, der knickerigen Sparsamkeit und der langen Grenadiere lauter wundervolle Dinge zu berichten: Der junge König in Berlin verbot die Prügelstrafe in den Kadettenanstalten, kurbelte die Wirtschaft an, förderte Kunst und Wissenschaften und öffnete die staatlichen Kornspeicher für die Armen, um sie vor Not und Teuerung zu schützen. In Berlin wurde ein Hortum botanicum (Botanischer Garten) angelegt, »der auch dem allerschönsten in Europa gleichkommen dürfte«. Ein Fest jagte das andere. Die Sonne der Aufklärung ging nicht mehr an der Seine, sondern an Spree und Havel auf.

Nur *eine* Maßnahme des vermeintlichen Berliner Bonvivants hatten alle übersehen: den Befehl, sofort 17 neue Bataillons Infanterie und ein neues Regiment Kavallerie zu errichten!

So war Europa sprachlos, ja aufs tiefste gekränkt, als der jugendliche »Friedensfürst« ein knappes halbes Jahr nach seiner Inthronisierung, am 16. Dezember 1740, mit seiner Armee mitten im Frieden in das österreichische Schlesien einfiel und damit die Kette der drei »Schlesischen Kriege« eröffnete, die insgesamt mehr als zehn Jahre dauern sollten.

Von nun an galt Friedrich einem Teil der europäischen Öffentlichkeit als »Aggressor«, und Kardinal *Fleury*, der leitende Staatsmann Frankreichs, rief indiginiert aus, der Preußenkönig sei ein Narr, er sei komplett verrückt geworden.

Wie hatte man sich nur so gründlich in einem Menschen täuschen können?

Die Täuschung basierte auf einem grandiosen Mißverständnis, beruhte in einer allgemeinen psychologischen Fehlinterpretation des Gegensatzes »Vater und Sohn« bzw. »König und Kronprinz«.

Der Skandal, der sich jahrelang vor den Augen und Ohren Europas im Berliner und Potsdamer Schloß zwischen dem Soldatenkönig und seinem ältesten Sohn ereignete, war ein beliebter Gesprächsstoff in den aristokratischen wie in den bürgerlichen Salons. Und wahrhaftig: Es war der schärfste Generationenkonflikt, den es gegeben hat. Die fanatischen Prediger des Antiautoritären unserer sechziger Jahre haben niemals einen so unbarmherzigen, zerstörerischen Haß zwischen Jung und Alt erzeugen können, wie ihn diese beiden Hohenzollern mehr als zweihundert Jahre früher vorgelebt haben. Und alle Welt stand natürlich mit ihren Sympathien auf der Seite des armen, geprügelten Sohnes und verurteilte aufs strengste das barbarische, unbeherrschte Wüten des jähzornigen Vaters: nicht zu Unrecht, aber doch auch voreingenommen durch die nimmermüde welfisch-britische Propaganda, die von Friedrichs Mutter, Königin *Sophie Dorothea*, und ihrer Clique, gesteuert wurde, und später dann durch die Stimme Frankreichs, *Voltaire*, der den Vater nie anders denn als »den Vandalen« bezeichnete.

Und *Friedrich Wilhelm I.* tat in seiner rohen Naivität alles, die öffentliche Meinung gegen sich aufzubringen. Wenn er den Kronprinzen, das junge hübsche Blut, an den Haaren riß und mit dem Stock traktierte, und das vor aller Welt, vor Generalen und Gesandten, wenn er ihn einen französischen Windbeutel, einen »Querpfeifer und Poeten« schimpfte, so durfte er über die allgemeine Parteinahme für den zugleich liebens- wie beklagenswerten Prinzen nicht erstaunen.

In Wahrheit jedoch ist der Sohn, ist Friedrich in diesem Konflikt immer der Stärkere gewesen! (Bis auf den einen, allerdings entscheidenden Moment, als er der Hinrichtung seines Freundes *Katte* zusehen mußte und physisch zusammenbrach.) Vom ersten Augenblick an, und das ist immer übersehen worden, zeigte sich in diesem jungen Menschen ein Stolz, ein Selbstgefühl, ja ein hochfahrendes Wesen, das in seiner Art beispiellos war.

Der Soldatenkönig aber, so tölpelhaft und ungeschlacht (und damit seinem Sohne von vornherein unterlegen) er war, sah das als einziger sehr genau; mit der unbestechlichen Schärfe des Vaterauges. Und in seiner rasenden Hilflosigkeit schrieb er es auch dem Sohn:

> »Zum andern ist er hoffärthig, recht bauernstolz, spricht mit keinem Menschen als mit welchen vom Hof, ist nicht populär und leutselig ... thut in nichts meinen Willen ... und hat zu nichts Lust, als seinem eigenen Kopf zu folgen ...«

Man möchte das ironische Lächeln in den Mundwinkeln des sechzehnjährigen Prinzen nicht sehen, das er bei der Lektüre dieser Vaterzeilen aufgesetzt haben mag. Denn er war ein apartes, ein ganz gefährliches Bürschchen! Die Szene im Jagdschloß Wusterhausen, als der Kronprinz sich laut vor allen Anwesenden im Tabakskollegium beim sächsischen Gesandten *v. Suhm* über das Betragen des Vaters und über sein ständiges Leben in Sklaverei beschwert, dazwischen immer scharf den König beobachtet und, wenn dieser aufblickt, emphatisch »Ich liebe ihn dennoch!« ausruft, danach sofort immer wieder mit seinen lauten Anklagen fortfährt, um sich schließlich – als alles aufmerksam geworden ist – exaltiert dem Vater an den Hals zu werfen, der als einziger die abgefeimte Komödie ahnt und verlegen brummt: »Schon gut, schon gut: werde du nur ein ordentlicher Kerl«, während alle anderen, von Friedrich an der Nase herumgeführt, zu Tränen gerührt sind und den Kronprinzen hochleben lassen – es ist unglaublich, es ist einfach bodenlos.

Wem diese Szene nicht genügt, der lese den Brief des sechzehnjährigen Friedrich vom 11. September 1728 an seinen »lieben Papa«: scheinbar ein zerknirscht-demütiges Entschuldigungs- und Unterwerfungsschreiben, ist es in Wahrheit eine meisterhaft verfertigte Anklageschrift, die den »grausamen Haß« des Vaters anprangert und dem Alten alle Schuld zuschiebt; so gekonnt und in der Täuschung raffiniert das Ganze, so perfekt dialektisch und auf dem Boden kalter Ironie gebaut, daß einem nur Marc Antons Rede an die Römer in Shakespeares »Julius Cäsar« zum Vergleich einfällt.

Dieser junge Mensch war, was sein Bewußtsein angeht, vom ersten Augenblick an Herr; wenn auch noch nicht Herrscher. Sein Stolz glich dem Wipfel eines Baumes, den der Sturm nur zu beugen vermag, auf daß er um so elastischer emporschnellt. Sein Selbstbewußtsein war aus Metall gehämmert. Hätte der Vater sich ihm nicht mit so berserkerhafter Wut entgegengeworfen, Friedrich wäre bei seinen weit überlegenen Geistesgaben unzweifelhaft zum Frondeur geworden, zum Rebellen, zur »aufgehenden Sonne«, der alle Welt zujauchzte, wie der Alte ganz zu Recht befürchtete.

Der Vater warf den Stolz und die Hoffart des Sohnes, nach der mißglückten Flucht und dem Kronprinzenprozeß, mit nackter Gewalt in den Staub. Als *Kattes* Blut geflossen war, hatte Friedrich zum ersten Mal in seinem Leben begriffen, daß es Grenzen gab, die weder Intelligenz noch Rankünе noch Courage zu überwinden vermochten. Er war knapp mit dem Leben davongekommen und hatte vor der unerschütterlichen Autorität des Vaters kapitulieren müssen. Er lernte die Lektion gründlich; aber nicht, um zu resignieren. Alles, was er in der anscheinend so heiteren, sorglosen, kapriziösen Kronprinzenzeit von Rheinsberg tat, las, schrieb, dachte – alles war auf einen neuen, einen besseren Anlauf gerichtet, eines Tages eine glänzende Rolle in der Welt zu spielen. Der junge Mann tarnte sich als Schöngeist, als Lebenskünstler. Doch hinter der Idylle lauerten bereits der Ehrgeiz, der Machthunger, die Ruhmsucht; lauerte der »Aggressor«.

Friedrichs Leitmotiv in den vier Jahren Rheinsberg hieß (lange vor Lenin): lernen, lernen und nochmals lernen. Er analysierte die Fehler, die er begangen hatte. Er versuchte – weitgehend vergebens –, sein hitziges herrisches

Temperament unter Kontrolle zu bringen. Er verbarg – mit ständig wachsendem Erfolg – seine Gefühle und Gedanken vor den Mitmenschen. Und er faßte in aller Stille, hinter der Maske des Philosophen, den stählernen Entschluß: *niemals wieder und vor keiner Macht der Welt zu kapitulieren.*

So sah der Mann aus, der mit 28 000 Mann, mitten im Frieden, zur Empörung Europas, in Schlesien einrückte. Etwas Leichtfertiges, Frivoles haftete diesem Schritt an. Und das Urteil der Nachwelt hat sich streng und unerbittlich an die offenherzigen Geständnisse des königlichen Jünglings gehalten, der seinem Freunde *Jordan* schrieb:

> »Meine Jugend, das Feuer der Leidenschaften, *Begierde nach Ruhm*, selbst, um Dir nichts zu verschweigen, die Neugierde und ein geheimer Naturtrieb haben mich der sanften Ruhe, die ich genoß, entrissen, und das Vergnügen, *meinen Namen in den Zeitungen und künftig auch in der Geschichte zu sehen*, haben mich verführt.«

Im übrigen, die Sache war weit schlimmer: Es handelte sich keineswegs nur um einen eitlen Dummenjungenstreich, der vielleicht noch verzeihlich gewesen wäre; es handelte sich um eine kalt geplante, gründlich vorbereitete Aktion! Schließlich war das derselbe Mann, der, kaum auf den Thron gelangt, seine verblüfften, bedenklichen Minister gefragt hatte:

> »Wenn man im Vorteil ist, soll man ihn ausnutzen, oder nicht?«

Eine Frage, wie aus der Pistole geschossen und von einer geradezu dämonischen politischen Brisanz. (Man stelle sich vor: diese Frage im Gallupverfahren den führenden Staatsmännern unseres Jahrhunderts vorgelegt – und ihnen dann bei der umständlichen, wohlverklausulierten Antwort mit einem Lügendetektor in die geheimsten Gedanken geschaut).

Was Friedrich betraf, so hatte er über die möglichen »Vorteile«, die sich ihm als Monarchen in der europäischen Politik bieten konnten, offenbar sehr gründlich nachgedacht. Denn bereits zwei Tage, nachdem er vom Tode des Habsburger Kaisers, *Karls VI.*, erfahren hatte, am 28. Oktober 1740 also, schrieb er an *Algarotti*:

> »Eine Kleinigkeit, wie der Tod des Kaisers ist, fordert keine große Re-

> gungen. Alles war vorhergesehen, alles vorbereitet; also handelt's sich nur um die Ausführung der Entwürfe, welche ich seit langer Zeit in meinem Kopf bewegt habe.«

Das ist der unwiderlegliche Beweis dafür, daß der charmante Kronprinz in Rheinsberg seine Zeit nicht nur mit Champagnerfesten und mit glühenden Liebesbriefen an *Voltaire* vertändelt, sondern ernsthaft, Projekt für Projekt prüfend, über die Zukunft des preußischen Staates nachgedacht hatte. Denn dieses Gebilde, das in Europa spöttisch als »Staat der Flicken und Fetzen« oder mitleidig als »Streusandbüchse des Heiligen Römischen Reiches« bezeichnet wurde, das förmlich aus dem Nichts, aus Sumpf (Ostpreußen) und Sand (Brandenburg) gewachsen war, bedurfte einer sicheren ökonomischen Basis, wenn es sich unter den Großmächten jener Zeit, ja wenn es sich nur neben mittleren Mächten wie Sachsen-Polen behaupten wollte. Und was »ökonomische Basis« konkret bedeutete, das hatte Friedrich während seiner Küstriner Lehrjahre vollständig begriffen, als ihm der dortige Kammerdirektor *Hille* instruktive Vorträge über die Frage des Oderhandels gehalten hatte, aus denen der Kronprinz dreierlei schloß:

1. Die Oder ist der einzige Fluß von Bedeutung auf brandenburgischem Territorium.
2. Stettin, an der Mündung der Oder, darf niemals anders denn als natürlicher Hafen Berlins angesehen werden.
3. Wer Schlesien (zu Brandenburg und Pommern) gewinnt, kontrolliert die Oder und den Oderhandel total.

So lautete die Rechnung, die Friedrich II. für sich aufgemacht hatte. Was sollten ihm da alte Erbansprüche des Hauses Hohenzollern auf Schlesien, die seit den Zeiten des Großen Kurfürsten zweifellos existierten? *Podewils*, sein ehrpusseliger Minister, hatte sie hervorgekramt, in dem Bestreben, seinen jungen König vor dem Odium des Aggressors zu bewahren. Er war entsetzt, als Friedrich lachend auf die vergilbten Dokumente klopfte und zynisch ausrief: »Bravo! Das ist das Werk eines tüchtigen Scharlatans!«

Der gute *Podewils*. Er kannte seinen jungen Herrn so wenig wie all die anderen, die in Europa über den neuen Herrscher in Preußisch-Berlin spekulierten. Dieser Monarch, der sehr gründlich die Geschichte seiner Familie studiert hatte, empfand nicht den geringsten Skrupel dem berühmten Kaiserhaus Habsburg gegenüber, dessen hochmütigen Standpunkt, dessen rücksichtslose Praktiken er bis auf den Grund durchschaut hatte. Friedrich II. durfte nicht mit den üblichen Maßstäben gemessen werden, die man sonst an deutsche Reichsfürsten legte. Er war eine durch und durch *revolutionäre* Natur: kalt entschlossen, das Neue, das Junge dem Alten entgegenzusetzen! Er war der erste Hohenzoller, der keinen Augenblick bereit war, eine Prädominanz des »altehrwürdigen« Hauses Habsburg anzuerkennen, und der sich nicht das geringste Gewissen daraus machte, die deutsche Kaiserkrone als ein Objekt kühl kalkulierter Machtpolitik zu betrachten.

Nicht alte Urkunden, nein: die Landkarte hatte Friedrich studiert. Und so schrieb er an *Algarotti* am 17. Januar 1741: »Ich habe angefangen, Preußen eine *Figur* zu geben!«

Kam Friedrich II. also als Eroberer, als Unterdrücker nach Schlesien?

Als Eroberer ohne Zweifel. Als Unterdrücker gewiß nicht. Denn eine *nationale* Frage stand nicht zur Debatte: Schlesien war wie Brandenburg, Pommern und Ostpreußen fast ausschließlich von *Deutschen* bewohnt. Kompliziert schien dagegen das *religiöse* Problem im konfessionell gemischten Schlesien. Und die habsburgische Propaganda wurde nicht müde, der Öffentlichkeit zu suggerieren, »daß es um die katholische Religion gehe«. Als wenn der Preußenkönig je einen Unterschied zwischen den Konfessionen gemacht hätte ...

Die Einwohner Schlesiens selbst begrüßten die preußischen Eindringlinge fast überall als Befreier. Denn Schlesiens Protestanten hatten ca. 200 Jahre Unterdrückungen und Verfolgungen schlimmster Art hinter sich. Der Kaiser in Wien? Was hatte der schon für sie getan? Seine Dragoner hatte er ihnen geschickt, die man landauf, landab die »Seligmacher« nannte, weil sie unbelehrbare Protestanten flugs mit dem Säbel ins Jenseits beförderten. Jetzt, als die Preußen kamen, strömten die protestantischen Bauern aus den Dörfern mit Sensen und Mistgabeln herbei, um dem Preußenkönig als Partisanen zu dienen und die Katholischen aus dem Lande zu jagen. Der König dankte für den guten Willen, untersagte ihnen streng jede Ausübung von Rache oder Gewalt und schickte sie mit den Worten nach Hause: »Ihr seid alle meine Kinder!«

In Schlesiens Hauptstadt, in Breslau, waren Aristokratie und gehobenes Bürgertum seit der brutalen Gegenreformation wieder katholisch geworden. Der Magistrat der reichen Stadt weigerte sich, dem Preußenkönig die Tore zu öffnen, der am 1. Januar 1741 die Vorstädte besetzt hatte. Aber Adel und

Bourgeoisie hatten die Rechnung ohne das Volk gemacht. Ein kühner Mann, der Schuster *Deblin*, zeigte sich als gewiegter Volksredner und forderte die handarbeitenden Volksklassen, die überwiegend lutherischen Glaubens waren, zur Erhebung auf. In Massen rückten die Breslauer Handwerker und Proletarier, von *Deblin* angeführt, vor das Rathaus, schrien »Vivat Fridericus!« und zwangen den Breslauer Magistrat, dem Preußenkönig die Tore zu öffnen und ihm den friedlichen Einmarsch zu gewähren.

So hatte Friedrich bei seiner ersten politischen Aktion das »niedere Volk« gegen die besitzenden Schichten auf seiner Seite. Wir werden sehen, daß es bei seiner letzten nicht anders war.

Als Friedrich II. in Schlesien eingefallen war, hatte er sein politisches Kalkül auf drei Prämissen gegründet:

1. auf den militärischen Überraschungseffekt
2. auf das umständliche Temperament der Österreicher
3. auf die Unerfahrenheit der jungen Herrscherin *Maria Theresia*.

Die beiden ersten Trümpfe stachen; die dritte Annahme entpuppte sich als *der* Irrtum seines Lebens. Die blutjunge Erzherzogin von Österreich, Königin von Ungarn und Böhmen, die 1740 nach ihren eigenen Worten »von Geld, Truppen und Rat entblößt« war, erwies sich als die bedeutendste und charakterstärkste Herrscherfigur in der Geschichte des Hauses Habsburg. Auf Friedrichs frechen Erpressungsversuch nach dem Motto: »Gib Du mir Schlesien, dann gebe ich Dir Geld und erkenne Deinen Mann als Deutschen Kaiser an«, antwortete sie mit schneidender Verachtung: »Mein fester Entschluß ist, niemals etwas von Schlesien abzutreten!«

Nun galt es zu kämpfen: Am 10. April 1741 erhielt der Preußenkönig in der Schlacht bei Mollwitz seine Feuertaufe, die zugleich zur größten Blamage seines Lebens wurde. Friedrich agierte noch wie auf dem Exerzierplatz zu Neuruppin oder vor dem Potsdamer Schloß. Als die vorzügliche, schlachtenerprobte Reiterei der Österreicher überraschend hervorbrach und in seinen umständlichen Aufmarsch platzte, floh die preußische Kavallerie panikartig, und es sah so aus, als würde der König mit seiner Armee eingekreist werden. General *v. Schwerin* riet seinem Monarchen zur Flucht, und Friedrich irrte die ganze Nacht über 16 Meilen auf dem »langen Mollwitzer Schimmel« umher; der völligen Verzweiflung nahe.

Was mag in diesen endlosen Stunden im Kopf des jungen, von Gott und der Welt verlassenen Menschen vor sich gegangen sein? Ob er sich wohl der Instruktion seines Vaters erinnerte, nie »einen ungerechten Krieg« anzufangen? Oder hörte er in seinen Ohren das Hohngelächter Europas gellen? Brannte ihm der Spottname »Marquis de Brandenbourg« im vom Fliehen geröteten Antlitz?

Gegen Morgen erhielt Friedrich die Meldung, die verloren geglaubte Schlacht sei durch die preußische Infanterie unter der unerschütterlichen Führung *Schwerins* doch noch gewonnen worden. Ein Wunder war geschehen: Die vielverspottete »Potsdamer Wachtparade« hatte die ruhmbedeckten Regimenter des Prinzen Eugen geschlagen! Die preußische Infanterie galt von Stund' an als die beste der Welt.

Friedrich II. hat seine taktischen Fehler bei Mollwitz in seinen militärischen Schriften offen und freimütig besprochen, hat sie selber streng und unnachsichtig getadelt. Niemals aber hat er – weder mündlich noch schriftlich – ein Wort über seine Flucht fallenlassen. Er, der Preußenkönig, war beim ersten Schuß feige vor dem Feind desertiert! Man kann sich unschwer vorstellen, welche neuen Wunden das seinem hochgezüchteten Stolz geschlagen haben muß.

Immerhin, die böse Erfahrung sollte ihm gut bekommen. Die Blamage rettete ihn vor der Hybris. »Hochmut kommt vor dem Fall«: die ewig gültige Wahrheit dieses Sprichwortes muß dem jungen Preußenkönig in den langen Stunden peinlicher Einsamkeit bewußt geworden sein. Der »Schock von Mollwitz« machte ihm blitzschnell klar, daß er sich mit dem Einfall in Schlesien auf ein Abenteuer eingelassen hatte, das zur Vernichtung Preußens und seiner eigenen Existenz führen konnte. Und was die Aggression selbst anging, so sollte er lebenslang ein schlechtes Gewissen behalten. Im Jahre 1743 suchte er sich vor der europäischen Öffentlichkeit zu rechtfertigen, indem er schrieb:

> »Ich hoffe, die Nachwelt wird bei mir den Philosophen vom Fürsten und den Ehrenmann vom Politiker zu scheiden wissen. Ich muß gestehen: Wer in das Getriebe der großen europäischen Politik hineingerissen wird, für den ist es sehr schwer, seinen Charakter lauter und ehrlich zu bewahren ...«

Friedrich II. war aber nicht in das Getriebe der europäischen Großmachtpolitik »hineingerissen« worden. Er hatte sich selbst mutwillig hineingestürzt; er hatte sein Schicksal *selbst* verschuldet.

Dieses Schicksal wäre ganz anders verlaufen, wenn er nicht von seinem ungeliebten Vater die besten Soldaten der Welt geerbt hätte. Das heißt: die besten Infanteristen der Welt. Aber bald, nach knappen vier Jahren, hatte Friedrich auch die besten Kavalleristen. Denn aus Mollwitz hatte der Preußenkönig nicht nur *politische*, sondern auch *militärische* Lehren gezogen.

Das sollte Europa im Zweiten Schlesischen Krieg, am 4. Juni 1745, erfahren. Am Vorabend waren die Österreicher in acht Heersäulen von den schlesischen Grenzbergen in die Ebene bei Hohenfriedberg herabgestiegen. Die Preußen waren dem Gegner der Zahl nach unterlegen (50 000 gegen 66 000 Feinde). Aber was Friedrich II. nun der sprachlosen Mitwelt an strategischer, taktischer und logistischer Virtuosität vorexerzierte, das machte ihn zum ersten Feldherrn seines Jahrhunderts: die gelungene Täuschung des Feindes durch raffinierte Scheinmanöver (hell flackernde, verlassene Wachtfeuer) – der gewagte Anmarsch bei Nacht (»Pfeifen aus! Pferdehufe umwickelt!«) – die weitsichtige Anlage und kaltblütige Durchführung der Schlacht (nahtlose Kombination aller drei Waffengattungen) – vor allem aber der glänzende Einsatz der von ihm persönlich reformierten Kavallerie. 67 feindliche Fahnen, Standarten und Kesselpauken eroberte allein das Dragonerregiment Ansbach-Bayreuth.

Seit Hohenfriedberg datierte Friedrichs militärischer Ruhm, existierte der Glaube an seine Unüberwindlichkeit.

Als die beiden ersten Schlesischen Kriege 1745 zu Ende waren, war Friedrich II. immer noch ein ziemlich junger Mann: erst dreiunddreißig Jahre alt. Aber an Erfahrungen und Einsichten war er reifer als alle anderen Monarchen des Kontinents.

Den Angriff auf Schlesien hatte *er* provoziert. Es gab dafür keinerlei Rechtsbasis. Es gab als Motivation lediglich seinen brennenden Ehrgeiz, seine persönliche Ruhmsucht und sein machtpolitisches Kalkül. Jetzt – nach den beiden Kriegen – war er genau über die Grenzen seiner Machtmittel belehrt, hatte er die heikle Stellung seines Staates innerhalb des zerbrechlichen europäischen Mächtegleichgewichts sorgsam analysiert. Das macht den Unterschied zwischen Friedrich und *Napoleon* und den zwischen Friedrich und *Hitler*. Der Preußenkönig schrieb einsichtig und selbstgenügsam: »Einmal dem Sturm entronnen, wollen wir uns ruhig im Hafen verhalten und ihn nicht wieder verlassen.«

Maria Theresia mußte um Schlesiens willen resignieren, und Friedrich erhielt im Dresdener Frieden den Besitz der Provinz garantiert, womit eine fünfte europäische Großmacht (neben England, Frankreich, Österreich und Rußland) entstanden war: PREUSSEN. Friedrich seinerseits erkannte nun den Gemahl *Maria Theresias* als Deutschen Kaiser an. Österreich völlig zu besiegen oder auch nur zu demütigen, hatte nie in seiner Absicht gelegen. Im Gegenteil: Jede Entmachtung Wiens mußte automatisch zu einer neuen Vormachtstellung Frankreichs in Deutschland führen, und das war das Letzte, was Friedrich erstrebt hätte.

Als der Preußenkönig am 28. Dezember 1745 in Berlin einzog, wurde er zum ersten Male, wie die »Berlinischen Nachrichten« meldeten, von seinem Volk als FRIEDRICH DER GROSSE begrüßt.

Niemals wieder sollte Friedrich II. der Welt so strahlend erscheinen wie nach dem Ende des Zweiten Schlesischen Krieges; aber auch kaum jemals so sehr behaftet mit dem Hautgout des Zynismus und der Frivolität. Während er sich selbst nachdenklich fragte: »Was sind wir armen Menschenkinder, daß wir Projekte schmieden, die soviel Blut kosten?«, sah Europa in ihm – halb mit Neid, halb mit Bewunderung – nichts anderes als einen der vielen absolutistischen Glücksjäger, machte es sich wieder vom Preußenkönig ein schiefes Bild:

Ein junger, schnell entschlossener, eitler, ruhmsüchtiger und sehr selbstbewußter Fürst hatte Hasard gespielt, seine Krone und die Existenz seines Staates als Pfand eingesetzt, hatte gegen alle herkömmlichen Spielregeln gewonnen und als Siegespreis eine Provinz mit nach Hause genommen. Eigentlich nichts Besonderes. Nach denselben Prinzipien hatten alle Staaten und Fürsten, wenn sie nur die entsprechenden Machtmittel besaßen, seit Jahrhunderten gehandelt oder wenigstens zu handeln versucht. In der nächsten Runde – ging alles wie gewohnt – mochte man dem Hasardeur seine Beute wieder abjagen.

Doch das war der Irrtum, dem sich viele hingaben: Der Preußenkönig war keine Spielernatur, die blind das Glück versuchte! Er hatte sich in ein *Abenteuer* gestürzt, war aber nicht zum *Abenteurer* geworden. Und der Dame Fortuna hat er immer mißtraut. Alles, was er tat – auch was seinem hitzigen, hochfahrenden Temperament entsprang –, wurde von ihm sogleich reflektiert, kontrolliert und analysiert. Friedrich betrachtete sich, so spontan er oft handelte, doch stets kritisch und machte allen seinen Taten im nachhinein den intellektuellen Prozeß. Es hat selten in der Geschichte einen so *selbstkritischen* Geist: Feldherrn, Staatsmann und Politiker gegeben. Das – und nicht das Glück – war das wahre Geheimnis seines Erfolgs.

Erfolg hin, Erfolg her. War Friedrich II. nicht zum Verräter an Deutschland geworden, als er in Schlesien einfiel? Zum Rebellen gegen Kaiser und Reich?

Das »Heilige Römische Reich Deutscher Nation« war im 18. Jahrhundert, wenn es überhaupt etwas Reales war, das organisierte Chaos. Das offizielle Reichsgebiet hatte damals einen Umfang von etwa 12 000 Quadratmeilen. Darin lebten ca. 24 Millionen Menschen. Diese Masse vegetierte in 2400 Städten, 3000 Marktflecken, 100 000 Dörfern und ca. 40 000 Rittersitzen und Einzelhöfen. In 300 »souveräne« Territorien zerfiel dieses merkwürdige Reich: in geistliche und weltliche Kurfürstentümer, Fürstentümer, Herzogtümer, Mark- und Landgrafschaften, Erzbistümer, Bistümer, Propsteien, Abteien, Reichsgrafschaften, Reichsfreiherrnschaften, Reichsstädte, Reichsstädtchen etc.

Dieses Reich war höchstens die Karikatur eines Staatsgebildes. An ihm war nichts heilig, und in ihm lebte vom Bewußtsein her mitnichten eine einige Deutsche Nation. Der Kaiser war ein bloßer Popanz – der Reichstag eine machtlose Klatschstube – das Reichsgericht eine Institution der Nichterledigung – die Reichskasse ein Vakuum – die Reichsarmee ein trauriger Witz.

In den meisten Lebensbereichen dieses Scheinstaates herrschte eine unbeschreibliche Verkommenheit. Vieles war verknöchert, versteinert, verfault. Die höheren Stände waren verausländert, die unteren verdummt und geknechtet. Der Adel war entweder zum Hoflakaientum oder zum Krautjunkertum degeneriert. Der Bürger war ein horizontloser Spießer; der Bauer ein besitzloser Sklave. Und zu allem kam die Kirche – ganz gleich, ob katholisch oder evangelisch –, die in reinem Formalismus erstarrt war. In diesem merkwürdigen Reich waren Muckertum und Untertanengeist Trumpf.

Die Klänge des Hohenfriedberger Marsches fuhren wie Posaunenschall in diesen Muff von tausend Jahren! Das »Reich« war nichts anderes als ein Gespenst mittelalterlicher Zeiten, und Friedrichs Degen war es, der die Nebel teilte und der neuen Zeit der Aufklärung in Deutschland eine Bahn eröffnete.

In den zehn Friedensjahren von 1746 bis 1756 versuchte Friedrich, an das Bild des aufgeklärten Monarchen und Friedensfürsten anzuknüpfen, das die Welt anläßlich seiner Thronbesteigung so bewundert und dem sie so enchantiert gehuldigt hatte. Und der Applaus der Pariser Salons ging diesem König, der sich als verhinderten Philosophen sah, noch weit über seinen Schlachtenruhm.

»Der Philosoph von Sanssouci« – das klang gar lieblich in seinen Ohren, die für Ruhm und Publicity immer empfänglich waren. Er residierte sommers nur noch in Sanssouci, und das kleine Lustschloß mit acht Zimmern wurde nach seinem Willen zum antiken Traum im märkischen Sand. Selbst in der sozialistischen DDR besuchten nur wenige Menschen, meistens in offizielle Delegationen gebündelt, die Grabstätten der kommunistischen Heldenahnen in Ostberlin. Aber nach Sanssouci, Friedrichs kapriziöser Landvilla, pilgern Jahr für Jahr Millionen Menschen aus aller Welt. Damals wurde Sanssouci zum Eldorado des Fortschritts, der europäischen Intelligenz. *Voltaire* ebenso wie *Johann Sebastian Bach* und viele andere bedeutende Zeitgenossen reisten nach Potsdam, um dem bezaubernden Preußenkönig ihre Aufwartung zu machen. Denn nie war Friedrich II. persönlich attraktiver als in diesem Jahrzehnt, zwischen dem 34. und 44. Lebensjahr. Zum natürlichen Charme kam der erworbene Ruhm.

> »Nun bin ich hier an diesem einst so ungastlichen Orte, der heute durch die Künste verschönert, durch den Ruhm geadelt ist«, schrieb *Voltaire* ganz außer sich an einen Freund in Frankreich. »150 000 siegreiche Soldaten, keine Advokaten, Oper, Lustspiel, Philosophie, Dichtkunst, ein Held, der Philosoph und Dichter ist. Größe und Anmut, Grenadiere und Musen, Trompeten und Violinen, geistvolle Gastmähler, Geselligkeit und Freiheit! Wer sollte es glauben? *Und doch ist alles reine Wahrheit!*«

Deutschland, ja ganz Europa blickte fasziniert nach Sanssouci. Dichterlesungen wurden gehalten. Konzerte veranstaltet. Hinter den Flügeltüren des Lustschlößchens funkelte es von Kerzenglanz und von Esprit. Die Tafelrunde des Königs, an der man über Gott und die Welt philosophierte, wurde zur internationalen Berühmtheit. Hatte man je in der Welt seit der Antike eine solche Symbiose von Geist und Macht gesehen? Einen solchen Hort von Heiterkeit und Witz und guter Laune? Von Weisheit und Humanität? Und das alles in Deutschland; im öden preußischen Ostelbien?

Aber rings um den fröhlichen Weinberg bei Potsdam existierte der Staat Preußen: immer noch ein armes, ein halbkoloniales Entwicklungsland. Und wenn die glänzenden Karossen zwischen Berlin und Potsdam hin- und herflogen, aus denen Musik, Scherze, Bonmots und Gelächter klangen, so standen leibeigene Bauern mit ihren Weibern und Kindern im Straßenstaub, die einer für sie unerreichbaren Märchenwelt nachblickten. Oft genug barfuß und mit knurrendem Magen.

Die Feste von Sanssouci täuschten jedoch genauso wie die Champagnerarien in Rheinsberg, wenn die Welt annahm, daß dieser heitere, geistreiche König auch nur einen Moment seinen wahren Beruf, seine königliche Pflicht vergessen hätte. Friedrich II. verkörperte vielmehr mit seiner inneren Verwaltungstätigkeit in diesem Jahrzehnt das, was unter der Bezeichnung des »aufgeklärten Absolutismus« in die Geschichte eingegangen ist.

Die marxistischen Historiker der DDR leugneten schlicht das Phänomen des »aufgeklärten« Absolutismus. (Es sei denn, es handelte sich um Peter »den Großen« von Rußland.) Da sie erst ab *Marx* und *Engels* historisch denken können (oder wollen), sind sie nicht in der Lage zu erkennen, daß ein direkter Übergang von feudaler Despotie zu bürgerlichem Kapitalismus unmöglich war. Entweder mußte sich der fürstliche Absolutismus selbst läutern, wie in Preußen, oder eine ökonomisch und geistig bereits entwickelte Bürgerklasse mußte die Revolution machen, wie in Frankreich. Ergo: *Beide* Phänomene sind in der historischen Dialektik als »fortschrittlich«, weil eben unumgänglich und zugleich vorwärtswirkend, und damit letzten Endes als gleichrangig einzustufen. Ja, im Zeichen eines ökologischen Umdenkens von welthistorischem Format nähert sich unaufhaltsam der Tag, an dem man den gigantischen Irrtum des »bourgeoisen Fortschritts« erkennen und sodann auch begreifen wird, daß das Wirken des aufgeklärten Absolutismus preußischer Provenienz in Richtung einer *volksfreundlichen Arbeitsmonarchie* für die »niederen« Volksschichten ungleich segensreicher war als jede Spielart bürgerlicher Klassenherrschaft, wie sie sich in Westeuropa oder Nordamerika verwirklichte.

Wie sah der »aufgeklärte Absolutismus« des Preußenkönigs konkret aus? Mit einem Wort: *Es ging ihm darum, seinen monarchischen Willen zur Erhaltung und Festigung der Macht des Staates mit den geistigen Forderungen der Aufklärung für Wohlfahrt und Bildung der Menschen zu verbinden.*

Die Administration des Staates, die sein Vater geschaffen hatte, tastete er nicht an; im Gegenteil. Er verschärfte sogar den königlichen Absolutismus, indem er die Selbstregierung aus dem sogenannten Kabinett einführte. Das heißt, der König kümmerte sich persönlich um sämtliche Angelegenheiten des Staates; große wie kleine. An seine Minister verteilte er schriftliche Weisungen, meistens sehr scharfe; auf mündliche Diskussionen mit seinen Mitarbeitern ließ er sich kaum ein. Von seinen Behörden verlangte er bedingungslose Unterordnung. Und da er mit der Zeit immer mißtrauischer wurde, begnügte er sich nicht damit, Befehle zu erteilen, sondern kontrollierte auch persönlich alle Zweige der Verwaltung. Ganz im Sinne der Leninschen Devise: »Vertrauen ist gut; Kontrolle ist besser.«

Friedrich II. trieb die Zentralisierung des Staates weiter voran, indem er beispielsweise noch ein neues Departement für die Heeresverwaltung schuf. Andererseits ließ er den neugewonnenen Gebieten, Schlesien und auch Ostfriesland, das er 1744 geerbt hatte, doch eine gewisse Sonderstellung; ja man könnte fast sagen, begrenzte Selbstverwaltung. Insgesamt aber kam es ihm darauf an, aus einem Gebilde der »Flicken und Fetzen« einen geschlossenen, durchorganisierten, *modernen* Staatskörper zu machen, der zentral, von *einem* Willen gelenkt und allmählich *einheitlich* gestaltet wurde.

Das war die absolutistische, wenn man will, die »despotische« Seite seiner Tätigkeit, die doch zugleich einen ungeheuren geistigen und ökonomischen Fortschritt im verfaulten und zersplitterten Deutschland von damals in Richtung auf das einleitete, was *Friedrich Engels* später als »die zentralisierte Nation«, als unbedingte historische Voraussetzung für die Moderne bezeichnete; worin die Deutschen aber infolge der Katastrophe des Dreißigjährigen Krieges um hundert Jahre hinter Franzosen und Briten zurückgefallen waren und worin sie sie – koste es, was es wolle – in einer Gewaltanstrengung sondergleichen einholen mußten, wenn sie nicht als europäische Nachhut das industrielle Zeitalter betreten wollten.

Wo aber blieb die Aufklärung? Die Aufklärung, die der größte preußische Philosoph, *Immanuel Kant* aus Königsberg, so definiert hatte:

> »Aufklärung ist der Ausgang des Menschen aus seiner selbstverschuldeten Unmündigkeit.«

Friedrich II. glaubte mitnichten daran, daß die Menschen mit unterschiedlichen Rängen geboren würden, und er führte sein Herrschertum auch nicht mehr auf Gott oder dessen Gnade zurück. Während *Ludwig XIV.* von Frankreich, der sogenannte Sonnenkönig, noch erklärt hatte: *»Der Staat bin ich!«*, verkündete Friedrich II.:

> »Ich bin der erste Diener meines Staates!«

Was es mit diesem Bekenntnis praktisch, das heißt zum Nutzen der Menschen auf sich hatte, läßt sich an zwei Beispielen gut deutlich machen: an Friedrichs Reform des Justizwesens und an seiner Bevölkerungspolitik.

Überall in Europa, auch im Königreich Preußen, war der Justizapparat damals nicht nur korrupt bis ins Mark, sondern total verschlampt. Man braucht sich nur einmal klarzumachen, daß im Jahre 1772 beim Reichskammergericht zu Wetzlar 61 233 Prozesse »anhängig«, das heißt unerledigt waren.

Der Preußenkönig schickte seinen Großkanzler *Cocceji* von 1747 bis 1751 auf Inspektionsreisen durch sämtliche Provinzen des preußischen Staates. Es sollten mehrere Tausend Prozesse, die seit Jahrzehnten, ja seit Jahrhunderten verschleppt und vertrödelt worden waren, schnell entschieden und aus der Welt gebracht werden. Innerhalb eines einzigen Jahres wurden in Stettin 2101, in Berlin 1346 und in Köslin 927 Prozesse erledigt. Also rund 4400 Prozesse allein in diesen drei Gebieten! Das war ein unvorstellbarer Fortschritt für die damalige Gesellschaft.

Friedrich II. steuerte drei grundsätzliche Ziele an:

1. Hebung des Richtertums und des Advokatenstandes auf ein modernes wissenschaftliches Niveau –
2. Entwirrung und Vereinfachung der Prozeßordnung –
3. Aufstellung eines Allgemeinen Preußischen Landrechts, das für alle Staatsbürger, gleich welchen Standes, verbindlich sein und für alle gleiches Recht schaffen sollte.

Der König schrieb 1752:

> »Ich habe mich entschieden, den Lauf der Prozesse niemals zu stören. In den Gerichtshöfen müssen die Gestze sprechen und muss der Souverän schweigen.«

Damit stellte Friedrich II. das Gesetz über die königliche Gewalt. Er schränkte den persönlichen Despotismus des Monarchen ein und machte Preußen zum ersten Rechtsstaat Europas.

Was das vor zweihundert Jahren für den einfachen Menschen, für den Mann auf der Straße bedeutete, kann man nur ermessen, wenn man einen Blick auf das Umfeld Preußens wirft. Die Zustände in den meisten anderen Territorien des Deutschen Reiches waren so skandalös, daß man sie am liebsten mit dem Mantel des Schweigens bedecken würde. Zwei Beispiele mögen genügen.

Da war Herzog *Karl Eugen* von Württemberg, derselbe Mann, unter dem *Schiller* auf der Karlschule leiden mußte. Getreu dem französischen Beispiel der Despotie erklärte er: »Das Vaterland bin ICH!«

Er exerzierte eine brutale Fürstenherrschaft, überzog ganz Württemberg mit einer gnadenlosen Bürokratie und saugte das Land für seine pompöse Hofhaltung aus. Alle Volksrechte, die durch eine althergebrachte Verfassung verbrieft waren, wurden von ihm ignoriert oder zu Boden getreten. Es gab weder Gesetz noch Gerechtigkeit. Seine Landeskinder zwang er zum Soldatendienst in Übersee. Dafür erhielt er von 1752 bis 1756 vom französischen Hofe eineinhalb Millionen Livres.

Lieferte *Karl Eugen* Soldatenware an Frankreich, so schickte der Landgraf von Hessen-Kassel seine Untertanen zwangsweise zu den Briten, die gegen die Nordamerikaner kämpften. 17 000 Hessen verkaufte dieser »Landesvater«, von denen ca. 12 000 ihre Heimat nicht wiedersahen. Dafür strich er die fabelhafte Summe von 2 600 000 Pfund Sterling ein. Und es gab keine Institutionen im Lande, an die sich der kleine Mann zu seinem Schutze hätte wenden können.

Zustände, weit schlimmer als im Mittelalter. Wie aber sah es im »aufgeklärten« Frankreich aus?

Vierzig Prozent des gesamten Landes waren im Besitz der Aristokratie; dreißig Prozent gehörten der mächtig aufstrebenden Bourgeoisie. Diese beiden Stände schmarotzten rücksichtslos auf Kosten der Bauern, und das absolutistische Königtum tat nichts, ihnen durch Gesetze Einhalt zu gebieten.

In Frankreich konnte jeder Bürger, vor allem jeder *arme* Bürger, von der Straße weg verhaftet werden. Irgendein beliebiger Kanzlist brauchte nur einen ihm mißliebigen Namen in das vorgefertigte Formular des Königs einzusetzen, und der Betroffene wanderte unverzüglich und auf unabsehbare Zeit ins Gefängnis, in die Bastille. Derartige »Freibriefe« sind uns erhalten geblieben.

> »Herr ... Ich sende Euch diesen Brief, um Euch zu befehlen, in mein Schloß Bastille den Herrn ... einzuliefern und ihn dort festzuhalten, bis auf neuen Befehl von meiner Seite. Außerdem bitte ich Gott, daß er Euch, Herr ... In seinen heiligen Schutz nehme. Geschrieben am: ... Louis.«

Das war Willkürherrschaft in Reinkultur. Erst der Sturm auf die Bastille machte 1789 dem Despotismus der französischen Könige ein Ende (um sogleich in den bürokratischen Zentralismus und bourgeoisen Imperialismus Napoleons umzuschlagen).

Und wie sah es zu damaliger Zeit im angeblich so »fortschrittlichen« England aus?

Dort hatte sich die Londoner Großbourgeoisie mit dem Landadel zusammengeschlossen, das Königtum entmachtet, eine Parlamentsherrschaft errichtet und mit der Gentry machtpolitisch halbe/halbe gemacht. Doch diese Demokratie war die Herrschaft der Wenigen: Von drei Millionen mündigen Einwohnern des Landes waren nur zehn Prozent wahlberechtigt. Die Parlamentssitze wurden zu festen Preisen unter den Reichen verschachert.

Preßkommandos der Royal Navy streiften täglich durch die Gassen der Hafenstädte und zwangen die Passanten mit Gewalt zum Dienst auf Englands Flotte. Vier Fünftel des gesamten Landes gehörten 7000 Adligen. Die Arbeiter lebten schlechter als die Sklaven in der Antike und wurden mit ihren Arbeitsstellen zusammen in freier Marktwirtschaft verkauft. Ein englischer Bischof erklärte:

> *»Das Volk hat mit den Gesetzen nichts zu tun als ihnen zu gehorchen!«*

Die gesamte britische Verwaltung lag in den Händen des Adels. Sie war Sache ehrenamtlicher Friedensrichter, und Friedensrichter war immer ein adliger Großgrundbesitzer. Mit der Justiz stand es nicht besser. Ihr Allheilmittel war nach wie vor die Todesstrafe. Auf über hundert Verbrechensarten stand der Strang. Der Strafvollzug war geradezu barbarisch. Den Hochverrätern wurden bei lebendigem Leibe die Gedärme herausgerissen; die toten Körper gevierteilt.

Wie anders im Staate Friedrichs des Großen. Wie anders das Menschenbild dieses Königs, den *Voltaire* den »Salomo des Nordens« nannte. Und salomonische Weisheit spricht aus den Worten, die Friedrich II. 1749 niederschrieb:

> »Sich einbilden, daß die Menschen sämtlich Teufel sind und sie mit Grausamkeit verfolgen, das wäre das Wahngesicht eines scheuen Menschenhassers. Voraussetzen, daß die Menschen sämtlich Engel sind und

ihnen die Zügel schießen lassen, das wäre der Traum eines törichten Kapuzinermönchs.
Glauben,
daß sie alle weder gut noch schlecht sind –
ihre guten Handlungen über den Wert lohnen –
ihre schlechten unter dem Maß strafen –
Nachsicht üben gegen ihre Schwächen –
und Menschlichkeit haben gegen alle:
das heißt handeln, wie ein vernünftiger Mensch soll.«

Um diese Theorien auch in die Praxis umzusetzen, verfügte der König, daß künftig alle Richter vom Staat besoldet und damit von den streitenden Parteien unabhängig werden sollten. Zur Hebung des völlig verkommenen und total bestechlichen Advokatenstandes wurde eine erste Schule zur Ausbildung von Referendaren in Berlin-Köpenick gestiftet.

Friedrich II. war immer geneigt, Kriminalsprüche seiner Gerichte, die auf Todesstrafe lauteten, von sich aus zu mildern. Und er hat selbst die den Straßenräubern zuerkannte Todesstrafe oft in Freiheitsstrafen verwandelt. Der allgemeine Brauch, der damals in ganz Europa Diebstahl mit dem Tode bestrafte, schien ihm von den Reichen gemacht. Er schrieb:

»Sollten die Armen nicht mit Recht entgegnen können: Warum hat man denn kein Mitleid mit unserem beklagenswerten Zustande? Wäret Ihr barmherzig, wäret Ihr menschlich, so würdet Ihr uns helfen in unserem Elend; *und wir würden nicht stehlen.*«

Der berühmte Franzose *Montesquieu,* der das epochemachende Buch »Der Geist der Gesetze« geschrieben hatte, sagte damals zu einem Freund: Die Könige würden wohl sein Buch als letzte oder überhaupt nicht lesen; *einen* König aber gäbe es auf Erden, der es gelesen habe: den Preußenkönig.

Preußen, der erste Rechtsstaat Europas. Jedermann mit gleichen Rechten und Pflichten vor den Gerichten. Wie aber stand es um Friedrichs Gesellschafts- und Sozialpolitik?

Wenn der König sich, wie er das gern tat, als »Sachwalter der Armen« bezeichnete, dann hätte er zu seiner Zeit niemandem mehr helfen müssen als den Bauern, die die drückendsten Steuerlasten trugen, zum Militär- und

Kriegsdienst eingezogen wurden, oft in tiefster Armut und zu einem beträchtlichen Teil in Leibeigenschaft vegetierten.

Den Bauern nachdrücklich helfen, das hieß aber zugleich, rigoros in die Vorrechte, in die Privilegien des Adels eingreifen. Das wollte und das konnte Friedrich II. nicht. Hätte er sich mit dem außenpolitischen Status einer Mittel- oder Hilfsmacht (Satellit Österreichs oder Englands) abgefunden, wie es sein Vater getan hatte, dann hätte er im Innern seines Staates möglicherweise sozialrevolutionär auftreten können. Da er aber aus Preußen einen modernen, zentralisierten Staat und noch dazu eine Großmacht schaffen wollte, bedurfte er einer bestimmten Gesellschaftsklasse als Instrument seines politischen Willens.

Wer anders als der Adel hätte das damals sein können? Auf welche Gesellschaftsschicht hätte er sich sonst stützen sollen? Erwartet jemand im Ernst, Friedrich II. hätte den Königsmantel abstreifen und die Revolution in Preußen ausrufen sollen? Nein: Die Bauern mußten erst einmal mit Gewalt und Gesetz gezwungen werden, ihre Kinder, die sie als billige Arbeitskräfte ansahen, von den Feldern in die Schulen zu schicken, wollte man das Analphabetentum bekämpfen und in die Dörfer ein neues Bewußtsein pflanzen. Was das Bürgertum anging, so existierte es in Ostelbien nur in kümmerlichsten Ansätzen: höchstens in Breslau und Königsberg; kaum in Berlin. Auf wen stützt sich eigentlich heute ein Bundeskanzler, wenn er Beschlüsse in Taten verwandeln will? Auf seine zuverlässige Beamtenschaft oder auf seine ergebenen Parteifunktionäre. Die Beamten, Offiziere und Funktionäre *von damals* aber stellte dem König der ostelbische Adel; und keine andere Klasse wäre von ihrem Bewußtseinsstande her sonst dazu fähig und in der Lage gewesen.

Das – und nichts anderes – steckte hinter der angeblichen »Adelsfreundlichkeit« Friedrichs II. (Und Fontane hat mit feinem historischem Gespür die Junker noch nach mehr als 100 Jahren in seinem »Stechlin« darüber räsonieren lassen, daß dieser König sie nur benutzt, daß er sie lediglich als Transmissionsriemen seiner Staatspolitik gebraucht habe.)

Immerhin: der Vater, *Friedrich Wilhelm I.*, hatte schon die Leibeigenschaft der Bauern auf den Domänen, auf den königlichen Staatsgütern, aufgehoben. Dabei wenigstens beließ es der Sohn. Und das bedeutete für die damalige Zeit etwas. Denn damit war etwa für ein Viertel aller Bauern im Königreich Preußen die direkte Leibeigenschaft aufgehoben.

Friedrich gab sich auch redliche Mühe, die armen Leute vor dem »Bauernlegen« zu schützen. Er verbot per Dekret, daß der Adel ihnen Grund und Boden wegnehmen konnte. Er wandte sich auch immer wieder mit Ermahnungen an die Junker, die Bauern nicht mit Frondiensten zu überlasten; hatte damit aber so gut wie keinen Erfolg und resignierte schließlich. Dagegen erneuerte und verschärfte er das sogenannte Prügelmandat seines Vaters von 1738, worin »das barbarische Wesen, die Untertanen mit Prügeln oder Peitschen wie das Vieh anzutreiben«, bei strengster Strafe verboten wurde.

Vor allem aber wandte sich Friedrich II. der inneren Kolonisation seines Landes zu, in dem Bestreben, die unterentwickelten, durch den Dreißigjährigen Krieg, durch Cholera und Pest völlig verheerten Gebiete Ostdeutschlands auf denselben hohen Kulturstand wie den Westdeutschlands zu heben.

Am 8. Juli 1747 begann die Trockenlegung des Oderbruchs: zum Teil unter Aufbietung von Truppen gegen die renitenten Adligen und Bauern. Sechs Jahre später war das Riesenwerk vollendet. Friedrich hatte Land für 1250 neue Familien gewonnen, die er auf den urbar gemachten Gegenden ansetzte und großzügig mit Geld und Vieh unterstützte. Dasselbe geschah mit den weiten Flächen des Warthe- und Netzebruchs.

Überall im preußischen Staat wurden neue Dörfer angelegt. Vor allem in Hinterpommern, in der Neumark, in der Grafschaft Ruppin, im Teltow, im Kreis Beeskow-Storkow. Allein in Pommern und in der Mark Brandenburg wurden 250 Dörfer gegründet. Das bedeutet, daß allein in diesen beiden Provinzen 5000 neue Familien angesetzt werden konnten.

Im Jahre 1740, als Friedrich II. den Thron bestiegen hatte, zählte das Königreich Preußen gut 2 Millionen Einwohner. (Etwa so viele Menschen wie heute in Westberlin leben.) Ein Dutzend Jahre später war die Einwohnerzahl der alten Provinzen – also ohne Schlesien und Ostfriesland – auf 2 615 000 gestiegen, hatte sich also um etwa 600 000 Menschen, ca. 50 000 pro Jahr, vermehrt. Alles in allem, die neuen Provinzen dazugerechnet, dürfte die Bevölkerung Preußens Ende 1755 um die 4 Millionen Einwohner betragen haben.

Mit diesen 4 Millionen Preußen trat Friedrich 1756 zu einem siebenjährigen Kampf auf Leben und Tod gegen rund 80 Millionen Einwohner feindlicher Staaten an.

So heiter und sorglos sich der Preußenkönig an der Tafelrunde oder beim Flötenkonzert in Sanssouci gegeben, so fleißig und unermüdlich er in seinem Kabinett eine Flut von Befehlen und Erlassen diktiert hatte – der Alpdruck der Koalitionen hatte ihn nachts nicht schlafen lassen. Sein fast krankhaftes Mißtrauen war nie in ihm erlahmt, und ein raffiniert organisierter Spionageapparat an den fremden Höfen hatte ihn tief in die finsteren Pläne seiner Nachbarn blicken lassen.

Und Friedrich hatte allen Grund, unruhig und furchtsam zu sein. Denn Maria Theresia glühte in einem lebenslangen Revanchismus, der sich auf die Wiedereroberung Schlesiens richtete, das ihr »der böse Mann« geraubt hatte. Die hastigen diplomatischen Gegenzüge des Königs von Preußen, die nur allzusehr den Stempel des Improvisierten und Überstürzten an sich trugen, arbeiteten seinen Gegnern direkt in die Hände. Ehe Friedrich sich versah, war er praktisch eingekreist: stand ganz Europa – mit Ausnahme Englands – gegen Preußen in Waffen.

Friedrich II. kam seinen Gegnern zuvor. Er erklärte, »besser praevenire als praeveniri«, also: besser zuvorkommen als sich zuvorkommen lassen – und zerschlug mit dem Schwert den Ring der Einkreisung. Im August des Jahres 1756 marschierte er mit seiner Armee ohne Kriegserklärung in Sachsen ein. Wieder galt er Europa als »Aggressor«.

Friedrich hat sich nie als solcher gefühlt. Durch einen bestochenen Kanzlisten am Dresdener Hof namens Menzel hatte er alles Wesentliche von den Absichten seiner Nachbarn und denen der anderen europäischen Großmächte erfahren, im Frühjahr 1757 mit erdrückender Übermacht über ihn herzufallen und Preußen zu zerstückeln.

Heute wissen wir, vor allem durch anglo-amerikanische Forschungen nach dem Zweiten Weltkrieg, daß Friedrich die Gefahren, die sich 1755/56 um ihn zusammenzogen, nicht einmal völlig erkannt hat. Heute wissen wir, daß nicht sein eigener diplomatischer Fehler vom 16.1.1756, als er einen unüberlegten Vertrag mit England schloß und Frankreich vor den Kopf stieß, ja daß nicht einmal der berühmte »Umsturz der Koalitionen« ausschlaggebend war, den Maria Theresias Staatskanzler *Kaunitz* zustande brachte, indem er aus den Erbfeinden Österreich und Frankreich Verbündete machte. Nein, aus den Staatsarchiven Leningrads und Moskaus geht schlüssig hervor, daß Rußland die treibende Kraft war. Rußland, das Königsberg und Ostpreußen haben und sich dann ganz Polens bemächtigen wollte – wie in Jalta, wie 1945! Der Entschluß Friedrichs von 1756, der internationalen Verschwörung aktiv und initiativ entgegenzutreten, ist inzwischen glänzender gerechtfertigt, als es sich der Preußenkönig je hätte träumen lassen ...

Sieben Jahre lang, von 1756 bis 1763, tobte ein blutiger Kampf, der sich hauptsächlich in Sachsen, Böhmen, Schlesien und der Mark Brandenburg abspielte. Friedrich kämpfte mit seinen Truppen nach allen Seiten buchstäblich in einem Vier-Fronten-Krieg. Ostpreußen ging schon bald verloren und mußte der russischen Zarin huldigen. In Pommern standen die Schweden, gegen die Friedrich nur ein paar Husarenregimenter delegieren konnte. (Aber das arme pommersche Bauernvolk stand auf und führte einen zähen Partisanenkrieg gegen die schwedischen Okkupanten.) Im Kampf mit den Österreichern siegte mal Friedrich, mal siegten seine Gegner. Die Russen schlug er bei Zorndorf; doch bei Kunersdorf wurde er selbst von ihnen geschlagen.

Bei Roßbach jagte er die Franzosen und die westdeutsche Reichsarmee auseinander. Die Wirkung dieses Sieges war unvorstellbar! Die Franzosen galten seit 1648 als die erste Militärmacht des Kontinents, und jedermann, ob Fürst oder Adliger, Bürger oder Bauer, zitterte vor der verwegenen Arroganz, mit welcher ihre Offiziere und Soldaten, ihre Agenten und Diplomaten überall auftraten. Es war – um die Sache richtig zu verstehen –, als wenn heutzutage mit einem Schlage die amerikanische und sowjetische Überfremdung Europas beseitigt würde.

Friedrich II. wurde zum Helden der fortschrittlichen, aufgeklärten Welt-selbst das Pariser Publikum applaudierte ihm; er wurde zum Idol des erwachenden deutschen Bürgertums und zum Heros des deutschen Volkes, dessen Bänkelsänger auf den Straßen sangen:

> »Wenn unser großer Friedrich kömmt
> und klopft nur auf die Hosen,
> so läuft die ganze Reichsarmee,
> Panduren und Franzosen.«

Goethe schrieb: »Wir waren alle fritzisch gesonnen!« Das deutsche Nationalbewußtsein, das seit dem Dreißigjährigen Krieg am Boden gelegen und sich unter der kulturellen Vorherrschaft Frankreichs gewunden hatte, richtete sich am Beispiel Friedrichs und seiner Taten mächtig empor. Man begann auf einmal wieder, *deutsch* zu sprechen, *deutsch* zu dichten und *deutsch* zu denken. Friedrich II. hat – daran ist kein Zweifel – eine große *deutsche Kulturrevolution* ausgelöst! Um noch einmal *Goethe* zu zitieren:

> »Der erste wahre und höhere eigentliche Lebensgehalt kam durch Friedrich den Großen und die Thaten des siebenjährigen Krieges in die deut-

> sche Poesie! Die Preußen und mit ihnen das protestantische Deutschland gewannen dadurch für ihre Litteratur einen Schatz, welcher der Gegenpartei fehlte und dessen Mangel sie durch keine nachherige Bemühung hat ersetzen können.«

Was war das nur für eine Armee, mit welcher der Preußenkönig einen siebenjährigen Titanenkampf gegen eine so gewaltige Übermacht bestehen konnte? Waren das lauter geprügelte Hunde, die man aus aller Herren Länder zwangsrekrutiert hatte und deren Massendesertion man jeden Augenblick befürchten mußte?

Dieses schiefe Bild der friderizianischen Armee ist einfach nicht aus der Welt zu kriegen. Zum Beweis wird immer wieder die altbekannte Geschichte des Schweizer Deserteurs *Ulrich Braeker* (»Der arme Mann im Tockenburg«) zitiert. Wäre es wirklich so gewesen, so bliebe unerfindlich, wie Friedrich mit seinen Grenadieren und Musketieren sieben Jahre Krieg mit fünfzehn großen Schlachten, davon sechs verheerenden Niederlagen, durchstehen konnte.

Tatsächlich war es so, daß die Armee des Preußenkönigs 1756, beim Ausmarsch nach Sachsen, etwa zu 20 Prozent aus fremdländischen Söldnern, zu 80 Prozent aus preußischen Landeskindern bestand. Doch nach den ersten drei großen Schlachten (Lobositz, Prag und Kolin) war fast alles desertiert, was zu Unrecht den Namen »Preuße« getragen hatte. Vom Spätsommer 1757 an bestand Friedrichs Heer vornehmlich aus Landeskindern. Einer der damaligen Mitkämpfer, der Bombardier *Tempelhoff* schrieb über die Armee von 1757:

> »Denn die Ausländer waren größtenteils desertiert, und was davon noch übrig war, hatte den Charakter der Nation angenommen. Eine vorzügliche Liebe zu ihrem König und Vaterland war ein Hauptzug in demselben. Und wenn ein Volk den Spartanern und den Römern gleichgekommen ist, so waren es die damaligen Preußen.«

Das war gewiß aus der Sicht des Frontkämpfers empfunden, aber doch nachträglich geschrieben. Der Musketier *Dominicus* aber, der während des Siebenjährigen Krieges penibel Tagebuch führte, also unmittelbar während der Ereignisse reflektierte, wandte sich in seiner einfachen Sprache gegen jede Desertion und fügte hinzu: »Ich aber will, so mir Gott Gesundheit und Leben fristet, den Eydt nicht brechen! Sondern will Gott und dem Konige getreu bleiben ...«

Dieser brave *Johann Jacob Dominicus* stammte aus den westdeutschen Besitzungen des Preußenkönigs (Kleve, Mark, Ravensberg). Von dorther und aus der Mindener Gegend eilten – man denke: um 1757 – Kriegsfreiwillige zu den fritzischen Fahnen! Niemand war darüber verwunderter als der König selber, der ihrer aber doch in seinem Politischen Testament von 1768 mit den Worten gedachte:

> »Während des letzten Krieges haben sich die Bauern freiwillig gemeldet, um Soldaten zu werden und für das Vaterland zu kämpfen. Was haben die alten Römer Schöneres getan?«

Ein Hauch von 1813, von Vaterlandsliebe und Nationalgesinnung, weht den Nachfahren hier an. Dreißig Jahre vor 1789, der Geburtsstunde des Nationalismus! Wie erklärt sich das, da sich Friedrich II. selbst doch kaum als Deutscher fühlte?

Goethe hat mit seinem Stichwort »protestantisch« den entscheidenden Hinweis gegeben. Gewiß, Friedrich persönlich führte einen Krieg der Staatsräson, der Staatsvernunft. Aber für die norddeutsche Bevölkerung war es ein Religionskrieg, eine Art Fortsetzung des unvergessenen Dreißigjährigen Krieges. Es ging gegen die Österreicher und die Franzosen: die Katholischen! Dem König wurde das selbst erst klar, als ihm einer seiner Grenadiere, denen er für ihre Bravour in der Schlacht gedankt hatte, schlicht antwortete:

> »Warum sollten wir nicht? Wir kämpfen für Gott, das Vaterland, Euer Majestät und die Religion!«

Je länger der Krieg dauerte, die blutigen Verluste sich mehrten, die alten Rekrutierungsgebiete im Westen des Reiches, in Polen und Böhmen verlorengingen, desto mehr wurde Friedrichs Heerbann zur ersten nationalen, jedenfalls *national-norddeutschen* Armee. Im Grunde war es eine vorweggenommene DDR-Armee, was die landsmannschaftliche Zusammensetzung anbetraf: Etwa die Hälfte des Heeres rekrutierte sich aus Berlin, Brandenburg, Pommern, aus dem Magdeburgischen, Halleschen und Anhaltinischen. Weitere 25 Prozent setzten sich aus Sachsen und Thüringern zusammen; der Rest aus Schlesiern und Mecklenburgern. Und obwohl Friedrich II. doch gerade

Sachsen mit den schwersten Kontributionen belegen und einen Großteil seines Mannschaftsersatzes aus diesem Lande ziehen mußte, das wie kein anderes unter der Kriegsfurie litt, betete die Bevölkerung in den Kirchen für den protestantischen König. »Halb Preußen/Halb Sachsen«: das war der Kriegsstaat Friedrichs des Großen.

Sein geistiger Abstand zum gemeinen Manne, zum einfachen Soldaten in der Armee, war ebenso groß wie der zu seinen Offizieren. Diese, von ihm bewußt kultivierte Distanz hatte etwas Eisiges, Unmenschliches. Als er einmal in den letzten verzweifelten Kriegsjahren aus seinem Zelt blickte und vierzehnjährige (!) Fähnriche in den Lagergassen Einkriegezeck und Versteck spielen sah, nahm er einen der Junker bei den Ohren und fragte ihn ironisch nach seinem Alter. Der Junge gab ihm eine unvergeßliche Lektion: »An Jahren bin ich jung; aber mein Mut ist alt.«

Und doch war in der Geschichte kaum je ein Feldherr bei seinen Truppen populärer als Friedrich – gerade in den Niederlagen. Man muß sich das ganz deutlich machen: Dieser König, der sich selber als Skeptiker, als Freigeist oder Atheisten bezeichnete, dem ein ironischer, gotteslästerlicher Witz fast über seine Krone ging, zu Pferde auf dem Marsch neben seinem frommen, gottesfürchtigen Heer, das »Jesus, meine Zuversicht« oder »Gib, daß ich tu mit Fleiß, was mir zu tun gebühret« singt. Es ist ein in seiner Paradoxie tief bewegendes, ja rührendes Bild.

Als er die nächtliche Bataille bei Hochkirch verloren hatte – durch seine eigene Schuld, durch seine unverbesserliche Arroganz – und dann am nächsten Morgen, angesichts der siegreichen Österreicher, langsam an den zerfetzten Gliedern seiner Armee entlangritt, da schwenkten die Seinen die alten Seidenfahnen, schüttelten drohend ihre Waffen und schrien »Friitz – Friitz – Friitz!« Und den Österreichern muß es wie die Posaune von Jericho in die Glieder gefahren sein! Sie blieben in sicherer Entfernung.

Derselbe Mann, der in der Schlacht bei Kolin, rasend vor Verzweiflung, auf seine weichenden Grenadiere mit dem Krückstock einhieb und sie anschrie: »Rackers! Wollt ihr denn ewig leben?!« – derselbe Mann mußte niemals fürchten, eine Kugel aus den eigenen Musketen in den Rücken zu bekommen. Derb und direkt sprachen die preußischen Soldaten mit ihrem König, sagten »Du« zu ihm, nannten ihn »Alter Fritz« oder »Vater Fritz«, rissen Witze über seine miese, dreckige Montur, fluchten mörderisch über ihn und gingen doch für den König-Feldherrn, der alle Strapazen mit ihnen teilte und an ihren Wachtfeuern schlief, durch die Hölle. Sie glaubten, daß dieser König, der wie sie seine persönliche Existenz aufs Spiel setzte, niemals von Gott völlig verlassen sein könne.

Von Gott vielleicht nicht, aber vom Glück war er spätestens seit 1759 total verlassen. Jeder andere hätte an seiner Stelle kapituliert; vor allem nach der Katastrophe von Kunersdorf. Denn:
seine Länder waren zum größten Teil besetzt –
sein Heer war zum Schluß fast gänzlich aufgerieben –
14- und 15jährige stellten seine Fähnriche und Leutnants –
120 preußische Generäle waren tot oder verwundet –
mit ihnen 160 000 preußische Soldaten aller Waffengattungen –
Berlin, die Hauptstadt, war zweimal vom Feinde besetzt worden –
England zahlte ab 1760 nur sehr spärlich und widerwillig Hilfsgelder –
ganz Europa sah Friedrich schon am Boden liegen; gab ihn endgültig verloren.

Aber *er*, er gab niemals auf. Wollte man mit ihm fertig werden, so mußte man ihn in persona totschlagen. Doch jeder seiner Gegner wußte: Am gefährlichsten war dieser Feldherr nach seinen Niederlagen! Dann marschierte er schneller, dann dachte er schneller, dann handelte er schneller als die anderen. *Seelisch* war er niemals zu besiegen. Und wie er es sich nach der Katastrophe mit dem Vater geschworen hatte, so hielt er es jetzt unter unvorstellbaren psychischen Martern und physischen Schmerzen: *Er kapitulierte nicht.*

Er schrieb während des Siebenjährigen Krieges:

> »Es ist nicht nötig, dass ich lebe.
> Wohl aber, dass ich meine Pflicht tue.«

Als am 15. Februar 1763 im sächsischen Schloß Hubertusburg der Friede zwischen Preußen, Österreich und Sachsen geschlossen worden war, da war Friedrich II. nur um ein Haar der Katastrophe, dem Untergang seines Staates, entronnen. Es blieb eigentlich alles beim alten: Friedrich gewann keinen Quadratzentimeter Land. Aber er behielt Schlesien. Und damit hatte er sich gegen eine Welt von Feinden durchgesetzt! Er hatte keinen »Stellvertreterkrieg« für England geführt, (wie man heute manchmal lesen kann), das sich inzwischen in Übersee ein Weltreich zusammengeräubert hatte – nein, er hatte *seinen* Behauptungskrieg geführt und damit die Machtverhältnisse in Deutschland für immer geändert.

Kaum war Friedrich II. in seiner Hauptstadt eingetroffen, gab er sofort den Befehl, für zwei Millionen Taler in Potsdam ein pompöses Prachtschloß, das »Neue Palais«, zu errichten. Es war schade um das Geld, das praktisch aus dem Fenster geworfen wurde und dem Lande verlorenging. Es war die reine »Fanfaronade«, wie er später selbst zugab: nur zu dem Zweck gebaut, der Welt zu imponieren und ihr zu zeigen, daß er seinen Sieg nicht dem Tode der russischen Zarin zu verdanken hatte, sondern daß Preußen finanziell noch lange nicht am Ende gewesen war.

Sein Ehrgeiz, sein hochfahrendes Wesen hatten noch einmal - zum letzten Mal - triumphiert. Sieht man jedoch davon ab, dann hat er die ihm noch verbleibenden Jahre, von 1763 bis 1786, ganz und ausschließlich dem »Rétablissement«, dem friedlichen Wiederaufbau seines Staates, nach seinen eigenen Worten: der verdammten PFLICHT und SCHULDIGKEIT gewidmet.

Es ging allerdings nicht mehr um große, glänzende Reformprojekte, sondern um die Wiedergewinnung und Sicherung dessen, was vor dem Krieg schon einmal erreicht worden war. Der »Alte Fritz« dachte nur noch an die Erhaltung des Bestehenden. Am friderizianischen Ständestaat wurde nichts mehr geändert: Der Adel stellte weiter das Offizierskorps und die höhere Beamtenschaft (und genoß Privilegien) - die Bürger zahlten Steuern und hatten Handel wie Gewerbe zu betreiben (und waren vom Militärdienst befreit) - die Bauern schließlich hatten das Land zu bestellen und Soldaten zu werden. (Wenn sie allerdings dienen mußten, wurden sie gewöhnlich im Jahr neun bis zehn Monate beurlaubt, um sich ihrem Hof und der Ernte widmen zu können.) Jeder Stand hatte seine Pflichten. Rechte hatte eigentlich nur der Adel. Mit einer Ausnahme: *Vor dem Gesetz waren alle gleich.*

Unermüdlich war der alte König unterwegs, um seine Provinzen zu inspizieren und den Wiederaufbau, das »Rétablissement«, voranzutreiben. Rund 1000 Kolonistendörfer wurden neu gegründet und fast 60 000 Siedlerstellen angelegt. Auf diese Weise konnten etwa 360 000 Einwanderer aus aller Herren Länder angesiedelt werden. Und in den ersten siebeneinhalb Jahren nach Kriegsende ließ der König ca. 21 000 neue Häuser errichten.

Vor allem aber wurden in Preußen Schulen gebaut. In den ersten sechs Friedensjahren, von 1763 bis 1769, wuchsen allein in Schlesien 750 neue Schulen aus dem Boden; 500 katholische und 250 evangelische. Das machte im Jahresdurchschnitt 125 Schulen in einer einzigen Provinz. Man kann sich Vergleichbares nicht einmal heute vorstellen.

Hinzu kam die Urbarmachung des Warthe, Oder- und Netzebruchs. Der König gewann so ohne Schwertstreich drei Provinzen mitten im Frieden. Allein auf dem trockengelegten Warthe- und Netzebruch wurden bis 1779 über hundert neue Ortschaften geschaffen. Ehrgeizige Straßenbauvorhaben wurden in Angriff genommen, Flüsse reguliert und zukunftweisende Kanalbauten in die Tat umgesetzt. Überall wurde das Land im Sinne des merkantilistischen Wirtschaftssystems durchindustrialisiert, das Gewerbe- und Bankwesen angekurbelt, der Binnen- und Außenhandel belebt. Für den Wiederaufbau seiner Provinzen gab der Preußenkönig von 1763 bis 1786 die phantastische Summe von 46 Millionen Talern aus.

Das alles waren unfaßliche Leistungen für die damalige Zeit, in der es noch keine moderne Technik gab. Es war das erste deutsche Wirtschaftswunder: ohne Marshallplanhilfe und mit bloßer Hände Arbeit vollbracht. Und wenn die DDR seinerzeit – ungeachtet der nimmermüden sowjetischen Übervorteilung und Ausbeutung –, was industrielle Kapazität und zivilisatorische Lebensqualität, Organisation und Technik, Fleiß, Effizienz und Pflichterfüllung angeht, einsam an der Spitze aller Ostblockländer marschierte, so verdankt sie das vielleicht am wenigsten der SED, aber ganz gewiß in hohem Maße dem »praktischen Sozialismus« des Preußenkönigs, der in Ostelbien eine Revolution von oben inaugurierte.

Dieser König tat für seine Zeit, was er tun konnte. Aber eben für seine Zeit, in der »Aufklärung« auch im Sinne der fortschrittlichsten Köpfe beileibe keine Sache der Emanzipation, sondern der Pädagogik, sprich: der Volkserziehung war. Welch andere Axiome hätte man auch aufstellen sollen, wenn sich noch 90 Prozent aller Menschen im Stadium des Analphabetentums befanden? Montesquieu war es vor allem, der die Herrscher seiner Zeit auf die Bedeutung der *Pädagogik* aufmerksam gemacht hatte. Das war reine Theorie. In die Tat umgesetzt wurde sie von einem einzigen Monarchen, dem Preußenkönig, der erklärte:

»Aufklärung ist Erziehung.«

Die *Selbst*erziehung, die Emanzipation, mochten die späteren Geschlechter an sich selbst vollbringen.

Auch auf den zweiten Lebensabschnitt Friedrichs fiel ein dunkler Schatten – ähnlich jenem von 1740, als er in Schlesien einmarschiert war. Die Historiker sprechen in diesem Zusammenhang von der »ersten polnischen Teilung« im Jahre 1772.

Tatsächlich verabredeten Rußland, Österreich und Preußen in diesem Jahr, sich große polnische Grenzgebiete anzueignen. Preußen erhielt das Bistum Ermland, das mitten in Ostpreußen lag, sowie die Provinz Westpreußen (ausgenommen die Städte Danzig und Thorn) und damit die langerstrebte Landverbindung von Brandenburg über Pommern nach Ostpreußen. Rußland rückte bis zu den Flüssen Düna und Dnjepr vor. Österreich nahm sich Ostgalizien und das sogenannte Rotrußland. In Zahlen ausgedrückt: 1700 Quadratmeilen gingen an Rußland, 1500 an Österreich und 690 an die Krone Preußen.

Ausgegangen war die Sache von Österreich, das mitten im Frieden mehrere polnische Starosteien in der Zips mit Truppen besetzt hatte. Zarin *Katharina II.* fragte daraufhin den Bruder Friedrichs II., den Prinzen *Heinrich,* der gerade St. Petersburg besuchte, bei einer Soirée schelmisch und zugleich animierend: »Warum sollten andere nicht auch etwas nehmen?!«

Maria Theresia war mit dem Handel – dies verdient festgehalten zu werden – in ihrem Herzen nicht einverstanden. Sie protestierte in bewegenden Briefen an ihren Staatskanzler *Kaunitz,* warnte vor den historischen Konsequenzen solcher Großmachtmanipulationen; aber resignierte schließlich.

Für Friedrich II., der lange den verlockenden Teilungsangeboten der russischen Zarin mißtraut und die Sache eineinhalb Jahre hingehalten hatte, gab es nur einen einzigen beherrschenden Gesichtspunkt: Tat Rußland, das er in den Schlachten von Zorndorf und Kunersdorf fürchten gelernt und das er als *die* bedrohlichste Macht für das Gleichgewicht Europas erkannt hatte, auch nur einen einzigen Schritt nach Westen, so war er entschlossen, den gleichen Schritt nach Osten zu machen. Seine rationale Maxime lautete: den Moskowitern geopolitisch Paroli bieten und sie sich zugleich über die polnische Frage zu engen Alliierten machen! Moralische Skrupel empfand er dabei nicht. Und an die Adresse *Maria Theresias* gerichtet, sagte er sarkastisch. »Sie weint, aber sie nimmt.«

Was die »moralische« Kategorie angeht, so darf unter keinen Umständen das Völkerrechtsverbrechen der deutschen Teilung von heute zum Vergleich herangezogen werden. Der einzige Staat, der damals »fremdvölkisches«, sprich: rein polnisch besiedeltes Gebiet okkupierte, war Österreich. Rußland bekam dagegen Landschaften zugesprochen, in denen – unter der hauchdünnen Decke einer ausbeuterischen polnischen Adelsschicht – ausschließlich

Russen und Letten wohnten, denn das Polen jener Zeit war ein imperialistisches Großreich und hatte mit einem polnischen Nationalstaat nicht die mindeste Ähnlichkeit, so daß es schon seltsam anmutet, wenn Bürgerliche und Marxisten in West und Ost, denen die Zerstückelung Deutschlands keine Träne wert ist, mit Tremolo in der Stimme von einer »Teilung Polens« sprechen.

Wie stand es mit den an Preußen fallenden Gebieten?

Das Bistum Ermland, eine Enklave tief in Ostpreußen, war rein deutsch besiedelt, und die Lehenshoheit der polnischen Krone über dieses katholische Einsprengsel stellte seit mindestens zweihundert Jahren einen durch nichts zu rechtfertigenden Anachronismus dar. Westpreußen hatte ursprünglich »Pommerellen« geheißen und bis ins 15. Jahrhundert dem Deutschen Ritterorden gehört. Bis zum Ende des 16. Jahrhunderts wurde auf den westpreußischen Landtagen niemals ein polnisches Wort gesprochen. Die Einwohnerschaft bestand zu zwei Dritteln (ca. 68 Prozent) aus protestantischen Deutschen und zu einem Drittel aus katholischen Polen. Wobei die Deutschen vornehmlich das Bürgertum, die Polen ihrerseits Adel, Klerus und Bauernschaft stellten.

Ein polnischer König, *Stanislaus,* hat über sein Reich gesagt, es sei das einzige Land der Welt, »wo die Masse des Volkes aller Rechte der Menschheit entbehrt«. Und in der Tat, die Bauern im polnischen Westpreußen lebten wie römische Sklaven: sie waren verkaufbar und vertauschbar – es gab für sie keine Gerichte, die sie anrufen konnten –, sie waren der Willkür der polnischen Priester und Adligen hilflos ausgeliefert.

Friedrich II. gab für die Kultivierung dieses gänzlich verarmten Landes in zehn Jahren vier Millionen Taler aus. Die westpreußischen Städte Kulm, Graudenz und Bromberg, die völlig verfallen und kaum noch existenzfähig waren, wurden planmäßig wiederaufgebaut. Vor allem aber ließ der Preußenkönig sofort, nämlich schon am 28.9.1772, die weitgehende Befreiung aller Bauern in Westpreußen von Leibeigenschaft und Sklaverei verkünden! Denn auf den *polnischen* Adel brauchte er keinerlei Rücksicht zu nehmen.

Einmal aber, in seiner letzten großen innenpolitischen Aktion, 1779, hat der Preußenkönig auch seinem eigenen Adel gegenüber die Staatsautorität wie einen »rocher de bronze« demonstriert.

Gemeint ist damit der berüchtigte »Müller Arnold-Prozeß«, der bei den

Historikern merkwürdige Auslegungen fand. Hatte nicht hier – so kann man häufig lesen – der König von Preußen wie ein beliebiger Despot in ein schwebendes Prozeßverfahren eingegriffen, ja, schlimmer noch: das rechtmäßige Urteil des Berliner Kammergerichts kraft monarchischer Willkür für null und nichtig erklärt; seine hehren Aufklärungsgrundsätze selbst als hohle Phrasen entlarvt? Bis heute wird der königliche Machtspruch stets als ein Ausfluß fürstlicher Laune gesehen. Man schließt daraus, daß der Preußenkönig in Wahrheit auch nichts anderes war als ein absolutistischer Potentat wie so viele andere und daß seine Aufgeklärtheit bloßer Schein oder politische Taktik gewesen sei.

Worum ging es eigentlich im Fall »Müller Arnold«?

Unter Berufung auf ein altes vergilbtes Dokument hatte der Landrat *von Gersdorff* 1779 dem Müller *Arnold* in Pommerzig in der Neumark das Wasser, das dessen Mühle trieb, abgeleitet. Als *Arnold* daraufhin die Pacht an den Besitzer der Mühle, den *Grafen von Schmettau,* verweigerte, wurde er zu Prügel und Gefängnis verurteilt und außerdem von seiner Mühle vertrieben.

Der Müller wandte sich beschwerdeführend an den König. Immer mißtrauisch gegenüber Adligen und Bürgerlichen, die seiner Meinung nach dem gemeinen Manne das Recht verkürzen wollten, schwer erzürnt über die Richter, diese »Canaillen, die keinen Schuß Pulver wert« seien, ließ Friedrich den Fall vom Berliner Kammergericht untersuchen. Doch das bestätigte die Rechtmäßigkeit des Verfahrens.

Das war dem König zuviel. Wegen dieser »höchst ungerechten Sentenz« jagte er sämtliche damit befaßten Richter aus dem Amt und ließ sie flugs auf die Festung Spandau bringen, »damit sämtliche Justiz-Collegia in Allen dero Provinzen sich darin spiegeln und keine dergleichen große Ungerechtigkeit begehen mögen«. Selbst der Präsident des Berliner Kammergerichts, der Großkanzler *von Fürst,* wurde kurzerhand seines Amtes enthoben und mit drohend erhobenem Krückstock aus dem Schloß gejagt. Dann ließ der König in den »Berlinischen Nachrichten« vom 14. Dezember 1779 folgenden Text veröffentlichen:

> »Sie müssen nur wissen, dass der geringste Bauer, ja was noch mehr ist, der Bettler ebenso wohl ein Mensch ist wie seine Majestät sind, und dem alle Justiz widerfahren muss; indem vor der Justiz alle Leute gleich sind, es mag sein ein Prinz, der gegen einen Bauern klagt oder umgekehrt, so ist der Prinz vor der Justiz dem Bauern gleich, und bei solchen Gelegenheiten

MUSS NACH DER GERECHTIGKEIT WIDERFAHREN WERDEN, OHNE ANSEHEN DER PERSON.«

Es ist dies der revolutionärste Text, der vor 1789 veröffentlicht wurde! Er verbreitete sich wie ein Lauffeuer durch ganz Europa.

Alle fortschrittlichen Kräfte, vor allem in Frankreich, priesen des Preußenkönigs Weisheit und Mut. In Paris schuf *Vangelisti* seine berühmte Radierung, die in allegorischer Darstellung Friedrichs des Großen Entscheidung zugunsten des Volkes, des einfachen Mannes, verherrlichte.

Und in Preußen? Gab es wochenlang kein anderes Gesprächsthema als die öffentliche Verlautbarung des Königs, ja, kam es zu öffentlichen Demonstrationen. Bekannt ist, daß der gesamte Adel Berlins am Morgen nach der drastischen Entlassung des Großkanzlers *von Fürst* bei ihm zur Kondolenz vorfuhr, und zwar demonstrativ, Kalesche hinter Kalesche, an den klirrenden Fenstern des königlichen Schlosses vorbei. Die adeligen Frondeure huldigten damit einem der hochmütigsten Aristokraten des gesamten Königreiches, von dem man sich berichtete, daß er sich nie dazu habe entschließen können, einem »bloßen Bürgerlichen eine Audienz zu gewähren«.

Weniger bekannt, aber von ungleich größerer Bedeutung ist, daß es in den Straßen von Berlin zu einer Gegendemonstration *des Volkes* kam: In Berlin – nicht in Paris; 1779 – und nicht 1789! Denn die niederen Volksklassen des Königreichs Preußen waren von heller Begeisterung erfüllt, fühlten sich und ihre Interessen von den Taten und Worten des Königs unmittelbar angesprochen. Zu Tausenden kamen Bauern und Kätner aus der Mark Brandenburg und Pommern mit ihren Weibern und Kindern nach Berlin, zogen gemeinsam durch die Straßen der Stadt vor das königliche Schloß, hielten Bittschriften in den Händen und riefen laut:

»Es lebe unser König, der dem armen Bauern zu seinem Recht verhilft!«

Für Friedrich II. indessen war der Fall vor allem Mittel zu einem höheren staatspolitischen Zweck: zur Durchsetzung der längst fälligen großen Rechtsreform! Gegen sie hatte sich in der Berliner Justiz, bis hinauf zur Spitze des Kammergerichtspräsidenten, eine starke Opposition formiert, deren Widerstand erst mit Hilfe des besagten »Müller Arnold-Skandals« gebrochen werden konnte.

Nachdem Friedrich die wichtigsten Figuren der reaktionären Juristenclique ausgewechselt hatte, konnte er den wahren spiritus rector des großen Reformwerks, des *»Allgemeinen Landrechts für die preußischen Staaten«*, nach Berlin holen und an die Stelle des geschaßten Kammergerichtspräsidenten setzen: den Justizminister und Chefpräsidenten sämtlicher Regierungen in Schlesien: *Johann Heinrich C. v. Carmer.* Damit dokumentierte der König vor aller Welt, was die Stunde in Preußen geschlagen hatte: NICHT DIE KONSERVATIVEN, SONDERN DIE REFORMERISCHEN KRÄFTE HATTEN MIT HILFE FRIEDRICHS DES GROSSEN GESIEGT.

Carmer hatte schon vor Jahren seine umstürzenden Reformpläne dem König vorgetragen – unter Umgehung des Dienstweges über den Großkanzler *v. Fürst,* anläßlich einer Militärrevue Friedrichs in Schlesien. Dem König war sofort klargewesen: das war der Mann, den er lange gesucht hatte. Als *Carmer* wenig später nach Berlin kam und seine Pläne den Fachkollegen vortrug, vermochte er sich gegen die reaktionären Kräfte nicht durchzusetzen, und der König selbst verhielt sich beobachtend, abwartend; behandelte die Sache dilatorisch. Es war noch zu früh gewesen, gewaltsam einzugreifen. Aber Friedrich II. hatte die Begegnung in Schlesien nicht vergessen und wartete auf eine Gelegenheit zur Entscheidung. Der Fall des Müller *Arnold* bot ihm endlich diese Gelegenheit.

Ohne Zweifel: Friedrich sprach ein königliches Machtwort, durch welches das Recht gebeugt wurde. Aber dieses Machtwort war von weitblickender Staatsräson. Deshalb widerrief der König auch nicht seine harten Urteile gegen die Vertreter der konservativen Justiz; auch dann nicht, als ihm klargeworden war, »daß der verfluchte Kerl, der *Arnold,* mich hinters Licht geführt« hat. Mochte ihm das als Altersstarrsinn ausgelegt werden – er wußte, warum er es bei den Urteilen beließ:

> »DAMIT DIE UNTERDRÜCKUNG NICHT NOCH ÄRGER UND DIE SACHE SCHLIMMER ALS VORHER WERDE.«

So also schloß sich der Kreis: bei der Thronbesteigung, 1740, das linksintellektuelle Reformprogramm, das Entzücken aller Progressiven – vierzig Jahre später, 1779/80, die große Justizreform, das »Prinzip Hoffnung« aller Entrechteten.

Dazwischen lagen drei Kriege. Und es waren die blutigen, die spektakulären Gefechte und Feldzüge, die das wahre Bild des Königs entstellten und

Schuld daran waren, daß es zu einem zweiten großen Mißverständnis um Friedrich kam: als nämlich die patriotische Legende vom preußischen Schlachten-Gott entstand.

Im 19. Jahrhundert war davon noch keine Rede. In der ersten Hälfte, unter dem Einfluß des Befreiungsnationalismus von 1813 und der deutschen Romantik, wurde Friedrichs Bild überwiegend negiert. Damals wurde er als »undeutsch«, als »volksfern« und »atheistisch« verketzert. Erst nach dem Scheitern der bürgerlichen Revolution von 1848/49 begann man sich seiner wieder in Preußen zu entsinnen: Doch von propagandistischer »Ausschlachtung« im deutsch-patriotischen Sinne war weder in den Kriegen von 1866 noch 1870/71 die Rede. *Leopold Ranke* und *Reinhold Koser* feilten still und zuverlässig an dem wissenschaftlichen Konterfei seines Lebens und Werkes.

Dem 20. Jahrhundert blieb auch hier die Klischeebildung vorbehalten. In der Weimarer Republik sah man Friedrich – zusammen mit *Bismarck* und *Hindenburg* – dräuend auf grellen Wahlplakaten. Am meisten aber wurde das Andenken des größten preußischen Königs von ein paar alten Zelluloidstreifen entstellt. Von UFA-Kinofilmen, die zwischen 1932 und 1942 gedreht wurden: »Das Flötenkonzert von Sanssouci« – »Der Choral von Leuthen« – »Der große König« etc.

Durch alle diese Filme ritt der Preußenkönig: meistens auf einem Schimmel – immer blitzenden Auges und stahlharten Gesichts – gelegentlich mit einem leutseligen Lächeln für seine Grenadier-Filmstatisten. Im Hintergrund flatterte unsichtbar die Flagge Schwarz-Weiß-Rot des deutschnationalen *Hugenberg*-Konzerns. Zum Schluß, im »Großen König«, wurde Friedrich gar zum Goebbelsschen Durchhaltemonster. Aber was auch immer gerade die Tendenz sein mochte: stets verkörperte der sächselnde UFA-Star *Otto Gebühr* den Preußenkönig.

Und mit diesem (persönlich ganz unschuldigen) *Otto Gebühr* wurde Friedrich II. seitdem permanent verwechselt.

Das taten nicht nur die Millionen Zuschauer in den Lichtspielhäusern der untergehenden Weimarer Republik oder des aufstrebenden Dritten Reiches – nein, eine ironische Delikatesse besonderer Art ist es, daß auch die Alliierten, die Sieger des II. Weltkrieges, und ihre beflissenen deutschen Umerziehungsskribenten auf diesen deutschnationalen Filmpopanz hereinfielen, als sie nach 1945 darangingen, das konstant Verbrecherische im deutschen Wesen aufzuspüren und es mit traumwandlerischer Sicherheit im »Phänomen« Preußen, insbesondere im »bösen« Friedrich fanden.

Noch in den sechziger Jahren schrieb *Rudolf Augstein* vom SPIEGEL einen Totalverriß des Mannes von Sanssouci (»Preußens Friedrich und die Deutschen«), der nicht nur längst fast unter demselben Titel von *Onno Klopp* (»Der König Friedrich von Preußen und die deutsche Nation«) im 19. Jahrhundert vorexerziert worden war, sondern der wiederum und erneut auf der ständigen Verwechslung mit *Otto Gebühr* beruhte.

Es ist grotesk: Aber dieser »linke« König – Aufklärer, Reformer, Toleranzfürst, Volkserzieher, Rebell wider Mittelalter und Reich – gilt unseren Linken von heute als die Inkarnation alles Reaktionären, als die leibhaftige Verkörperung »preußischen Ungeistes«.

Das 18. Jahrhundert täuschte sich gründlich über das wahre Wesen des Kronprinzen Friedrich. Die Gegenwart betrügt sich selber mit einer haarsträubenden Karikatur des »Alten Fritzen«.

Ob aber links oder rechts, ob damals oder heute: man sprach immer von einem »Friedrich-Problem«. Der kleine spöttische Mann aus Berlin war schon seinen Zeitgenossen ein Rätsel. *Goethe*, der einmal heimlich Schloß Sanssouci besuchen durfte, glaubte angesichts der Windspiele, Tabaksdosen und zerfetzten Gardinen dem alten Preußenkönig »recht nahe« kommen zu können. *Schiller* wiederum begrub alle literarischen Pläne hinsichtlich der Friedrich-Thematik, weil er meinte, er könne »diesen Charakter nicht liebgewinnen«.

Was war die schärfste Triebfeder dieses rätselhaften Charakters? Was ist es, was diese historische Figur so anziehend und abstoßend zugleich erscheinen läßt?

Sagen wir es so: Die Friedrichstory ist die Geschichte eines beispiellosen STOLZES. Eines Stolzes, der eine Herausforderung, ja eine Provokation für die Welt und die Menschheit ist.

Erinnern wir uns des atemberaubenden Konfliktes mit dem Vater: Es gab da einen Auftritt in Küstrin, als der Soldatenkönig den kronprinzlichen Volontär der Domänenkammer auf der Durchreise besuchte und ihm die volle Wucht seiner Autorität, ja Gewalt, in drohenden Worten zu Gemüte führte. Der Kronprinz zitterte vor Angst am ganzen Leibe. Als der Vater die Kutsche besteigen wollte, stürzte der Sohn herbei, warf sich auf der Straße zu Füßen des Königs – und angesichts der Beamten und Generäle, des gaffenden Volkes, küßte er ihm die Schuhschnallen.

Eine herzzerreißende Szene. Dieser stolze junge Mensch, dessen Phantasie, dessen hochfahrendes Wesen den Himmel streifte, hingestreckt, devot, im tiefen Straßenstaub! Alles, was danach geschah und was Friedrich danach getan hat, diente der Auslöschung dieses Bildes; wird von daher erst verständlich.

Denn außer seinem Stolz hatte Friedrich II. nichts. Er mißtraute lebenslänglich der Liebe wie den Menschen. Und er konnte mitnichten in den Stunden bitterer Resignation à la *Bismarck* seufzen, »wie Gott will«, und sein Schicksal einer höheren Macht befehlen. Er fror vor Einsamkeit, und da er fest davon durchdrungen war, daß Gott (oder die göttliche Idee) viel zu erhaben sei, um sich den Staaten, Völkern oder gar Individuen zu widmen, blieb ihm der Trost der Demut und Ergebung gänzlich versagt.

Man hat gemeint, er habe die Schrecknisse der Welt kraft seiner Vernunft und seines fast antikisch anmutenden Stoizismus bestanden. Die Lektüre seiner Gespräche mit dem Schweizer Vorleser *de Catt* während des Siebenjährigen Krieges, eine völlig unterschätzte Quelle, eine unbestechliche Dokumentation seiner Seelengeschichte, läßt jedoch als Hauptantriebskraft seines Charakters den UNBEUGSAMEN STOLZ erkennen, der sich doch so oft und so tief beugen mußte, aber immer nur, um sich sogleich und umso unnachgiebiger wieder aufzurichten.

Als er schon eineinhalb Jahre lang allein gegen halb Europa kämpfte, im Frühjahr 1758, und England ihm immer noch keine Subsidien gezahlt hatte, sie auch nur unter drückenden Bedingungen geben wollte, da schrieb er in seiner verzweifelten Lage: »Niemals werde ich meine Ehre um den Preis des Geldes verkaufen! Lieber werde ich meine Affären dem Lauf der Dinge überlassen ...« Und er fügte mündlich hinzu: Der Geber von Subsidien nehme immer die Rolle des Überlegenen gegenüber dem Empfangenden an, indem er ihn als den Abhängigen betrachte, dem gegenüber er das Recht habe, Diktate aufzuerlegen. Nie werde er, Friedrich, sich zu einem solchen Rollenspiel verstehen.

Im düstersten Jahr seines Lebens, 1761, als alles verloren schien und kein Krämer mehr einen Pfifferling für ihn gegeben hätte, da ließ ihm Englands Lord *Bute* ausrichten, er solle doch Österreichs Wünsche auf Schlesien wenigstens teilweise befriedigen, denn: Die größten Mächte der Geschichte seien gezwungen gewesen, Opfer zu bringen; und kein Fürst könne erklären, daß er es niemals und um keinen Preis tun wolle.

Friedrichs Vertreter in London rieten dringlich dazu, sich dem englischen Druck zu fügen. Der König antwortete ihnen: »Lernen Sie besser Ihre Pflicht, und wissen Sie, daß es Ihnen mitnichten zukommt, mir derartig untaugliche, derart impertinente Ratschläge zu geben ... Sie mögen wissen, daß ich mich niemals gegen den Frieden versteifen werde. Aber ich will ihn auf eine Weise abschließen, *die meiner Würde entspricht und keine Erniedrigung kennt.*«

Das war es. Das – und nicht der Tod der Zarin – war das wahre »Mirakel des Hauses Brandenburg«! Lord *Bute* mochte Englands Subsidien sperren, die Zarin Elisabeth hätte ruhig am Leben bleiben und ihre Truppenmassen marschieren lassen können – dann hätte Friedrich eben seine Armee aufgelöst und wäre zum Partisanenkrieg übergegangen. Dann hätten sie alle zusammen den Räuberhauptmann Fritz, mit seinen preußischen Banditen, in den Bergen und Schluchten des Schlesischen Riesengebirges jagen müssen. (Sehr groß wäre die Umstellung für den König und seine Soldaten ohnehin nicht mehr gewesen.)

Nein, eine Kapitulation war von dem Manne nicht zu haben. Die Übermacht konnte ihn schlagen (und wie oft und wie schmerzlich ist das geschehen!). Aber im Staub der Erde sah ihn niemand knien.

Solcher Stolz, auf nichts als die Ehre gegründet, mag frevelhaft erscheinen. Man kann aber Friedrich II. auch anders sehen: als einen wahrhaft aufrechtgehenden Menschen.

Darin liegt das *Vorbild* Friedrichs des Großen; für seine Zeit wie für jede Zeit. Mit seinem »zähneknirschenden Ertragen des Unerträglichen« hat er Beispiele und Normen gesetzt.

Durch sein Vorleben und Vorleiden hat er aus Berlinern und Brandenburgern, aus Pommern und Schlesiern Preußen gemacht. Und Preußen, das hieß mit Friedrichs Worten »toujours en vedette«: niemals lasch und lau, sondern immer auf Posten und immer ganz Nerv sein.

Niemand kommt daran vorbei: Friedrich II. hat im östlichen Deutschland, ostwärts der Elbe, einen neuen Menschen geschaffen. Konkret gesprochen: einen Menschen mit originärem Charakter und neuartigem Bewußtsein – den *Preußen.* Wem ist das schon gelungen in der Geschichte? Spricht jemand heute noch von Mao Tse-tung und seiner chinesischen Kulturrevolution? Nach wenigen Jahren vom Winde verweht. Auch Preußen, Friedrichs Schöpfung, existiert nicht mehr. Aber jedermann weiß (oder sollte es wissen), daß es nach 1945 kein westdeutsches »Wirtschaftswunder« gegeben hätte ohne die 10 Millionen Ostvertriebenen, die 10 Millionen Preußen aus den ostelbischen Kernprovinzen! Die Zeit ist nicht fern, in der man sich in Deutschland angesichts von Energiekrisen, Umweltkatastrophen und schrumpfendem Wachstum an diesen zähen Menschentypus erinnern und hilfesuchend an ihn und seine »fritzischen« Traditionen appellieren wird.

Während des Siebenjährigen Krieges hat Friedrich II., als er sein Testament verfaßte, das *preußische Credo* schlechthin formuliert. Und es bleibt gültig, wenn von ihm selbst kaum noch die Rede sein wird:

> »Unser Leben ist ein flüchtiger Übergang vom Augenblick unserer Geburt zu dem des Todes. WÄHREND DIESER SPANNE ZEIT HAT DER MENSCH DIE BESTIMMUNG, ZU ARBEITEN FÜR DAS WOHL DER GESELLSCHAFT, DER ER ANGEHÖRT.«

NEITHARDT VON GNEISENAU

WOLFGANG VENOHR

27.10.1760 geboren auf dem Marsche bei Torgau, im Sächsischen Studium der Mathe-
1777 matik und militärischen Baukunst auf der Universität von Erfurt

1778-1785 Offiziersanwärter im österreichischen Husarenregiment v. Wurmser (1778); Offizier beim markgräflichen Infanterieregiment in Ansbach (1780); geht mit einem Ersatztransport der Briten nach Kanada und studiert den amerikanischen Unabhängigkeitskrieg (1782); Garnisondienst in Bayreuth (1783-1784)

1786 tritt in preußische Dienste

1796 heiratet Karoline Freiin v. Kottwitz; aus der Ehe gehen sieben Kinder hervor

1807 verteidigt gemeinsam mit Nettelbeck und Schill die Festung Kolberg gegen Napoleons Truppen; nach dem Frieden von Tilsit Versetzung zur Militär-Reorganisation-Commission zuerst nach Memel und Königsberg, dann nach Berlin; arbeitet mit Scharnhorst, Boyen, Grolmann, Clausewitz an der großen Heeresreform

1809 reicht seinen Abschied ein; Reisen nach England, Schweden und Rußland; wirbt und wirkt überall für die Erhebung gegen Napoleon

1811 wird von Hardenberg als »Staatsrat« nach Berlin gerufen

1813 tritt bei Beginn der Befreiungskriege als Generalmajor und Zweiter Generalquartiermeister zur »Schlesischen Armee« des Generals v. Blücher; lenkt die siegreichen Operationen an der Katzbach, bei Wartenburg, bei Möckern, bei Leipzig und die Verfolgung Napoleons bis zum Rhein

1814 Erhebung in den Grafenstand

1815 wird der eigentliche Besieger Napoleons in der Schlacht von Belle-Alliance; Beförderung zum General der Infanterie; erhält nach Friedensschluß das neu gebildete rheinische Generalkommando in Koblenz

1816 reicht seinen Abschied ein und zieht sich in das Privatleben zurück

1825 Ernennung zum Generalfeldmarschall am zehnten Jahrestag der Schlacht von Belle Alliance

1831 wird mit dem Oberbefehl des I., II., V. und VI. Armeekorps zur Abwehr der polnischen Insurrektion betraut; stirbt im Alter von 70 Jahren, am 24. August, an der Cholera in Posen

1841 wurden seine Gebeine auf seine Besitzung Sommerschenburg, westlich Magdeburg, bei Helmstedt überführt; sie ruhen im ehemaligen »Sperrgebiet« zwischen Deutschland und Deutschland

Neithardt v. Gneisenau, im Jahre 1813, als Generalleutnant, Kupferstich von C. Schule

Die Nacht vom 16. zum 17. Juni 1815 entschied über das Schicksal des Jahrhunderts.

Soeben hatte Napoleon, Kaiser der Franzosen, das gefürchtete Genie, das zum Schrecken Europas die Insel Elba verlassen und in einem berauschenden Siegeszug von Frankreich wieder Besitz ergriffen hatte, die preußische Armee nach einem stundenlangen, mörderischen Kampf bei Ligny geschlagen. Der Held des preußischen Volksheeres, der greise Feldmarschall Blücher, der »Marschall Vorwärts«, der Vater seiner Soldaten, war bei einer verzweifelten Kavallerieattacke in den Abendstunden auf dem Schlachtfeld verschollen. Führerlos waren die zerhackten preußischen Korps in die sinkende Nacht zurückgeflutet.

Und da hielt nun ein einsamer Reiter, in strömendem Regen, peitschendem Wind, unter der zerschossenen Windmühle von Brye; ein Mann von 54 Jahren, hochgewachsen, mit breiten Schultern, die flache Landwehrmütze tief in die Augen gezogen, die Generalsdistinktionen vom flatternden Umhang verdeckt: Neithardt von Gneisenau, seines Zeichens Generalstabschef der geschlagenen preußischen Armee.

Versprengte Bataillone fluteten heran. Infanterie mischte sich mit Kavallerie und Artillerie. Troßknechte fluchten, Offiziere schrien nach ihren Einheiten, Pferde bäumten scheu geworden, Kanonen und Protzen mahlten hoffnungslos im Schlamm.

Auflösung, Chaos. Das Desaster eines Rückzugs. Allmählich versammelten sich die höheren Truppenkommandeure um den einsamen Reiter unter der Windmühle und gruppierten sich zu einem schweigenden Halbkreis.

Befehlsausgabe. Denn zum ersten Mal in seinem Leben hatte der Stabschef v. Gneisenau keinen Vorgesetzten, keinen Oberbefehlshaber über sich.

Zum ersten Mal kommandierte er eine Armee und mußte er ganz auf sich selbst gestellt die letzte Verantwortung tragen.

Die Blicke der Generäle und Stabsoffiziere musterten mißtrauisch einen Mann, den sie kaum als ihresgleichen anerkennen mochten. Der da vor ihnen schweigend, unbeweglich, scheinbar unentschlossen hielt, war in ihren Augen ein Schreibstubenoffizier, ein Gebildeter und Intellektueller, von dessen militärischen Führungsqualitäten niemand überzeugt war.

Und war es nicht auch so gewesen, in den beiden letzten Jahren seit dem Sommer 1813, daß die Führer der Korps und Brigaden, Preußen wie Russen, den »Schreibtischstrategen« Gneisenau dutzende Male verflucht hatten? Im August 13 hatte er die Schlesische Armee, als Stabschef Blüchers, mit scheinbar sinnlosen Hin- und Hermärschen bis an den Rand der Erschöpfung getrieben, so daß General v. Yorck, der »Eisenfresser«, regelrecht gemeutert und sich beim König über die »arroganten System-Aufsteller« im Armeehauptquartier, die nichts von Logistik und Marschdispositionen verstünden, bitter beschwert hatte. Einen Monat später, im September 13, hatte dieser Gneisenau der Armee, die sich kaum erholt hatte, auf einmal den waghalsigen »Rechtsabmarsch« nach Norden befohlen, sie unter furchtbaren Verlusten bei Wartenburg über die Elbe getrieben, um dann, als Napoleon mit seinen Garden drohend heraneilte, sämtliche rückwärtigen Verbindungen preiszugeben und die Schlesische Armee nach Westen über die Saale zu reißen: nach Westen, mit verkehrter Front, ohne eigene Etappe, in den Rücken des gefürchteten Imperators. Hätte der alte, unverwüstliche Blücher nicht immer unerschütterlich zu seinem Stabschef gehalten und dessen hochfliegende Pläne, denen niemand geistig zu folgen vermochte, weil sie – das hatte der grimme Yorck instinktiv ganz richtig empfunden – weniger *militärischen* als *politischen* Überlegungen entsprangen, mit seiner unangefochtenen Autorität und Volkstümlichkeit gedeckt, man hätte von diesem Generalstäbler überhaupt keine Befehle entgegengenommen.

Vor Gneisenaus geistigem Auge mögen solche Bilder und Erinnerungen damals in Minutenschnelle vorbeigezogen sein. Wie oft und wie sehnlich hatte er sich ein selbständiges Kommando im Felde gewünscht! Eine Plattform der Souveränität, von der aus es ihm möglich gewesen wäre, den sturen Kommißköpfen ebenso wie den bornierten Stabsoffizieren, ja, der ganzen Welt zu zeigen und zu beweisen, zu welchen umstürzenden Ideen und Entschlüssen er fähig war. Jetzt, in der Stunde der Niederlage, der totalen Katastrophe, ausgerechnet jetzt, wurde ihm vom Schicksal das Kommando aufgezwungen.

Und mehr denn je stand er vor der Entscheidung, was höher zu stellen sei: die Taktik oder die Strategie, das militärische oder das politische Denken? Nach Osten führte die alte Römerstraße in das Maastal, gut im Stande, bequem und gerade, vom Feinde weg, auf die eigenen rückwärtigen Verbindungen und auf die Heimat zu. Im Norden aber stand der Alliierte, stand Lord Wellington mit seinem britisch-niederländischen Heer, auf den sich nun – nach der preußischen Niederlage – blitzschnell Napoleon werfen würde, mit seiner vereinigten, siegestrunkenen Armee. Wellington aber, vom Kaiser geschlagen, würde sich notgedrungen auf die Kanalhäfen zurückziehen, die Verbindungen zu den Preußen preisgeben, und die Franzosen, sie würden in Kürze wieder ihre Pferde an den Ufern des Rheins tränken.

Aber die Wege nach Norden, in den Raum Wavre, in Wellingtons Nähe, waren grundlos, verschlammt, vom Regen total aufgeweicht. Wie sollten sich die Bataillone und Regimenter in diesem Morast rangieren? Würden Artillerie und Bagage nicht hoffnungslos im Brabanter Lehmboden steckenbleiben? Sprach nicht alles, vor allem jedes militärische Kalkül dafür, daß sich bei Tagesanbruch des 17. Juni 1815 zwischen Brye und Wavre an Stelle eines wohlgeordneten Heeres wildverstreute Haufen demoralisierter Preußen befinden würden?

Das und vieles andere mag der Generalleutnant Gneisenau in diesen kurzen Augenblicken gedacht haben. Aber vor allem dachte er an jenen Mann, der ein paar Kilometer entfernt als Sieger über das Schlachtfeld von Ligny ritt, umtost von den frenetischen Huldigungsrufen seiner Soldaten: »Vive l' empereur!« Ja, an ihn dachte er: an ihn, der seit zwanzig Jahren zur beherrschenden Figur seines Lebens geworden war, den er bewundert und den er gehaßt hatte, der sein Lehrmeister geworden war und der für ihn das negative Prinzip schlechthin verkörperte, von dem er 1806 bei Jena und Auerstedt gejagt worden war, dem er 1807 in Kolberg erfolgreich widerstanden hatte, gegen den er sich 1808 bis 1812 vergeblich aufgelehnt und zu dessen Niederlage er 1813/14 mehr als jeder andere beigetragen hatte.

Jetzt hatte dieser furchtbare Mann Revanche genommen, hatte ihn, Gneisenau, besiegt. Und es war mehr als ein Sieg auf dem Schlachtfeld; ein welthistorisches Prinzip stand zwischen Ligny und Wavre zur Debatte: Weltbürgertum oder Nationalstaat, das war hier die Frage.

Gneisenau richtete sich hoch im Sattel auf und streckte den rechten Arm aus: »Die Armee geht nach Norden, nach Wavre.« Die düster blickenden Offiziere unter der Windmühle von Brye glaubten ihren Ohren nicht zu trauen, als sie plötzlich diesen Befehl vernahmen. Aber Stunden später war die preußische Armee auf dem Marsch nach Norden, und am Nachmittag des 18. Juni 1815 kam sie gerade noch zurecht, dem franzosischen Imperator sein »Waterloo« zu bereiten ...

Diesen historischen Augenblick unter der Windmühle von Brye hat Christian Rauch in seinem Gneisenau-Standbild festgehalten, das heute in Ostberlin, Unter den Linden, auf dem Opernplatz, gegenüber der Schinkelschen Wache steht. Und in der Tat: Mit diesem Befehl hatte Gneisenau nicht nur *militärisch*, sondern auch *politisch* das Schicksal des Kontinents entschieden! Der weltbürgerliche Traum vom supranationalen Europa unter napoleonischem Diktat zerstob für alle Zeiten, und das 19. Jahrhundert stand von diesem Tage an im Zeichen der nationalen Idee.

55 Jahre früher, 1760, sprach noch niemand von der nationalen Idee. Die Völker hatten sich noch nicht emanzipiert; der fürstliche Absolutismus herrschte noch unumschränkt. Man befand sich mitten in den Schrecken des Siebenjährigen Krieges, in dem der Preußenkönig, der kleine gefürchtete Mann aus Berlin, mit ganz Europa um seine Großmachtstellung rang. Überall Kriegsgeschrei, Pelotonfeuer und das dumpfe Grollen der Kanonen.

Unter Kanonendonner wurde auch August Wilhelm Antonius von Neithardt, nach dem Schloß seiner österreichischen Vorfahren Gneisenau genannt, geboren: am 27. Oktober 1760, bei Torgau, im Sächsischen. Und was da donnerte, waren preußische Kanonen; denn Friedrich II. rückte mit seiner Armee zur letzten großen Schlacht des Siebenjährigen Krieges heran.

Gneisenau Vater, der Artillerieleutnant Wilhelm v. Neithardt, stand auf der anderen Seite, in einem Kontingent der »Reichsarmee«, die auf Österreichs Seite gegen Preußen kämpfte und die schon drei Jahre zuvor, bei Roßbach, vor dem großen Friedrich Reißaus genommen hatte. Und auch jetzt, in der Nacht vom 2. zum 3. November 1760, stürzten die westdeutschen Reichstruppen in wilder Panik davon, als sie die schrillen Pfeifen und Trommeln der preußischen Bataillone vernahmen.

Mitten in dieser kopflosen Flucht, auf einem Troßwagen, saß die junge Frau des Leutnants v. Neithardt und hielt ihr erstes Kind in den Armen, das sie vor sechs Tagen geboren hatte.

Der Wagen holperte und stuckerte durch die Nacht; aber die junge Mutter schlief vor Erschöpfung ein. Als sie wieder erwachte, hatte sie ihr Kind verloren: das kleine Bündel war ihr während des Schlafs aus den Armen und über den Rand des Wagens geglitten.

Das Elend und die Verzweiflung der folgenden Stunden kann man sich vorstellen. Frau v. Neithardt hat sich nervlich und gesundheitlich davon niemals wieder erholt. Am nächsten Morgen sah sie einen schnauzbärtigen Grenadier, der unter Zoten und Gelächter, ein Baby auf dem Arm, von Wagen zu Wagen ging und nach der Mutter forschte. Im Schlamm des Straßenrandes, dicht neben den achtlosen Tritten der Kavallerie und Infanterie, dem Rattern der Kanonen und Protzenwagen, hatte er den sechstägigen Neithardt v. Gneisenau gefunden und fluchend auf seine Arme gehoben.

Zufall. Und im Zeichen des Zufalls standen auch Kindheit und Jugend Gneisenaus, wurden geprägt von den zersplitterten, unübersichtlichen Zuständen, in denen sich damals das morsche Reich der Deutschen, am Vorabend von Revolutionen und Katastrophen, befand.

Die Mutter starb früh, der Vater zog teils als Offizier, teils als Landvermesser von Dienst zu Dienst, von Duodezstaat zu Duodezstaat. Der Sohn lebte als Halbwaise bei lieblosen Pflegeeltern, prügelte sich mit den Gassenjungen, hütete die Gänse auf dem Dorfanger. Er habe während dieser Zeit stets ein Stück Schwarzbrot, aber nicht immer Sohlen unter den Schuhen gehabt, erinnerte sich Gneisenau später.

Mit acht Jahren ein Wunder: Eine Kutsche fuhr vor und brachte den barfüßigen Jungen nach Würzburg in das wohlhabende Haus der Großeltern mütterlicherseits. Der Großvater, Andreas Müller, war kein Adliger, aber als Baumeister und Artillerieoberst in erzbischöflichen Diensten hoch angesehen. Hier herrschte eine Atmosphäre bürgerlichen Wohlstands und Bildungsstrebens.

Dennoch: Das Zwiespältige, Nervöse, Unbefriedigte, das sich später in Gneisenaus Charakter immer wieder zeigen sollte, der fortwährende Kampf zwischen seiner leidenschaftlichen Natur und den Zwängen des Daseins, hier in Würzburg sind die ersten Ursachen zu suchen. Denn hier zum ersten Mal in seinem Leben mußte Gneisenau sich Gewalt antun, und er hat diesen Gewissenskonflikt selbst beschrieben:

»Zunächst wurde ich in der Schule aus Doktor Martin Luthers Katechismus unterrichtet. Später, in Würzburg, haben mich meine katholischen Großeltern in der katholischen Lehre unterrichten lassen. Wie sauer mir die Auffassung dieser Lehre wurde, will ich nicht näher erzählen, sondern davon nur soviel, daß ich öfters ein lutherischer Hund gescholten wurde! Einen förmlichen Übertritt zur protestantischen Kirche scheute ich indessen, um nicht meinen katholischen Verwandten ein Ärgernis zu geben. Meinen Gottesdienst habe ich meist in protestantischen Kirchen verrichtet ... so ist es gekommen, daß ich in den Armeelisten als Katholik verzeichnet stehe, der ich doch eigentlich nicht bin.«

Viel mehr wissen wir nicht über seine Würzburger Kindheit. Immerhin soviel, daß er ein Gymnasium der altehrwürdigen Bischofsstadt besuchte, Französisch lernte und von Jesuiten unterrichtet wurde. Fest steht, daß der junge Gneisenau von der schöngeistigen, bildungsbürgerlichen Atmosphäre des großelterlichen Hauses für sein ganzes Leben profitierte. Hier erwachte sein Interesse für Poesie und Philosophie, für Mathematik und Geschichte. Von hier datiert seine leidenschaftliche Anteilnahme an dem sich kräftig entfaltenden deutschen Geistesleben, das sich – von Friedrichs Taten motiviert – immer mehr von der kulturellen Überfremdung durch das Ausland, insbesondere durch Frankreich, emanzipierte.

Nach dem Tode der Großeltern kehrte Gneisenau zu seinem Vater zurück, der im Thüringischen, in Erfurt, eine Anstellung gefunden und neu geheiratet hatte. Diese Verhältnisse müssen für den Jungen unerfreulich gewesen sein, denn auf sie bezieht sich seine spätere Äußerung: »Die Stürme meines Lebens und die Abweichungen aus der Bahn leiten sich lediglich aus meiner schlechten Erziehung ab. Ich habe wenig Gutes und Löbliches gesehen.«

Über diese »Lebensstürme« und »Abweichungen« hat sich Gneisenau beharrlich ausgeschwiegen. Wir wissen lediglich, daß er sich am 1. Oktober 1777 in die Matrikel der Universität Erfurt einschreiben ließ, um Mathematik und Baukunst zu studieren. Doch schon nach einem Jahr warf er die Studienbücher in die Ecke und trat während des Bayerischen Erbfolgekrieges als Offiziersanwärter in ein bei Erfurt garnisonierendes österreichisches Kavallerieregiment, die Wurmser Husaren, ein. Damit war die Berufslaufbahn Gneisenaus für immer entschieden: Soldat.

Nicht lange, nach zwölf Wochen, und der selbstbewußte junge Mann; der leicht aufbrauste, bekam den ersten Ärger. Nach einem Duell mit einem Vorgesetzten verließ er die österreichische Armee und trat als jüngster Leutnant in das ansbachische Jägerbataillon. Da der Markgraf von Ansbach-Bayreuth zu jenen deutschen Duodezfürsten gehörte, die ihre Soldaten gegen klingende Münze an die Briten verschacherten, kam Gneisenau 1782 auf den nordamerikanischen Kriegsschauplatz, wo indessen die Feindseligkeiten bald nach seiner Ankunft eingestellt wurden. Als der junge Mann nach Deutschland zurückkehrte, brachte er nichts mit als eine tiefe Narbe auf der Oberlippe, die nur von einem Duell (mit einem arroganten britischen Offizier?) stammen konnte.

Die Frage war, was tun? Der 25jährige Gneisenau mußte sich sagen, daß er mit seinem Temperament an der Welt Schiffbruch erlitten habe. So blieb nur noch eines, halb aus Einsicht, halb aus Resignation: der Schritt zu den Preußen. Im Februar 1786 stand Gneisenau in Potsdam vor Friedrich dem Großen, bewarb er sich bei dem größten Feldherrn des Jahrhunderts, um in die berühmteste Armee der Welt aufgenommen zu werden – und der Alte von Sanssouci, den nur noch ein halbes Jahr von seinem Tode trennte, gab ihm gnädig das Patent als Premierleutnant.

Wie oft mag Gneisenau diesen Tag seines Eintritts in die preußische Armee in den folgenden zwanzig Jahren verflucht haben! Exerzierreglement, Gamaschendienst, Kasernenmief, Provinzdunst: Die »preußische Notwendigkeit« muß für eine so leidenschaftliche, musische, bildungshungrige Natur wie die Gneisenaus die reine Hölle gewesen sein.

Zwanzig Jahre, von 1786 bis 1806, nach »des Dienstes ewig gleichgestellter Uhr« vegetieren zu müssen, und das im Alter von 25 bis 45: man ist geneigt, von einem »total verpfuschten Leben« zu sprechen. Diese endlos lange Zeit diente Gneisenau als Chef einer Füsilierkompanie in den kleinen schlesischen Garnisonen Löwenberg und Jauer, zwei Nestern, die man kaum auf der Landkarte finden konnte. Und alles war Routine, Ochsentour, Langeweile, Spießigkeit; kurz: preußischer Militarismus.

Dennoch: In diesen öden Jahrzehnten des Kommißlebens hat sich Gneisenau – um mit Ernst Moritz Arndt zu sprechen – »nach allen Seiten hin die Bildung eines edlen Mannes errungen«. Er schrieb Gedichte, spielte die Flöte, leitete Liebhaberaufführungen am Theater, konstruierte und baute das Grabmal für den Freiherrn v. Hochberg auf Plagwitz, der ihm seine reichhaltige Bibliothek zur Verfügung gestellt hatte. Er schrieb zahlreiche Aufsätze über den Truppendienst der leichten Infanterie, über Ingenieurkunde, Militärgeographie und Taktik. In Löwenberg wie in Jauer leitete er zeitweise den Unterricht der Junker und der jungen Offiziere.

Vor allem: Gneisenau las. Philosophie (Kant und Fichte), Dichtung (Goethe, Lessing, Schiller) und Geschichte (den Plutarch, den Livius, den Tacitus etc.). Sein Bildungshorizont erweiterte sich von Jahr zu Jahr. Er begeisterte sich für die Helden der Vergangenheit, und beim Besuch der nahegelegenen

Schlachtfelder des Siebenjährigen Krieges versetzte er sich in die Gedankenwelt Friedrichs des Großen, dessen waghalsige strategische Entscheidungen auf etwas Verwandtes im Denken des Füsilierhauptmanns trafen.

Doch nach zehn schlesischen Jahren, 1796, verdrängte die Gegenwart die Geschichte. Über Europa ging der Stern Napoleon Bonapartes auf! Der Korse war es, der im Positivem wie im Negativem zur Leitfigur des neuen, des bürgerlichen Jahrhunderts wurde. Mit ihm entstand der »Geniekult«, entstand die These, daß Männer die Geschichte machen; durch ihn und seine Faszination hatte es Adolf Hitler noch 140 Jahre später so leicht, zum Heros und Idol einer ganzen Generation zu werden.

Für Gneisenau wurde Napoleon zur Schicksalsfigur seines Lebens. Er las jede Zeitung, er besorgte sich jede Veröffentlichung, die über die atemberaubenden militärischen und politischen Erfolge des korsischen Emporkömmlings berichtete. So wie 70 Jahre später Moltke unter der ständigen Beobachtung eines Mannes namens Friedrich Engels stehen sollte, so konnte Napoleon keinen Schritt, keine Aktion in Europa tun, ohne daß es unverzüglich von einem unbekannten preußischen Offizier in der schlesischen Provinz vermerkt, analysiert, intellektuell ausgewertet wurde.

»Bonaparte war mein Lehrmeister in Krieg und Politik«, hat Gneisenau später bekannt. Und dieser sicherlich ganz absichtslose und unbewußt formulierte Satz verrät bereits alles über den damaligen Gneisenau. Die Feldzüge Napoleons, seine taktischen wie strategischen Neuerungen und Varianten, wurden von so manchen Offizieren studiert. Da war Gneisenau mitnichten der einzige. Nein, das Besondere, das Einmalige lag darin, daß der preußische Füsilierhauptmann sich mit Krieg und Politik beschäftigte, also bereits damals erkannt hatte, daß der Krieg kein Phänomen für sich, sondern »die Fortsetzung der Politik mit anderen Mitteln« ist, wie es sein Freund Clausewitz Jahrzehnte später formulieren sollte.

Das war die tiefste Ursache dafür, daß Gneisenau sich in den zehn Jahren von 1796 bis 1806 ein wahrhaft komplexes Bild von den Vorgängen seiner Zeit machen, ja, daß er bereits im Geiste Gegenstrategien entwickeln konnte, deren *militärisches* Kalkül auf *politischer* Erkenntnis beruhte. Niemals sah er Napoleon isoliert für sich handeln, immer überblickte er den tiefen inneren Zusammenhang mit der bürgerlichen Revolution von 1789. Dadurch hat er, wie er sich später erinnerte, »Frankreichs weltheherrschende Pläne und Napoleons Charakter sehr zeitig und, wie der Erfolg lehrte, sehr richtig aufgefaßt«.

Während sich Napoleon die halbe Welt unterwarf, entstand ihm in einer kleinen preußischen Garnison bereits sein gefährlichster Widersacher.

Im Oktober 1806 stand der französische Schlachtengott, Napoleon Bonaparte, zum ersten Mal den Preußen gegenüber: bei Jena, im Thüringischen. Der 46jährige Hauptmann v. Gneisenau schrieb am Vorabend der Schlacht in tiefer Resignation: »Als Patriot seufze ich. Man hat in Zeiten des Friedens viel versäumt, sich mit Kleinigkeiten abgegeben, und den Krieg, eine sehr ernsthafte Sache, vernachlässigt. Was die Franzosen ferner tun werden, weiß ich; was wir, weiß ich nicht. Ich habe den Angriff längs der Saale längst vorausgesagt. Allein ich seufze in den niederen Graden, und mein Wort gilt nichts. Das Herz ist mir beklemmt, wenn ich die Folgen berechne. Oh Vaterland, selbstgewähltes Vaterland! Ich bin vergessen in meiner kleinen Garnison und kann nur für selbiges fechten, nicht raten.«

Gneisenau wurde beim Avantgardengefecht an der Spitze seiner Kompanie leicht verwundet und erlebte die eigentliche Schlacht bei Jena im Stabe des Generals von Rüchel. Er sah die arrogante Unwissenheit und ängstliche Unentschlossenheit der Generäle und Stabsoffiziere. Er sah die preußischen Grenadiere in der überalterten friderizianischen Lineartaktik unter wehenden Fahnen mit klingendem Spiel gegen den Kapellenberg avancieren, sah sie in einem Blutbad untergehen. Und er sah die überlegene Kriegstechnik Napoleons: die aufgelösten Schützenschwärme der Tiralleure, die massierten Stoßkolonnen der Grenadiere und die konzentrierten Mammutbatterien der Artillerie.

Er sah den Anbruch einer neuen Zeit und schrieb: »Bei Jena focht ich zu Pferde und stellte noch die letzten Truppen aus. Aber zuletzt lief ich mit den anderen davon, in guter Gesellschaft mit Fürsten und Prinzen ... Das waren Greuel! Tausendmal lieber sterben, als das wieder erleben. Aber, aber: unsere Generale und Gouverneure! Das wird wunderbare Zeilen in unserer Geschichte geben ...«

Und in der Tat, die Generale und Gouverneure, die allesamt den Kopf verloren hatten, kapitulierten – ob auf freiem Feld oder in den Festungen – schneller, als die Franzosen überhaupt nachrücken konnten. Der Staat Friedrichs des Großen schien wie ein Kartenhaus zusammenzustürzen. Der korsische Eroberer ritt durch das Brandenburger Tor in Berlin ein und sinnierte in Potsdam, am Sarge des legendären Preußenkönigs: »Sic transit gloria mundi – So vergeht der Ruhm der Welt.«

Neun Jahre später, 1815, hätte Gneisenau dasselbe über Napoleon sagen können. So schnell drehte sich das Rad der Weltgeschichte! Daß es sich drehte, bewirkten nicht zuletzt die kritischen Gedanken des Hauptmanns Gneisenau, dem die verheerende Niederlage Anlaß war, sich unverzüglich niederzusetzen – kaum, daß er atemlos den Schutz der Festung Graudenz erreicht hatte – und in einer schonungslosen Denkschrift die Gründe des französischen Sieges und die Schwächen des preußischen Staates zu analysieren.

Jetzt zeigte es sich, daß Gneisenau die zwanzig Jahre von 1786 bis 1806 in Schlesien nicht nutzlos vertan hatte. Er bedurfte keiner Schonfrist, um sich geistig von dem betäubenden Schlag bei Jena zu erholen. Was war die tiefste Ursache des Unglücks, fragte er sich, um mit schneidender Schärfe zu antworten: »Unser Eigendünkel, der uns nicht mit der Zeit fortschreiten ließ!« In diesem lapidaren Satz lag die Verurteilung des ganzen preußischen Staats- und Gesellschaftssystems, das im Jahre 1786 erstarrt war, als Friedrich der Große die Augen geschlossen hatte.

Doch der Verfasser ging noch einen entscheidenden Schritt weiter, als er sich mit dem Bewußtseinszustand der damaligen Gesellschaft auseinandersetzte: »Kein Zutrauen von unten, keine Willenskraft und keine Fähigkeiten von oben. Das Zeitalter ist so kraftlos, daß die Idee, mit Anstand zu fallen, für eine poetische Exaltation gilt. Jeder will nur sich und seine Genüsse retten, und den Ehrliebenden bleibt nichts übrig, als diejenigen zu beneiden, die auf dem Schlachtfelde geblieben sind.«

Das waren Worte und Empfindungen, die aus den Ideen und Gedankengängen des »Deutschen Idealismus« gespeist waren; bei denen Schiller, Kant und Fichte geistig Pate standen. Gneisenau war durchaus der Mann, sie in Taten umzusetzen! Alles in ihm drängte förmlich zur Explosion dessen, was er in zwanzig stillen Jahren an Kräften und Erkenntnissen seelisch in sich aufgespeichert hatte. Und die Bewährungsprobe kam: Kolberg.

Man hat die Verteidigung Kolbergs, eines kleinen Hafenstädtchens in Hinterpommern, in der Weimarer Republik, im Dritten Reich, nach 1945 in der Bundesrepublik ebenso wie in der DDR zu einem leuchtenden Beispiel an politischem Staatsbürgertum hochstilisiert. Allen demokratischen wie pseudo-demokratischen Kräften des 20. Jahrhunderts mußte daran aus ideologischen Gründen gelegen sein. In Wahrheit war davon im April, Mai und Juni 1807 wenig die Rede.

Daß die Bürger Kolbergs sich freiwillig an der Verteidigung ihrer Stadt beteiligten, ist wahr. Aber das war nichts Neues: im Siebenjährigen Krieg

Friedrichs II. hatten sie sich nicht weniger heroisch verhalten. Und ganz im Geiste dieser altväterischen Traditionen, weit entfernt von jedem »demokratischen« Empfinden, aber fest und unverrückbar das Bild des »Alten Fritzen« im Herzen, eilten die dickköpfigen, sturen Pommern auf ihre Schanzen. Alles andere ist nachträgliche »republikanische« Legende. Ohne die Ernennung Gneisenaus zum Stadtkommandanten hätte Kolberg niemals gegen die gewaltige französische Übermacht bis Kriegsende gehalten werden können.

Denn der neue Kommandant, knapp zum Major befördert, faßte nicht nur Garnison und Bürgerschaft unter seinem Einfluß zusammen, durchtränkte nicht nur alle mit seinem glühenden Feuer des Nationalismus – was beileibe nicht unterschätzt werden soll –, sondern schlug die Belagerer vor allem mit ihren eigenen taktischen und strategischen Waffen! Und das war entscheidend.

Der junge Gneisenau hatte eben in Übersee seine Augen offengehalten, und als hätte er Coopers »Lederstrumpf« gelesen, so war ihm angesichts der verstreuten Forts und Blockhäuser in den Prärien und Urwäldern Kanadas der Begriff einer beweglichen Verteidigung vor Augen getreten. Und genauso verfuhr er in Kolberg. Er verwarf die passive Abwehr seines Vorgängers und trat den Belagerern bereits im Vorfeld entgegen. Er verteidigte sich nicht hinter den Schanzen und Mauern des 18. Jahrhunderts, sondern bot den Angreifern weit vor der Stadt, gestützt auf schnell errichtete Feldbefestigungen und blockhausartige Stützpunkte, in einer verwirrenden Mischung von kühnen Offensivstößen und taktischen Rückzügen die Stirn. Das alles wohldurchdacht und kühl kalkuliert: »Ein gewagtes System von extremer Verteidigung«, schrieb er später, »zeigte sich bewährt.

Selbstverständlich: zur Ökonomie der Verteidigung mußte das *Bewußtsein* der Verteidiger kommen. Es ist aber ein frommer Legendenwahn zu glauben, daß dieses Bewußtsein quasi »spontan« in den Bürgern, im Volk von Kolberg entstanden sei. War doch die allgemeine Stimmung in der Stadt unter Gneisenaus Vorgänger bei Bürgern wie Truppen miserabel gewesen. Erst als der frischgebackene Major auftauchte, der sich nächtlicherweise in einem elenden Fischerkahn von Danzig nach Kolberg durchgeschlagen hatte, kam es zur Wende.

»Ich nahm alles auf meine Hörner, kassierte feigherzige Offiziere, lebte fröhlich mit den Braven, kümmerte mich nicht um die Zukunft und ließ brav donnern!« So hat Gneisenau später selbst berichtet. Er verfuhr also wie Napoleon, dessen Bild ihm ständig vor Augen schwebte. Er war der Diktator von

Kolberg! Die unfähigen, selbstherrlichen Kommandeure einer vergangenen Epoche jagte er zum Teufel. Das Schreibstubenpersonal und die übervölkerte Etappe schickte er an die Front. Die Geschütze ließ er mit dreifacher Bedienung versehen, um Ausfälle auf der Stelle ersetzen zu können. Bürger und Soldaten motivierte er mit Ansprachen zur Vaterlandsbegeisterung. Plünderer und Deserteure wurden umgehend an die Wand gestellt. Dem verwegenen Schillschen Freikorps wurde klargemacht, daß Tapferkeit und Disziplin kein Gegensatz seien. Die Folge war ein Kampfgeist, der einfach unüberwindlich war. Noch am letzten Tag der Schlacht um Kolberg rissen Grenadiere des Bataillons Waldenfels Kameraden, die zurückgehen wollten, die Grenadierlitzen herunter und verlangten ihre Erschießung.

Für den siegreichen Kaiser der Franzosen mag Kolberg eine Bagatelle, eine lächerliche Episode gewesen sein; für Preußen wurde es zum Fanal. Drei Monate lang verteidigte Gneisenau die Stadt. Die Franzosen verloren 10 000 Mann; Gneisenau 3000. Am 2. Juli 1807 stand er auf der unbezwungenen Bastion »Neumark«, den Feldstecher in der Hand, und nahm von einem königlichen Kurier, den die Franzosen durch ihre Linien gelassen hatten, zwei Kabinettsordres entgegen, deren eine ihm den Waffenstillstand und die andere seine Beförderung zum Oberstleutnant verkündete. Gneisenaus Kommentar: »Meine Kanonen hätten noch lange nicht geschwiegen!«

Als die Kanonen und das Kleingewehrfeuer rund um Kolberg nun endlich doch schwiegen, die Franzosen herankamen und deren Generale ihm in chevaleresker Weise ihre Komplimente für die effektive Verteidigung machten, »dankte Gneisenau freundlich«, wie ein Augenzeuge berichtete, »blieb aber in einer geraden, kalten und stolzen Haltung, so daß er, der preußische Major, unter ihnen dastand wie ein König«.

Diesen »König von Kolberg« im Majors- bzw. Oberstleutnantsrang hätte sich Napoleon merken sollen.

Die Verteidigung von Kolberg brachte Gneisenau die Beförderung zum Oberstleutnant, den Pour le mérite und: die Berufung in die preußische Militär-Reorganisationskommission.

In den folgenden fünf Jahren, von 1807 bis 1812, lief das Unterminierungswerk gegen Napoleon, genannt: die preußischen Reformen. Und neben Scharnhorst, seinem Freund, und neben dem Freiherrn vom Stein war Gneisenau die treibende Kraft im preußischen Reststaate.

Im Gegensatz zu Frankreich wurden in Preußen die bürgerlichen Freiheiten und Gleichstellungen nicht von unten, vom bewaffneten Volk erkämpft, sondern von oben, von der Regierung per Dekret verordnet. Das hat den preußischen Reformen in den Augen mancher Betrachter etwas Zweideutiges verliehen, hat den Argwohn ausgelöst, hier habe es sich um eine besonders subtile Form der Konterrevolution gehandelt, um durch rechtzeitig in Gang gesetzte *Regierungsreformen* der *Volksrevolution* zuvorzukommen und ihr das Wasser abzugraben.

Den Steinschen Arbeiten gegenüber – Städteordnung, Bauernbefreiung etc. – ist solcher Verdacht nicht gänzlich von der Hand zu weisen. Die *Gesellschaftsreformen* Preußens hatten zweifellos etwas Revisionistisches, wenn nicht gar Romantisches an sich. In mancher Hinsicht mochte man zweifeln, ob sie in die Zukunft der Moderne oder in die Zustände des Mittelalters wiesen. Die *Wehrreform* Scharnhorsts und Gneisenaus dagegen (wie übrigens auch die *Bildungsreform* Humboldts) atmete dagegen ganz den Geist des Fortschritts, ja – auf lange historische Distanz gesehen – den der »Revolution«.

Diese preußische Wehrreform ließ das französische Vorbild weit hinter sich. Die vielgerühmte »levée en masse« – sie war doch nur von einer hauchdünnen revolutionären Minderheit den unwissenden bäuerlichen Massen Frankreichs von oben übergestülpt worden, ohne daß die Bewußtseinslage des einfachen Soldaten – abgesehen vom Stachel eines aggressiven Nationalismus – auch nur angeritzt wurde. Das Konskriptionssystem Napoleons gar machte die Frage der Landesverteidigung und des Patriotismus zu einer Sache der familiären Ungleichheit und der finanziellen Ungerechtigkeit, konkret gesprochen: Wer Geld hatte – und das war nach der Revolution nur der Bourgeois –, kaufte sich vom Wehrdienst los und bezahlte seine »Stellvertretung« durch ein Individuum der bäuerlichen oder proletarischen Klasse.

Die preußische Wehrreform dagegen, die 1814 in das Gesetz über die Allgemeine Wehrpflicht mündete, machte ernst mit der nationalen und demokratischen Idee: Der Waffendienst wurde zum Ehrendienst an Staat und Nation; der Waffenrock zum »Ehrenkleid« des Soldaten. Das neue Bewußtsein des preußischen Soldaten speiste sich aus seiner sozialen Würde, aus seiner gesellschaftlichen Stellung.

Mit welchen enormen Schwierigkeiten die preußischen Militärreformer zu kämpfen hatten, wird man sich am besten deutlich machen, wenn man sie sich in einem ständigen 3-Fronten-Kampf vorstellt: Da war zuerst einmal die mißtrauische französische Besatzungsmacht, die starke Garnisonen in

Berlin und den größten Festungen des Landes unterhielt und deren Spione, Spitzel und Zuträger alle Gesellschaftskreise zersetzt und unterwandert hatten. Von dieser Seite hatte man ständig Einspruch und Schikanen aller Art zu befürchten. Auf der anderen Seite stand die konservative preußische Junkerklasse, an ihrer Spitze so charakterstarke Männer wie Yorck oder Marwitz, in deren Reihen man das Treiben der Reformer voller Argwohn beobachtete. Diese einflußreiche Gesellschaftsschicht war nicht bereit, auch nur einen Fingerbreit ihrer feudalen Privilegien freiwillig preiszugeben. Schließlich gab es noch den ewig zaudernden, schwankenden König Friedrich Wilhelm III., dessen Ehefrau, Königin Luise, die Reformer protegierte, während ihm die reaktionäre Hofkamarilla einzuflüstern suchte, es handele sich bei den Scharnhorst, Gneisenau, Boyen, Grolmann und Clausewitz um »preußische Jakobiner«, die unter dem Deckmantel von Reformen in Wahrheit Revolutionäres planten.

Planten sie Revolutionäres? Gneisenau hat die Frage selbst berührt, als er im Jahre 1812 ein Wort niederschrieb, das ihm die Reaktionäre in Preußen mehr als 100 Jahre lang nicht vergessen und nicht verziehen haben:

»Zu einer *Revolution* würde ein Volkskrieg führen? Ja, wenn die Völker, von ihren Regierungen verraten und verlassen, zur Selbsthilfe greifen werden! Dann möchten die Regenten leicht über glücklichen Anführern vergessen werden ...«

Das las sich wie eine Drohung. Ein Jahr später, im Winter 1813, sollten die preußischen Offiziere der »Schlesischen Armee«, deren Stabschef Gneisenau war, bei Wein und Gesang den Plan erörtern, den Freiherrn vom Stein zum Kaiser von Deutschland zu proklamieren. Und wieder ein Jahr später, 1814, war es dann soweit, daß Zar Alexander von Rußland warnte, man könne nicht wissen, ob er nicht noch einmal dem König von Preußen gegen dessen eigene Armee zu Hilfe eilen müsse.

Das waren die politischen Konsequenzen der rastlosen schriftstellerischen Tätigkeit Gneisenaus in den Jahren 1807 bis 1812, mit der er alle Welt anfeuerte und vorwärtstrieb. Vorwärtstrieb zu nichts weniger als zu einem preußischen Volksaufstand, einem preußischen »Vietnam«.

Seine radikalen, seine umstürzenden Forderungen:

> »Jede Mannsperson von 17 Jahren an wird bewaffnet.«
> »Die zusammengebrachten Bataillone wählen sich selbst ihre Unteroffiziere und Offiziere.«

»Jeder Bauer, welcher ein mit Diensten belastetes Grundstück besitzt, befreit dasselbe davon, wenn er bis zum Ende für die Sache der Unabhängigkeit ficht.«

»Die Güter und das Vermögen aller derjenigen, welche sich lau oder der Sache des Feindes geneigt bezeugen, werden eingezogen und unter die im Kriege schwer Verwundeten und unter die Kinder der für die Sache des Vaterlandes Gefallenen verteilt.«

»Jeder Adel, der nicht durch im Unabhängigkeitskriege erhaltene Wunden oder Handlungen der Tapferkeit oder große dem Vaterland dargebrachte Opfer oder durch in ihren Folgen wichtige Ratschläge erneuert wird, hört auf.«

»Für den preußischen Staat wird eine freie Konstitution proklamiert! Diejenigen deutschen Fürsten, welche niederträchtig genug sind, ihre Truppen gegen uns marschieren zu lassen, werden ihrer Throne verlustig erklärt ... Ihre Minister sind vogelfrei, wenn sie nicht sogleich für unsere Pläne mitwirken.«

Das war das nationalrevolutionäre Konzept des totalen Volksbefreiungskampfes. Ob *mit* oder *ohne*, ja unter Umständen *gegen* den König – das schien vielleicht noch zweifelhaft. Kein Zweifel aber blieb daran, daß die herrschenden Klassen ihre Privilegien verlieren würden, wenn sie nicht bereit und willens waren, sich im Befreiungskampf auf die Seite der Nation zu schlagen, sich mit der Sache des Volkes zu solidarisieren.

Kein Wunder, daß Friedrich Engels später entzückt war und Gneisenau »einen Mann von Genie« nannte, nachdem er seine Schriften kennengelernt hatte. Kein Wunder auch, daß Claus von Stauffenberg Ende 1938 die radikalen Volkserhebungspläne seines Vorfahren, Gneisenau, studierte, als er zum ersten Mal in sich Gedanken der Auflehnung und des Widerstandes erwog.

Gneisenau war kein »roter« Jakobiner. An ihm war keine Spur von radikalem Demokratismus oder gar Materialismus. Was aus ihm sprach, war der reine unverfälschte Klang des »Deutschen Idealismus«, konkret: des historischen Idealismus, wie er von Schiller, Kant und Fichte vertreten wurde. Gneisenau stand philosophisch gänzlich unter ihrem Einfluß. Er verabscheute die kollektivistische Vermassung und bekannte sich zum Wert des Individuums wie zur Würde der Nation. Und niemand hat diese Ideen eindringlicher, überzeugender, mitreißender ausgedrückt als Gneisenau selbst:

»Welche unendlichen Kräfte schlafen im Schoße einer Nation unentwikkelt und unbenutzt! In der Brust von tausend und tausend Menschen wohnt ein großer Genius, dessen aufstrebende Flügel seine tiefen Verhältnisse lähmen. Währenddem ein Reich in seiner Schwäche und Schmach vergeht, folgt vielleicht in seinem elendsten Dorf ein Cäsar dem Pfluge, und ein Epaminondas nährt sich karg von dem Ertrag seiner Hände ...«

Als 1808 in Spanien der Volksaufstand gegen Napoleon ausbrach, sich ein Jahr später, 1809, der erste Partisanenkampf auf deutschem Boden, in Tirol, ausbreitete, die Völker also begannen, in freier Selbstbestimmung ihr nationales Schicksal in die Hand zu nehmen, da jubelte Gneisenau, weil er sich in seinem Glauben an den Einzelnen wie an die Nation bestätigt sah. Und in der Sprache des historischen Idealismus forderte er:

»Beginnen wir den ehrenvollen Kampf mit mutigem Herzen und mit Vertrauen auf Gott, der eine gerechte Sache nicht verlassen wird – der uns vielleicht nur deshalb so tief sinken ließ, um aus demselben Deutschland, worin die religiöse Freiheit aufblühte, die politische zugleich mit der Veredelung des Volkes aufgehen zu lassen. Nie wurde für eine schönere und edlere Sache gefochten, denn es gilt *Unabhängigkeit und Veredelung des Volkes* zugleich.«

Neben der nationalrevolutionären und antiimperialistischen »Bekenntnisschrift« des Carl von Clausewitz aus dem Jahre 1812 sind die militärischen Denkschriften Gneisenaus am tiefsten in die politischen Grundfragen der Epoche eingedrungen. Dabei war von *idealistischer Überspanntheit* keine Rede. Denn Gneisenau untermauerte seine philosophisch-politischen Axiome mit ebenso exakten wie radikalen Organisations-Maximen für die *praktische Seite* der Volksbewaffnung, des Partisanenkrieges. Sein Theorie/Praxis-Verhältnis war ungebrochen.

Das war es, was Friedrich Engels so imponierte, als er Gneisenau »einen großen philosophischen Franktireur« nannte. Und in der Tat glaubt man die Anweisungen für den Partisanenkampf, die Mao Tse-tung oder General Giap verfaßten, beinahe wörtlich wiederzuerkennen, wenn man bei Gneisenau liest:

> »Man vermeidet entscheidende Gefechte – führt nur den kleinen Krieg – ermüdet den Feind – sucht ihn in Nachtgefechten zu entscheidendem Handgemenge zu bringen.«
> »Wo der Feind mit Übermacht vordringt, da weicht man zurück. – Bleibt er stehen, wirft man sich auf Flanke und Rücken!«
> »Ist eine Gruppe in Gefahr, aufgehoben zu werden, so zerstreut sie sich

– versteckt ihre Waffen, Mützen und Schärpen – und erscheint so als Bewohner des Landes.«
»Geht man mit Kraft zu Werke, so ist es unmöglich, daß der Feind diese Kriegsart lange aushält.«

Zum Volksaufstand kam es bekanntlich nicht. Und doch vollzog sich in knappen fünf Jahren auf dem preußischen Restterritorium ein regelrechtes Wunder. Kein »Wirtschaftswunder« freilich; sondern ein Wunder an Bewußtseinsbildung! Denn als im Frühjahr 1813 die Stunde der Befreiung schlug, da starrte plötzlich Preußen in Waffen: Allein Berlin, dessen »Kosmopolitismus« die französischen Besatzer so sehr vertraut hatten, stellte innerhalb von drei Tagen 9000 Freiwillige. In Ost- und Westpreußen traten insgesamt 43 000 Mann freiwillig unter die preußischen Fahnen. Im Laufe weniger Wochen wurden 95 000 Rekruten, 10 000 Freiwillige Jäger und 120 000 Landwehrmänner eingestellt. Dazu kamen 45 000 Mann der regulären Armee und 30 000 »Krümper« (Kadersoldaten mit Kurzausbildung). Eine Armee von etwa 300 000 Mann stellte das arme, ausgepowerte Preußen ins Feld! Ein gewaltiges Volksaufgebot; größer noch als das, welches das riesige Frankreich zur Zeit des Konvents aufgebracht hatte. Ein Volksheer – beseelt vom Geiste des Patriotismus, der Vaterlandsliebe.

Napoleon, der bürgerliche Imperator, hat es nie verstanden, bis in seine letzten Tage auf Sankt Helena, daß ihm in Gestalt der neuen preußischen Armee von 1813 die Kraft der nationalen Idee entgegentrat: die fortschrittliche, die zukunftweisende Idee, gegen die es in tieferem historischem Sinne nur noch Rückzugsgefechte gab.

Freilich, diese »Rückzugsgefechte« von 1813 bis 1815 führte Napoleon noch einmal mit der ganzen Meisterschaft des routinierten Strategen. Und wäre Gneisenau nicht gewesen, man weiß nicht: der französische Schlachtenkaiser hätte vielleicht Europa noch ein ganzes Jahrzehnt in Atem gehalten.

War Gneisenau in den Jahren von 1807 bis 1812 nur einer von mehreren bahnbrechenden Reformern gewesen, sind seine leidenschaftlichen Emanzipationsbestrebungen nur im unaufhebbaren Kontext mit dem Werk des vulkanischen Freiherrn vom Stein und des umsichtigen Generals von Scharnhorst zu sehen, – die operative Niederwerfung Napoleons von 1813 bis 1815 ist fast ausschließlich das Verdienst des Generalmajors v. Gneisenau, des Stabschefs der »Schlesischen Armee«.

Wenn Clausewitz später in seinem weltberühmten Buche »Vom Kriege« die Kriegführung als untergeordnetes Mittel der Politik definierte, so hat er diese Erkenntnis nicht zuletzt im Studium der operativen Entscheidungen seines Freundes Gneisenau gewonnen, jener einsamen Entschlüsse, die ausnahmslos politischen Erwägungen entsprangen und die Gneisenau niemals gegen die Fachmilitärs durchgesetzt hätte, wenn ihm nicht – einziger Glücksfall seines Lebens – die verwegene, hellsichtige Autorität des alten Blücher, seines Armeebefehlshabers, zur Seite gestanden hätte.

Am besten wird man das dramatische Duell, das 1813 zwischen Gneisenau und Napoleon Bonaparte stattfand, am Bild einer Schachpartie verfolgen können. Einer Schachpartie von weltgeschichtlichem Format in mehreren Phasen, bei der Gneisenau insofern im Vorteil war, als er seinen Gegner bis ins Letzte kannte und damit dessen Züge im voraus berechnen konnte, während Napoleon im Grunde genommen »blind« spielte, weil er in seiner historischen Borniertheit keinen Gegenspieler als ebenbürtig akzeptierte, – bei der Gneisenau wiederum nur eine Hand frei hatte, bei der er infolge der retardierenden Einflüsse von Monarchen, Untergebenen und Verbündeten halb gefesselt war.

1. Phase: August 1813

Napoleon operierte von Sachsen/Thüringen aus, gegen drei verbündete Armeen, die ihn in Böhmen, Schlesien und Brandenburg umstanden. Scheinbar eingekreist, exerzierte der Kaiser in geradezu klassischer Weise der Welt die Strategie der »inneren Linie« vor, indem er sich ausfallartig und blitzschnell auf die einzelnen Armeen der Verbündeten stürzte, um sie isoliert zu schlagen. Und der Großen Armee, bei der sich die Monarchen befanden (der Zar von Rußland, der Kaiser von Österreich, der König von Preußen), erteilte er bei Dresden eine unvergeßliche Lehre seiner ungebrochenen operativen Meisterschaft.

Gneisenaus »Schlesische Armee« aber bekam er nie zu fassen! Rochierte er mit seiner Dame auf dem deutschen Schachbrett nach Südosten, in Richtung Schlesien, so zog Gneisenau seine Figuren zurück und ließ den Kaiser ins Leere stoßen.

Der preußische Stabschef hatte nicht vergessen, was er selbst gefordert hatte: »Wo der Feind mit Übermacht vordringt, da weicht man zurück ...« Mochten die Führer der Armeekorps, Yorck allen voran, tausendmal meutern (und mit Recht meutern, weil die Truppe infolge des elastischen Hin und Her, Vor und Zurück bis an die Grenze des Erträglichen belastet wurde) – Gneisenau behielt seinen Schachpartner unentwegt im Auge: Als der seine Dame nach Sachsen zurückzog, fiel Gneisenau über die stehengebliebenen Figuren, mehrere französische Korps, her und schlug sie aus dem Feld. In den Fluten der Katzbach und der Wütenden Neiße ertranken nicht nur Tausende von Franzosen, sondern versank das napoleonische Prinzip der »inneren Linie«! Von nun an war Schlesien für den Imperator verloren, und seine strategische Gesamtdefensive hatte für immer das befreiende Mittel der Offensivstöße verloren.

2. Phase: September/Oktober 1813

Der Kaiser war in die Verteidigung, hinter die Elbe und hinter das sächsisch-böhmische Grenzgebirge, gedrängt. Doch diese natürliche Defensivstellung war so stark und gestattete eine derartige Konzentration der Kräfte, daß frontale Angriffe aus Böhmen oder Schlesien von vornherein zum Scheitern verurteilt waren. Hätte es Gneisenau nicht gegeben, die verbündeten Armeen wären so lange auf der Stelle getreten, bis sie im Schneematsch des hereinbrechenden Winters von 1813 gestanden hätten.

Jetzt galt es, sich der zweiten Verhaltensweise gegenüber dem Feinde zu entsinnen. »Bleibt er stehen, wirft man sich auf Flanke und Rücken.« Und so war es nun Gneisenau, der die Dame zog und weit über das Spielfeld nach vorne schob: In einem kühnen »Rechtsabmarsch« nach Norden riß er seine Armee – rücksichtslos gegen Klagen und Beschwerden der untergebenen Truppenführer – in die tiefe Flanke der napoleonischen Heeresaufstellung und trieb sie bei Wartenburg über die Elbe.

Bonaparte reagierte blitzschnell mit einem Gegenzug, rochierte mit der eigenen Dame und stürmte heran, um die »Schlesische Armee« isoliert zu fassen und in die Elbe zu werfen. Gneisenau wich – wie im August in Schlesien – sofort aus. Aber nicht nach Osten über die Elbe, womit alle operativen Erfolge des Sommerfeldzugs verloren gewesen wären, sondern nach Westen über die Saale, womit er nun wirklich im Rücken Napoleons stand. Die Korpsgeneräle schrien Zeter und Mordio! Die Armee mußte ihre sämtlichen Verbindungslinien, mußte ihre eigene Etappe preisgeben, stand mit verkehrter Front Napoleon gegenüber, ohne Kontakt zur Heimat, zum eigenen Hinterland.

Taktisch und logistisch, also militärfachlich waren alle diese Einwendungen durchaus berechtigt. Aber Napoleon war nun praktisch eingekreist! Das »Schachmatt« in der Völkerschlacht bei Leipzig, zwei Wochen nach Gneisenaus Übergang über die Elbe, war strategisch unvermeidlich, war förmlich vorprogrammiert worden.

Und damit war der politische Zweck des Feldzuges erfüllt. Die militärischen Mittel und Maßnahmen waren ihm dienstbar gemacht worden, waren genau kalkulierte Schachzüge im welthistorischen Spiel um die Machtfrage in Europa gewesen.

Der Generalmajor v. Gneisenau durfte sich am Morgen des 18. Oktober 1813, angesichts der bei Leipzig eingekesselten französischen Armee und ihres hilflosen Kaisers, ohne Spur von Selbstüberhebung sagen, daß er zum Überwinder Napoleons geworden war: zum Befreier Deutschlands.

Und Gneisenau war sich dessen völlig bewußt. Während die Sonne zum letzten Akt der Völkerschlacht bei Leipzig aufging und allmählich die herbstlichen Frühnebel bezwang, sich die Heere der Verbündeten zum konzentrischen Sturm auf Sachsens Handelsmetropole formierten, schrieb er in seinem Feldquartier:

»Durch die Schritte, die unsere Armee getan hat, durch die kühnen Bewegungen, durch die Schlachten und Gefechte, die sie gewonnen, und durch die Ratschläge, die aus unserem Hauptquartier ausgegangen sind, hat selbige zur vorteilhaften Wendung des Krieges so ungemein viel beigetragen ... Die Nachwelt wird erstaunen, wenn dereinst die geheime Geschichte dieses Krieges erscheinen kann.«

Die Nachwelt vernahm jedoch wenig vom Feldherrn Gneisenau. Kein Wunder, wußte ihm doch nicht einmal die Mitwelt, nicht einmal der eigene König Dank. Über die Szene der Begrüßung auf dem Leipziger Marktplatz am Nachmittag des 18. Oktober 1813, als die Stadt im Sturm genommen war und die drei verbündeten Armeen zusammentrafen, schrieb Gneisenau an Clausewitz:

»Der König hat mir, als alles auf dem Markt versammelt war, einige kalte, doch etwas freundliche Worte der Zufriedenheit mit unserer Armee gesagt. Mir persönlich nichts ... Sie sehen, wie tief gewurzelt die Abneigung des Königs gegen alle diejenigen ist, die nicht gleiche *politische* Gesinnungen mit ihm gehabt haben! Sowie indessen dieser heilige Krieg vorüber ist, so trete ich aus seiner Armee und will lieber das Brot des Kummers essen, als diesem unfreundlichen Herrscher mich in seiner Armee aufdrängen.«

Zum Glück für die Sache Deutschlands verwirklichte Gneisenau diese Absicht nicht. Dieser impulsive, leidenschaftliche Mensch – der von sich selbst bekannte: »Ich fühle mich von der Bosheit oder von den Tugenden der Menschen heftiger bewegt, als es schicklich ist, und kann meinen Gefühlen nicht immer gebieten« – ertrug auch weiterhin die Kränkungen und Verletzungen, die ihm überall zuteil wurden, die quasi Anonymität, die zeitlebens über ihn verhängt war. Er blieb auch 1814 Generalstabschef der »Schlesischen Armee« (im Frankreichfeldzug), da man Napoleon hatte bei Leipzig entkommen lassen und sich noch lange und blutig mit ihm herumschlagen mußte. Und er war es noch immer, als Bonaparte von der Insel Elba zurückkehrte, die Preußen bei Ligny besiegte und jene regendurchpeitschte Nacht vom 16. zum 17. Juni 1813 anbrach, in der Gneisenau, unter der Windmühle von Brye, den Befehl gegeben hatte: »Die Armee geht nach Norden; nach Wavre.«

Was darauf folgte, war die Entscheidungsschlacht bei Belle Alliance (oder Waterloo) am 18. Juni 1815: das endgültige Desaster des großen Schlachtenkaisers und Imperators. Die Geschichtsbücher wußten davon erhebende Legenden zu berichten: von der todesmutigen Tapferkeit Neys und seiner Getreuen – von der unerschütterlichen Standfestigkeit der schottischen Garden – von Wellingtons Stoßseufzer »Ich wollte, es wäre Nacht oder die Preußen kämen!« – von den flatternden Fahnen der heraneilenden Preußischen Kolonnen – der Umarmung Wellingtons und Blüchers beim Meierhof »Belle Alliance« – dem heroischen Untergang der Alten Garde Napoleons.

Doch wem war es zu verdanken gewesen, daß die Preußen am Nachmittag des 18. Juni bei Plancenoit auftauchten, just in dem Augenblick, da Napoleon sich anschickte, seine strategische Reserve zum letzten Stoß gegen Wellingtons dünne Linien anzusetzen? Wer hatte es zuwege gebracht, daß innerhalb von 48 Stunden aus Besiegten Sieger wurden? Daß die geschlagenen preußischen Regimenter förmlich auf den Knien ihre Kanonen durch den Brabanter Schlamm gezerrt hatten, fluchend und schwitzend, ächzend und stöhnend, um der französischen Armee im Augenblick der höchsten Krisis den Fangstoß zu geben?

Gneisenau nahm sich am Abend dieses Tages weder Zeit, die Briten zu begrüßen noch für seinen Ruhm zu sorgen. Seine Stimme war vom Befehlen heiser. Bei den Kämpfen des Nachmittags war ihm ein Pferd unter dem Leibe erschossen, ein zweites verwundet worden. Sein Säbel war von Gewehrkugeln durchschlagen, die flache Landwehrmütze durchgeschwitzt und völlig derangiert.

Alles sank bei Einbruch der Nacht total erschöpft zu Boden. Der Generalleutnant v. Gneisenau aber gab einem Kavallerieregiment, das gerade dabei war, sein Biwak aufzuschlagen, den Befehl zum Aufsitzen mit den Worten: »Hier müssen wir zusammenbleiben und uns freuen!« Dann raffte er noch einige Bataillone und Batterien zusammen und begann, an der Spitze der Kolonne, die Verfolgung des geschlagenen Gegners nach Süden, Richtung Genappe.

Ein gespenstischer Marsch. Im fahlen Mondlicht ergaben sich die französischen Flüchtlinge links und rechts der Straße. Um Mitternacht wurde Genappe mit »Hurra« genommen, der Feind anschließend aus sieben Biwaks vertrieben. Über hundert Geschütze wurden erbeutet. Die Franzosen streckten scharenweise die Waffen. Als den preußischen Soldaten im Marsch die Augen zufielen, ließ Gneisenau sie den Choral von Leuthen anstimmen: »Nun danket alle Gott.« Gegen Morgen wurde Mellet erreicht; 17 Kilometer vom Schlachtfeld entfernt.

Es war eine klassische Verfolgung. Doch Gneisenau ritt nicht durch die Nacht, um die Lehrbücher der Militärwissenschaft zu bereichern. Er folgte – im buchstäblichen Sinne des Wortes – den Spuren Napoleons: beseelt von dem einzigen Gedanken, den *militärischen* Sieg in eine *politische* Entscheidung zu verwandeln, dem Gegner keine Rast und Ruhe zu gönnen und ihm damit das Bewußtsein der endgültigen Niederlage aufzuzwingen. Er selbst schrieb über diese Nacht:

»Nach hartnäckigem Widerstand löste sich der Feind in wilder Flucht auf. Ich nahm mir vor, ihm keine Rast zu lassen, setzte mich an die Spitze der Truppen, ermunterte die Ermüdeten zu folgen, und so, mit nur einigen Geschützen, die ich von Zeit zu Zeit donnern ließ, jagte ich den Feind aus allen seinen Biwaks auf, ... bis wir zuletzt an die Lagerstelle der Garden kamen. Bonaparte hatte hier, in Genappe, verweilen wollen. Als er aber unsere Kanonenschüsse hörte, und unsere allerdings nur geringe Kavallerie und Infanterie folgte, so rettete er sich aus seinem Wagen. Sein Hut und Degen blieben in unseren Händen ... Wir machten erst dann Halt, als der Tag angebrochen war. Es war die herrlichste Nacht meines Lebens!«

Bei Genappe also, ein Dutzend Kilometer von Waterloo entfernt, waren sich »Lehrmeister« und »Meisterschüler« – Napoleon und Gneisenau – fast begegnet, um Haaresbreite nahe gekommen. Es war ein langer, sehr langer Weg gewesen, für den sie zwanzig Jahre benötigten, um nach »Genappe« zu kommen. Und das Merkwürdige, das Kuriose dabei, daß nur der eine von beiden – Gneisenau – überhaupt vom anderen wußte. Und noch erstaunlicher, daß der gänzlich Unbekannte, der Preuße, sein »Ziel« erreichte, während der Weltberühmte, der Korse, gänzlich in die Irre lief.

Die Weltgeschichte gestattet sich selten dramatische Konfrontationen; aber hier, in der Nacht nach der Schlacht bei Belle Alliance oder Waterloo, hat sie sich ereignet: der Welteroberer Napoleon in einer rüttelnden, stoßenden Kutsche, dann auf davongalloppierendem Pferd in panischer Flucht vor einem unbekannten preußischen General, der – einen trommelnden Tambour zur Seite – entschlossen schien, ihm notfalls bis an das Ende der Welt nachzusetzen.

Auf der Landstraße von Brüssel über Genappe nach Charleroi trafen zwei ideenverkörpernde Gestalten aufeinander: Der bourgeoise, imperialistische Kosmopolitismus Napoleons räumte das Feld vor dem staatsbürgerlichen Patriotismus eines Neithardt von Gneisenau. Die große Alternative der Epoche – Weltbürgertum oder Nationalstaat – war entschieden: An diesem Junimorgen des Jahres 1815 begann recht eigentlich das 19. Jahrhundert, triumphierte die nationalstaatliche Entwicklung Europas für mehr als hundert Jahre.

HELMUTH VON MOLTKE

WOLFGANG VENOHR

26.10.1800	geboren in Parchim (Mecklenburg)
1812	Erziehung in der Kadettenanstalt zu Kopenhagen
1819	wird dänischer Offizier
1822	tritt als Leutnant in preußische Dienste über; Kommandierung zum topographischen Büro des Generalstabes
1833	Versetzung in den Großen Generalstab
1835	Beförderung zum Hauptmann
1835-1840	als Instrukteur in türkischen Diensten; wechselt anschließend zwischen verschiedenen Stabs- und Adjutantendiensten
1842	Heirat mit der siebzehnjährigen Marie Burt
1848-1855	Chef des Stabes des IV. Armeekorps; wird zum Generalmajor befördert
1857-1864	Chef des Generalstabs der Armee (bis 1888); Generalstabschef des Oberbefehlshabers der preußisch-österreichischen Armee im Krieg gegen Dänemark
1866	lenkt die militärischen Operationen im deutschen Bundeskrieg mit der Entscheidungsschlacht bei Königgrätz
1870-1871	lenkt die militärischen Operationen im Deutsch-Französischen Krieg mit der Entscheidungsschlacht bei Sedan; wird in den Grafenstand erhoben und zum Generalfeldmarschall ernannt
1888	nimmt seinen Abschied; wird Präses der Landesverteidigungskommission und bleibt bis zu seinem Tode als Reichstagsabgeordneter und Mitglied des preußischen Herrenhauses militärisch und politisch tätig
1891	am 24. April in Berlin gestorben

Helmuth v. Moltke, im Jahre 1871 als Generalstabschef, Photograhie

Der Berichterstatter der hochangesehenen »Frankfurter Zeitung« in Berlin war außer sich. Fasziniert beobachtete er die hohe schlanke Gestalt des gerade 90 gewordenen Greises auf der Reichstagstribüne. Dann notierte er für sein Blatt: »Er sprach ohne Manuskript in einer das ganze Haus fesselnden Weise in ganz freiem, musterhaft klarem und formvollendetem Vortrag ... Die Erscheinung dieses Mannes, über den das Alter keine Macht zu haben scheint, auf der Parlamentstribüne grenzt ans Unglaubliche und dürfte ohne Beispiel in der Geschichte sein.«

Das war gegen Ende des Jahres 1890. Das Deutsche Reich, das in Versailles begründet worden war, existierte seit etwa zwanzig Jahren. Der Kaiser, Wilhelm II., stand jung und strahlend im Zenit seiner Volkspopularität. Der alte Bismarck, der Schöpfer des Reiches, war seit einem halben Jahr gestürzt und hatte sich grollend in den Sachsenwald zurückgezogen.

Jener Redner im Reichstag aber, der den Journalisten so tief beeindruckt hatte und an dem die Zeiten spurlos vorüberzugehen schienen, hatte das Reich mitbegründet, war Bismarcks kongenialer Partner gewesen und hatte dem jungen Kaiser die beste Armee der Welt geschaffen: Generalfeldmarschall Helmuth von Moltke, der legendenumwobene Sieger von Königgrätz und Sedan.

Wenige Wochen zuvor, am frühen Abend des 25. Oktober 1890, hatten sich die Berliner Bürger auf dem Potsdamer Platz versammelt. Sie zogen zum Hause des greisen Geburtstagskindes und lauschten ehrfurchtsvoll gerührt einem Ständchen der »Berliner Liedertafel«, das schwung- und weihevoll zu Versen Ernst von Wildenbruchs erklang:

Lenker Du in Wort und Rat,
Lenker der erwognen Tat,
Du im Frieden und im Feld,
Vaterlandes Sohn und Held!

Sieh, es drängt sich Dir zu Füßen
Alt' und junger Krieger Schar,
Denn ganz Deutschland will Dich grüßen,
Das da ist und das da war.

Als der Jubilar auf den Balkon trat, erklang die Straße von »Hoch«- und »Hurra«-Rufen, und einige Verwegene warfen sogar ihre Hüte in die Luft. Die Viktoria auf der Siegessäule, die an den Deutsch-Französischen Krieg von 1870/71 gemahnte, war zum ersten Mal elektrisch illuminiert. Und da zogen auch schon die ersten Abordnungen heran: die Berliner Kaufmannschaft, die Studenten der Friedrich-Wilhelm-Universität, der Märkische Sängerbund, die Arbeiter von Siemens & Halske, die »Pankgrafen«, die Radfahrer, die Ruderer, der Gärtnerverein »Deutsche Eiche«. Und während das Publikum begeistert die »Wacht am Rhein« anstimmte, erschien auf einem Wagen eine halbbekleidete blonde »Germania«, umgeben von den allegorischen Figuren »Kunst«, »Ackerbau«, »Handel« und »Industrie«.

Moltke, dem die Ehrung am Vorabend seines 90. Geburtstages galt und der sich am nächsten Tag besorgt erkundigen sollte, ob sich die Darstellerin der »Germania« auch nicht den Schnupfen geholt habe, legte die Hände auf das Balkongitter und verneigte sich freundlich gegen die Menge.

Ein bemerkenswertes Bild: Dem Manne, der an der Spitze des preußischen Heeres in drei Kriegen die Einheit des Reiches erkämpft hatte, jubelte an seinem Lebensabend ein Deutschland zu, das mit Preußentum nichts mehr gemein hatte, das ein bürgerlich-materialistisches Deutschland war, in dem *Kunst* und *Ackerbau* sich nur mit Mühe neben *Handel* und *Industrie* zu behaupten vermochten.

Ein bißchen spießig-lächerlich, diese Berliner Kleinbürgerdemonstration am Tiergarten. Aufkommendes, alles nivellierendes 20. Jahrhundert. Bismarck hätte das grimmig-ahnungsvoll empfunden. Viel schmerzlicher noch als beim Anblick des Hamburger Hafens, als er gesagt hatte: »Das ist eine andere Welt.«

Bei Moltke nichts von alledem: nichts von Skepsis und von düsteren Ahnungen! Heiterkeit, Gelassenheit, stilles, wenn nicht schmunzelndes Darüberstehen. Man hat Grund anzunehmen, daß ihn an diesem Abend die technische Seite der elektrischen Beleuchtung der Viktoria auf der Siegessäule mehr als alles andere faszinierte.

So weit waren die beiden großen Männer auseinander, die heute dicht nebeneinander in Berlin am »Großen Stern« stehen und die im Bewußtsein der Nation noch immer die Einheit des deutschen Wesens im 19. Jahrhundert verkörpern.

Wie Bismarck war Moltke halbbürgerlicher Herkunft, und wie Fontane hatte er das französische Blut der Hugenotten in seinen Adern. Die Großmutter väterlicherseits, eine »sehr schöne« Frau »von sanftem, liebevollem Charakter«, entstammte einer Refugié-Familie, seine Mutter – Henriette Paschen – war die Tochter eines reichen Geheimen Finanzrates. Und es scheint, als ob das Erbe dieser beiden Frauen für Helmuth v. Moltke bestimmend wurde: Zwischen dem Geist französischer Aufklärung und Rationalität des 18. Jahrhunderts und dem bürgerlich-liberalen Fortschrittsglauben des 19. Jahrhunderts bewegte sich sein Charakter in einem ständigen Widerspruch. In einem Widerspruch, der an der Oberfläche niemals in Erscheinung trat, im Temperament des Mannes keinen Ausdruck fand, in der Tiefe seines Wesens aber Spannungen entfaltete, die seine außergewöhnliche Leistung und Wirkung erklären.

Äußerlich schien Moltke zeit seines Lebens ganz Preuße. Es besagt nichts, daß er in Mecklenburg geboren wurde und daß er in Kopenhagen die dänische Kadettenschule besuchte. Die Helden der preußischen Befreiungskriege, Blücher, Scharnhorst, Gneisenau, der Freiherr vom Stein, waren allesamt keine gebürtigen Preußen. Als er in die preußische Armee eintrat – am 14. März 1822 erhielt er mit der Unterschrift des Grafen Neithardt von Gneisenau das »völlig unbedingte Zeugnis der Reife zum Offizier« –, kannte er vielleicht noch nicht das Wort Scharnhorsts, wonach die preußische Armee »an der Spitze des Fortschritts« marschieren müsse. Doch es war dieser unverkennbare Zug nach vorn, einer unbestimmten, aber ohne Frage großen Zukunft entgegen, den der junge Moltke bei seinem ersten Besuch in Berlin sogleich empfand und der ihn bewog, die mecklenburgisch-dänische Vergangenheit ohne Reue hinter sich zu lassen und für die Dauer seines Lebens den preußischen Rock anzuziehen.

Zunächst jedoch verlief alles sehr altpreußisch-methodisch. Moltke fügt sich im militärischen Avancement der berüchtigten »Ochsentour« – er wird erst mit 33 Jahren Premierleutnant – und leidet unter der permanenten Krankheit aller Leutnants und Subalternoffiziere, dem chronischen Geldmangel. Auch daß er im selben Jahr in den Großen Generalstab versetzt wird, bedeutet nichts Ungewöhnliches. Seit Scharnhorst und Gneisenau, seit Clausewitz,

Boyen und Grolmann gehören geistiges Streben und Bildungsbeflissenheit zum Marschgepäck des preußischen Offiziers. »Gratis«, schreibt Moltke in dieser Zeit, »höre ich einen cours de littérature française, auf dem Bureau ein Kollegium über neuere Geschichte und eines über Goethe auf der Universität. Das Auditorium besteht fast zu einem Drittel aus Militärs, ja in einem englischen Kollegium sind wir unserer mehr als Studenten.«

»Bildung« heißt das Zauber- und Modewort des aufstrebenden Bürgertums im 19. Jahrhundert, und niemand – am wenigsten Moltke – entzieht sich dieser Maxime. Er hört nicht nur Vorlesungen über Literatur und Geschichte, er nimmt regelmäßigen Sprachunterricht, entwickelt in Kursen für Landschafts- und Porträtskizzen sein beachtliches Zeichentalent und widmet jede freie Stunde den Besuchen von Museen, Ausstellungen und Konzerten.

Vor allem aber ist er publizistisch unermüdlich tätig, schon um seine kümmerlichen Finanzen aufzubessern. Sein erstes schriftstellerisches Produkt ist eine Novelle unter dem Titel »Die beiden Freunde«, eine romantische Geschichte mit Liebe und Abenteuern, die während des Siebenjährigen Krieges in Sachsen spielt. Dann schreibt er historische Abhandlungen über Belgien, Holland und Polen und übersetzt ein zwölf Bände umfassendes englisches Geschichtswerk ins Deutsche; »eine herkulische Arbeit«, wie er selber stöhnt. Die Reihe seiner militärwissenschaftlichen Werke leitet er mit einer Geschichte des Russisch-Türkischen Krieges von 1828/29 ein. Und nachdem er vier Jahre als preußischer Instruktionsoffizier im Osmanischen Reich war, veröffentlicht er seine »Briefe über Zustände und Begebenheiten in der Türkei aus den Jahren 1835-1839«, die zu den erlesenen Reisebeschreibungen der Weltliteratur gehören: vornehm im Stil, mit einem hauchfeinen Humor, scharf gestochen in der Beobachtung.

Diese »Briefe« wurden von so gut wie niemandem gelesen. Moltke war noch Mitte der Fünfzig ein beinahe unbekannter Mann. Ungewöhnlich war bestenfalls seine Eheschließung mit Marie Burt, einer schönen Pflanzerstochter, die knapp sechzehn war, als der 41jährige Moltke um ihre Hand anhielt. Das Ungewöhnliche lag jedoch weniger im Altersunterschied – der damals in den gehobenen Kreisen nicht gar so selten war – als vielmehr in der Herkunft der Braut: Marie Burt war Halb-Engländerin.

Der erste britisch orientierte Offizier der preußischen Armee war Gneisenau gewesen. Für ihn lag in dieser Orientierung ein politisch-gesellschaftliches Bekenntnis: zum Liberalismus, zur Verfassung, zum Staatsbürgertum.

Und Moltke mußte sich noch 1870, zwei Jahre nach dem Tode seiner Frau, Bismarcks beißenden Spott gefallen lassen, seine halbenglische Ehe sei daran schuld gewesen, daß er mit der Beschießung von Paris so lange gezögert habe. Ganz zu Unrecht übrigens: Moltke selbst nannte seine Frau in einem Brief liebevoll-spöttisch einen »schwarzweißen Reaktionär«. Und er fügte hinzu: »Das ist mir schon ganz recht; laß aber die ›Freie Presse‹ dem, der sie liebt.« Tatsächlich bezog er eine Zeitlang sogar die Berliner demokratische Tageszeitung »Die Reform« im Abonnement, die während der Revolution von 1848 zeitweilig verboten wurde. Insofern lag in seiner Wahl der Lebensgefährtin, die nicht aus dem herkömmlichen, beinahe obligatorischen Kreis ostelbischer Gutsbesitzerstöchter stammte, doch mehr als reiner Zufall: vielleicht ein erstes Zeichen von fortschrittlich-liberalem Outsidertum, von stillem Protest gegen die altpreußische Reaktion.

Die Jahre zwischen 1840 und 1857, als Moltke zum Chef des preußischen Generalstabs berufen wurde, gleiten nichtssagend dahin. 1848 wird er Chef des Stabes im IV. Armeekorps mit Sitz in Magdeburg, 1850 zum Oberstleutnant, 1851 zum Oberst befördert. Vier Jahre später bestimmt der König ihn zum ersten Adjutanten des Prinzen Friedrich Wilhelm, des späteren Kaisers Friedrich III., der nur 99 Tage regieren sollte. Nach außen ist alles ein bißchen mittelmäßig, langweilig, ohne Höhen und Tiefen: keine Spur von aufflackerndem Genie, von außergewöhnlichen Taten. Aber während Moltke in seiner Berliner und Magdeburger Wohnung und in den Bürostuben des Generalstabs am Schreibtisch sitzt, gebeugt über militärpolitische Denkschriften und kriegsgeschichtliche Exkursionen, vernimmt sein Ohr das Fauchen und Rattern der Eisenbahnen, erblickt sein geistiges Auge die Expansion der Wirtschaft, den Beginn des technischen Zeitalters.

Es ist die Zeit des ersten Wirtschaftswunders, des deutschen Frühkapitalismus, der ersten Trusts und Kartelle. 1842 setzt sich die Freihandelslehre Cobdens in England durch. 1847 wird in Deutschland die Hapag gegründet. 1851 bis 1856 werden die ersten deutschen Großbanken ins Leben gerufen. An der Ruhr kommandieren bereits Krupp, Stinnes und Konsorten. Die Rüstungsindustrie entsteht. 1848 war noch auf Boyens Wunsch das Zündnadelgewehr eingeführt worden. Im Herbst 1857 erprobt man auf dem Übungsplatz von Schweidnitz die ersten gezogenen Geschütze, von Krupp aus Gußstahl gegossen.

Das alles entgeht Moltke nicht. Als einziger Militär Europas hat er die Vision des 20. Jahrhunderts! Und kaum ist er zu etwas Geld gekommen, da beteiligt er sich mit 10 000 Talern an der Berlin-Hamburger Eisenbahn, einem Privatunternehmen, zu dessen Verwaltungsrat er bald gehört. Kurz darauf veröffentlicht er in der »Deutschen Vierteljahrsschrift« einen Aufsatz unter dem Titel »Welche Rücksichten kommen bei der Wahl von Eisenbahnen in Betracht?«, in dem er eine sorgfältige Rentabilitätsberechnung des Eisenbahnbaues anstellt und zu dem Schluß gelangt, »daß dies neue Verbindungsmittel, für welches schon so große Opfer gebracht und noch größere zu bringen sind, dem wirklich vorhandenen Trieb nach gegenseitiger intellektueller und materieller Annäherung Befriedigung gewährt«. Ein Satz, der in unserer Zeit über die Luft- und Raumfahrt geschrieben sein könnte.

Man muß sich das ganz deutlich machen: Ein stiller Stubengelehrter, ein adliger Stabsoffizier offenbart eine Kraft des Verständnisses für die Technik, ein Feuer der Begeisterung für den Fortschritt – es ist wahrhaft erstaunlich, und man braucht sich nicht zu wundern, daß gerade Generalstabsoffiziere die erfolgreichsten Manager und Wirtschaftsführer wurden. Moltke war der erste deutsche Militär, der den inneren Zusammenhang von Kriegführung und technischer Entwicklung erkannte! Als er 1857 Chef des Großen Generalstabs wird – niemand weiß eigentlich so recht, wieso und warum, es sei denn, seine Vorgesetzten hätten Fleiß als Genie betrachtet –, widmet er sich zuallererst dem Eisenbahnwesen.

Bereits zwei Jahre später, 1859, kommt es auf Moltkes Drängen zu Verhandlungen zwischen dem preußischen Kriegs- und Handelsministerium einerseits und einigen Bundesstaaten andererseits, mit dem Ziel, das norddeutsche Liniennetz der Bahnen weiter auszubauen, um die Einheitlichkeit und Sicherheit eines eventuellen Eisenbahnaufmarsches zu gewährleisten. Dabei entstehen allerlei Reibungen zwischen den Ressorts und den Regierungen, denn niemand versteht, worauf Moltke hinauswill und was er selbst mit den Worten umschreibt: »Die Eisenbahnen bilden einen zusammenhängenden Organismus, dessen Wirksamkeit abhängig ist von dem übereinstimmenden und ineinandergreifenden Wirken sowie der technischen Vorbildung und Leistungsfähigkeit aller Teile. Das macht es teilweise unerläßlich, den gesamten Betrieb einer mit Machtvollkommenheit ausgestatteten Militärbehörde zu unterstellen, aber auch jegliche Einmischung der Truppenbefehlshaber in den Betrieb aufs strengste auszuschließen.«

Es ist nicht mehr und nicht weniger als die selbständige Stellung eines »Feldeisenbahnchefs«, die Moltke damals schon fordert, die er zu jener Zeit noch nicht vollständig durchsetzen kann und die erst im I. Weltkrieg ihre organisatorischen Triumphe feiern wird. Immerhin erreicht er in wenigen Jahren soviel, daß Preußen 1866 und Deutschland 1870 über erheblich leistungsfähigere Eisenbahnnetze als die Feindmächte verfügen.

Dazu kommt, daß Moltke wie kein anderer die Bedeutung des Telegraphen für die moderne Kriegführung erkennt. Für ihn ist das Telegraphenwesen ein Mittel, »*getrennte* Heeresabteilungen nach *einheitlichem* Willen zu *gemeinsamen* Zielen zu leiten«. Und bei Königgrätz, Metz, Sedan und vor allem im beweglichen Abwehrkampf gegen Gambettas Revolutionsheere wird die Welt dann sprachlos rätseln, warum es dem preußischen Generalstabschef immer wieder gelingt, weit verstreut operierende Armeen wie auf Kommandoruf blitzschnell zusammenzufassen.

Moltke hat nicht nur die technischen Mittel, sondern auch die Wissenschaften zum Zwecke der Kriegführung herangezogen. So fließen Erkenntnisse der Statistik, der Volkswirtschaftslehre, Geographie und Topographie von Anfang an in seine strategischen Entwürfe ein. Es sind Angriffs- wie Verteidigungspläne. Aber ob nun offensiv oder defensiv: Niemals wird Moltke die logistischen Voraussetzungen einer Operation außer acht lassen, und immer wird er die Transportkomponente (Eisenbahnen) zur Voraussetzung jeglicher strategischen Entschlußfassung machen.

Unter diesem Zeichen werden auch seine großen Schlachten stehen, als er 1866 und 1870/71 die preußische und später die preußisch-deutsche Armee zu ihren historischen Siegen über Österreich und Frankreich führt. Es sind – wenn man so will – *Aufmarschsiege* gewesen: Siege des Fortschritts und der Technik, Siege, die mit der Eisenbahn zustande gebracht wurden (was alles andere als eine Beeinträchtigung seines Feldherrnruhms bedeutet).

Moltke hat wohl gesagt, daß man keinen Operationsplan über die ersten Schlachtengeschehnisse hinaus fassen könne. Aber er hat auch gesagt, daß *ein* Fehler beim Aufmarsch während der *gesamten* Operation nicht wiedergutzumachen sei. Moltke machte niemals Aufmarschfehler! Ob es sich um den Österreich- oder den Frankreichfeldzug handelte: in dem Augenblick, in dem Moltkes Heere ihre Eisenbahnwaggons auf den Ausladebahnhöfen verließen, waren sie dem Gegner an Zahl, Disposition und Marschrichtung überlegen, waren die Kriege im Grunde schon gewonnen.

Unter den Fachleuten und Militärs ist viel über Moltkes Aufmarsch 1866 gegen Österreich gestritten worden. Man hat ihm Zersplitterung vorgeworfen. Und tatsächlich marschierte die preußische Armee auf einer Linie von 500 Kilometern auf, die einzelnen Korps und Divisionen weit auseinandergezogen. Die Aufmarschräume hießen: Halle, Zeitz, Torgau, Herzberg, Drebkau, Görlitz, Schweidnitz und Neiße-Frankenstein. Und genau dies waren die Endstationen der Eisenbahnlinien, über die der preußische Staat damals in Richtung Sachsen und Böhmen verfügte. Es war also ein technischer Aufmarsch, ein Aufmarsch der praktischen Vernunft. Wenn Moltke im Kampf gegen die Österreicher die Initiative erringen wollte – und das wollte er bei jedem Kampf vom ersten Augenblick an – und er andererseits nicht wußte, was die österreichische Heerführung beabsichtigte, ob sie gegen Schlesien, Sachsen oder die Lausitz vorgehen würde, dann hatte es wenig Sinn, sich mit den kompliziertesten Berechnungen für eine Vielzahl von Eventualitäten zu plagen, dann kam nur die einfachste Lösung in Frage: die der Schnelligkeit, die der Anpassung an die eisenbahntechnischen Realitäten.

Vernunft und Einfachheit: Es ist dies die Komponente der Ratio im Moltkeschen Wesen. »Im Kriege ist alles höchst einfach«, hat er ebenso bescheiden wie sarkastisch gesagt. Und da ihm die Eisenbahnverhältnisse eine Konzentrierung seiner Streitkräfte beim Aufmarsch nicht gestatteten, kam er zu dem verblüffend einfachen Entschluß, seine Armeen erst auf dem Schlachtfelde zu vereinigen, die *Konzentration während der Operation* zu vollziehen, nach der lapidaren Devise: »Getrennt marschieren – vereint schlagen.« So simpel war das Geheimnis seines Erfolgs. Er war nur weithin der einzige, der es kannte.

Es war der 3. Juli 1866. Um 7.00 Uhr morgens setzt sich die preußische 1. Armee unter dem Befehl des Prinzen Friedrich Karl von Dub her gegen die Bistritz in Bewegung, und sofort beginnt das Trommelfeuer der österreichischen Artillerie, die Österreichs Feldzeugmeister Benedek auf den Höhen ostwärts des Flusses konzentriert hat. Es kommt zum stundenlangen frontalen Abringen an der Bistritz, mit blutigen Verlusten für die preußischen Angreifer. Dreimal brechen sie mit grimmigem »Hurra« gegen die Höhen von Lipa vor – dreimal werden ihre Linien von den Mammutbatterien des Gegners zerschmettert oder von wütenden Gegenangriffen österreichischer Bajonettkolonnen zurückgeworfen. Als im preußischen Stab das ominöse Wort »Auerstedt« fällt, der König Moltke besorgt fragt, was er für den Fall des Rückzugs beschlossen habe, antwortet der ebenso ruhig wie tadelnd: »Majestät, hier handelt es sich um die Zukunft Preußens. Hier wird nicht zurückgegangen.«

Auf dem linken Flügel der 1. Armee dringt zur gleichen Zeit die 7. Magdeburger Division des Generals v. Fransecky in den Swiep-Wald ein. Es kommt zu einem chaotischen Durcheinander, zum blutigsten Nahkampf mit Kolben und Bajonett. Magdeburger Füsiliere schlagen sich hier mit steirischen Jägern und ungarischen Infanteristen. Von allen Seiten zischen Granaten, Äste und Splitter. Die Gewehrkugeln der versteckt postierten Jäger prasseln wie Hagel auf die Baumstämme. Preußische »Hurras« kreuzen sich mit dem ungarischen »Eljen« und dem österreichischen »Gott erhalt«. Angriff trifft auf Gegenangriff. General v. Fransecky, in vorderster Linie, ruft seinen Soldaten zu: »Kinder, hier stehen oder sterben wir!« Der Swiep-Wald erlebt ein grauenhaftes Massaker, in dem die 7. preußische Division langsam unter dem Hauen und Stechen zweier österreichischer Armeekorps verblutet.

Es ist wahrhaft entsetzlich, was in diesem Stückchen Wald geschieht, und verschafft einen Vorgeschmack der Hölle von Verdun. Die Gesichter im preußischen Stab sind blaß geworden. Der König, mit Leib und Seele Soldat, leidet tief unter dem Unglück seiner Infanteristen. Nur Moltke bleibt ruhig, gelassen, in stillem Darüberstehen. Niemand außer ihm sieht, daß hier die Entscheidung der Schlacht, ja des Krieges fällt; denn diese beiden österreichischen Armeekorps, die sich im Swiep-Wald verbeißen, sollten Benedeks nördliche Flanke gegen den preußischen Kronprinzen und seine heraneilende 2. Armee decken. Die Flanke ist offen!

Man weiß nicht, was bei der Betrachtung dieser Szene überwiegt: Bewunderung oder Grauen, Abscheu oder intellektuelle Anerkennung. Im Grunde waren die preußischen Führer und Stabsoffiziere innerlich höchst unsicher. Sieht man von Dänemark 1864 ab, so hatte die preußische Armee mehr als fünfzig Jahre keinen Schuß abgegeben, sich mit keinem Gegner von Rang gemessen. Und nun gegen die Österreicher, gegen die sagenumwobenen Regimenter eines Feldmarschall Radetzky! Man kann sich vorstellen – und zum Teil weiß man es –, was in den Herren vorging. Der König, bei allem inneren Stolz auf seine Soldaten, empfand doch einen tiefen Respekt vor den Kriegserfahrungen des Österreichischen Heeres. Prinz Friedrich Karl zürnte, daß seine Armee offenbar sinnlos verblutete, nur um einer anderen den Siegeslorbeer zu pflücken. Bismarck, heimlich nach seinem Revolver fühlend, malte sich aus, wie ihn die Abgeordneten und die Berliner nach einer Niederlage empfangen würden, und beschloß, dann lieber den Tod auf dem Schlachtfeld zu suchen. Die Generale und die Offiziere des Stabes wechselten düstere Blicke miteinander. Nur einer sah keinen Grund zur Nervosität: Moltke.

Warum auch? Er hatte alles sorgfältig berechnet, und nun wartete er unbeweglich auf das Herankommen der Kronprinzen-Armee. Kam sie nicht rechtzeitig heran, so würde man sehen; der 4. Juli war auch noch ein Tag. Kam sie aber heran, was nach menschlichem Ermessen nicht anders sein konnte, so war alles entschieden.

Und sie kam heran! Brandenburger und Berliner, Schlesier und Pommern wetteifern miteinander, als erste das Schlachtfeld zu betreten. Der Kommandeur der heranstürmenden preußischen Garde, General Hiller von Gärtringen, umarmt auf dem Schlachtfeld einen zu Tode getroffenen österreichischen General mit den Worten: »Wir sind doch alle Deutsche!« Hinter einer Feldscheune trifft der Kompaniechef eines Ostpreußischen Bataillons eine versprengte österreichische Regimentsmusik. Lächelnd bittet er den Kapellmeister, doch »eine der wunderschönen Wiener Weisen« zu spielen. Und während der Dirigent unter Tränen den Taktstock hebt und seine Kapelle den Walzer »An der schönen blauen Donau« vom Strauß, Johann, intoniert, stürmen die ostpreußischen Infanteristen schwitzend und keuchend vorbei, rastlos, dem immer stärker werdenden Kanonendonner an der Bistritz und beim Swiep-Wald entgegen, den Kameraden der 1. Armee zu Hilfe; und ihre Hornisten blasen und blasen das preußische Angriffssignal: »Kartoffelsupp, Kartoffelsupp, den ganzen Tag Kartoffelsupp ...«

Um drei Uhr nachmittags stürmt die 1. preußische Gardedivision Chlum. Damit steht die Kronprinzen-Armee plötzlich im Rücken der Österreicher, die noch immer – Front nach Westen – die Höhen an der Bistritz und den Swiep-Wald verteidigen. Der Kampf bei Königgrätz ist entschieden! Moltke wendet sein Pferd, reitet langsam zum König und legt mit unbewegtem Gesicht die Hand an den Helm: »Majestät gewinnen heute nicht nur die Schlacht, sondern einen Feldzug.«

Man hat gesagt, die Schlacht haben das Zündnadelgewehr und der preußische Volksschullehrer gewonnen. In der Tat: Von 1815 bis 1865 hatte sich – von niemandem bemerkt – in Preußen die größte technisch-industrielle Entwicklung nach England vollzogen. Und im selben Zeitraum hatten sich die Schulreformen Friedrichs des Großen und Wilhelm von Humboldts an der Basis wie an der Spitze so durchgreifend ausgewirkt, daß Preußen sich in punkto Volkserziehung in die europäische Avantgarde geschoben hatte. Als Moltke nun noch die größten technischen Errungenschaften der Epoche – die Eisenbahn und den Telegraphen – einsetzte, war die Entscheidung gefallen, war die Sinnlosigkeit heroischer Kavallerieattacken Alt-Österreichs beschlossene Sache. Die Romantik sank bei Königgrätz vor der Ratio in den Staub.

Trotzdem: Die Schlacht führte weder zur Einkesselung noch zur Vernichtung des Feindes, also zum höchsten Siegespreis, den Moltke erst später bei Metz und Sedan errang. Königgrätz war ein - wie Schlieffen sich ausgedrückt hätte - durchaus »ordinairer« Sieg. Wäre es nach Moltkes Plänen gegangen, so hätte es zwischen Bistritz und Elbe ein fulminantes Cannae gegeben. Doch als sich die Zange um die Österreicher dennoch nicht schloß, weil die Unterführer das große strategische Konzept Moltkes nicht begreifen konnten und sich an taktischen Erfolgen Genüge sein ließen - was tat Moltke? Er griff kaum ein, um nichts zu komplizieren, er haderte auch mit dem Schicksal nicht; er war zufrieden mit dem Erreichten, mit dem Einfachen und Überschaubaren.

Es ging ihm um etwas ganz anderes: Er hatte seine operative Entscheidung auf einer Kombination von Logik und Technik aufgebaut - er hatte auch das mangelnde Verständnis der Unterführer von vornherein einkalkuliert -, das Rechenexempel *mußte* aufgehen. Und es *ging* auf: Moltke führte - zum erstenmal in der Kriegsgeschichte - drei getrennt operierende Armeen auf dem Schlachtfeld, mitten im Feind, zusammen! Die *geistige* Überlegenheit war für den Gegner so deprimierend, daß er den Krieg beendete.

Wenn man Benedek, den österreichischen, oder später Bazaine und MacMahon, die französischen Gegenspieler Moltkes betrachtet, wird einem unheimlich zumute. Es sind tapfere Soldaten, keineswegs unbegabt, durchaus fähige Troupiers mit jahrzehntelanger Erfahrung. Hoch zu Roß oder vor der Front ihrer Soldaten machen sie glänzende Figuren. Und doch wirken sie wie Gelähmte oder Taumelnde, die sich von unsichtbaren Blicken hypnotisiert fühlen: von den Blicken ihres Gegners, der sie nie aus seiner stillen Beobachtung läßt.

Einer aber beobachtete 1870 auch Moltke, sehr sorgsam, mit gespannter Aufmerksamkeit, und begleitete jeden seiner Schritte mit Kommentaren und Artikeln, die er in der Londoner Zeitung »Pall Mall« veröffentlichte: Friedrich Engels, der Kampfgefährte von Karl Marx, den seine Genossen wegen seiner kriegsgeschichtlichen Neigungen »General« nannten. Er hatte sich mit seinen Voraussagen für Königgrätz böse getäuscht. Jetzt, am 19. August 1870, schrieb er: »Wenn General Moltke auch ein alter Mann ist, seine Pläne atmen die ganze Energie der Jugend.« Und eine Woche später prophezeite er: »MacMahons Truppen werden sich in jenem schmalen französischen Landstreifen ergeben müssen, der zwischen Mézières und Charlemont-Givet nach Belgien hineinreicht.« Und genau dort, bei Sedan nämlich, kam es zur Kapitulation der französischen Armee! Moltke aber, der lange nicht hatte glauben wollen, daß MacMahon einen solchen Fehler begehen, daß er so gegen alle Vernunft handeln könne, warf bei der Nachricht, daß die Franzosen im Begriff seien, in die Falle zu gehen, die Whistkarten auf den Tisch: »Die Kerls sind doch zu dumm. Nun sollen sie ihre Strafe haben.«

Strategie – so hat der alte Moltke gesagt – sei »nichts weiter als die Anwendung des gesunden Menschenverstandes«.

Das Verhältnis Moltkes zum Krieg war bestimmt von tiefen inneren Widersprüchen. Auf der einen Seite stand die Konzeption der nationalrevolutionären Kriegführung, standen Carnot und Gambetta mit der »Levée en masse«, dem Volksheer und Partisanenkrieg. Auf der anderen Seite die konservative Weltanschauung eines Albrecht v. Roon oder eines Soldaten wie Edwin v. Manteuffel mit seiner aristokratischen Kriegführung als Grandseigneur, Ritter und Diener des Monarchen, gänzlich ohne Bezugnahme auf die Nation.

Moltke stand zwischen den Polen. Er war ein entschiedener Gegner der »Levée en masse«. Die Auswüchse und Ausschreitungen des Franktireurkrieges verabscheute er zutiefst aus seiner vornehmen Haltung heraus. Moltke war konservativ, wenn er den Ausbruch der Massenleidenschaften und ihre letzte Entfesselung in großen Nationalkriegen fürchtete. In diesem Punkte näherte er sich wieder den Lebensauffassungen des 18. Jahrhunderts, blieb er weit hinten Gneisenau zurück, dem durch und durch Liberalen, der die »Nationalrache« in langen Zügen hatte auskosten, der Napoleon vor der Front des preußischen Heeres hatte füsilieren lassen wollen. Andererseits aber zwangen Vernunft und rationales Denken Moltke in die Bahnen des Fortschritts. Zwar war er noch in den friderizianischen Offizierstraditionen aufgewachsen und wandte sich gegen die Gleichstellung der bürgerlichen Offiziersbewerber mit den Adligen, »weil sie die Gesinnung nicht aufbringen, die man in der Armee bewahren muß«. Aber sofort beteuerte er, daß – einmal angenommen – kein Unterschied mehr gemacht werden dürfte, und bekannte sich damit zu dem geistigen Erbe von 1813, zu den Reformen Scharnhorsts und Gneisenaus. Die lehensrechtliche Sicht des Offiziersstandes, wie sie Edwin v. Manteuffel vertrat, die sich im persönlichen Treueverhältnis zum Monarchen manifestierte, aber zugleich verknüpft blieb mit einem junkerlichen Selbstgefühl dem König, dem Primus inter pares, gegenüber – eine solche Betrachtungsweise mußte dem Rationalisten Moltke fremd sein. Seit Moltke und durch Moltke wurde der Offiziersstand zum Offiziersberuf.

Es ist eine bemerkenswerte Entwicklung, die sich im preußisch-deutschen Generalstab von Gneisenau über Moltke und Schlieffen bis Ludendorff vollzog. Gneisenau verkörperte noch alles andere als den Typus des Berufsoffiziers, des Militärspezialisten. Was er in Logistik, Taktik und Organisation leistete, war bestenfalls Durchschnitt. Darin hatte der alte Yorck mit seinen schneidenden Kritiken 1813/14 recht gehabt. Nein, es waren die großen politischen Zwecke des Krieges, die Staatenschicksale und Völkerpsychologien, die Gneisenaus hochfliegenden Geist beschäftigten, aus denen seine kühne Strategie entsprang. Militärgeschichte bedeutete ihm noch kein Gebiet des Fachwissens, sondern lediglich einen Bestandteil der Nationalgeschichte. Die Philosophie Kants und Fichtes bewegte ihn wie die Dichtungen Lessings, Goethes und Schillers. Sein Bildungshorizont war universal.

Moltke stand noch im Geist dieser Tradition. Er selbst hat als seine liebsten Bücher die Bibel, Homers »Ilias«, Clausewitz' Buch »Vom Kriege« und Liebigs »Chemische Briefe« bezeichnet. Seine Lektüre reichte von Shakespeare über Goethe bis zu Ranke und Carlyle. Er bekannte sich zur Aufklärung als seiner eigentlichen Bildungsmacht, »die sich nicht als Feind, sondern als notwendige Folge der christlichen Religion« verbreitet habe. Er sprach gern von der Fortbildung der Gesellschaft zum Licht der Wissenschaft und glaubte daran, daß die menschliche Entwicklung von der Idee »der höheren geistigen und materiellen Vervollkommnung« beherrscht werde. Ähnlich Gneisenau erstreckten sich seine persönlichen Interessen noch auf alle wesentlichen Bereiche der menschlichen Kultur und Wissenschaft. Obwohl selbst kein Militär im Sinne des Spezialistentums, unterwarf er sich schließlich doch dem Zwang des Zeitgeistes und des Fortschritts und trug ungewollt entscheidend zur Züchtung des Militärspezialisten bei.

Sein berühmter Nachfolger als Chef des Großen Generalstabs, Alfred Graf Schlieffen, hatte auf seinem Schreibtisch die militärischen Schriften Friedrichs des Großen und die kriegsgeschichtlichen Arbeiten Delbrücks. Von Erich Ludendorff, dem Strategen des Ersten Weltkriegs, wissen wir überhaupt nicht mehr, daß er außer militärfachlichen Schriften etwas gelesen hätte. Er war die Verkörperung des Nur-Militärs. Glänzend in allen Sparten der Taktik und Logistik; darin unübertrefflich. Aber niemand kann sich Ludendorff in einem anderen Beruf als dem des Soldaten vorstellen. *Schema* und *System* waren an die Stelle von *Intuition* und *Imagination* getreten. Aus dem *Feld-*

herrn war der *Fachmann* geworden! Der Soldat wandelte sich zum Militär, notwendigerweise auch zum Militaristen.

Und die Technik ging immer mit; sie unterwarf sich, sie formte sich den Spezialisten. Aus Moltkes selbständiger Eisenbahnabteilung im Großen Generalstab wurde Hitlers Forschungszentrum in Peenemünde. Das Gesicht des Offiziers aber nahm allmählich die Züge jener amerikanischen Astronauten und sowjetischen Kosmonauten an, die – munter, alert und rundum perfekt – ihr Handwerk gleichsam blind ausüben, mit höchster Fachkenntnis und überwältigender Präzision; Befehlen gehorchend, die aus dem Nichts kommen könnten.

In den beiden Jahrzehnten nach dem Deutsch-Französischen Krieg und der Reichsgründung wollte Moltke, den Wilhelm I. als Zeichen seiner Dankbarkeit in den Grafenstand erhoben und zum Feldmarschall ernannt hatte, auf seinem schlesischen Landsitz Kreisau nur noch »einen Baum wachsen sehen«. Das Leben ging wieder seinen stillen, einförmigen Gang. Er war Mitglied des Reichstages geworden, besuchte alle Sitzungen mit nie versagender Pünktlichkeit und hielt kurze, präzise Reden von wenigen Minuten Dauer. In seiner letzten Ansprache, die er vor dem Deutschen Reichstag hielt und die den Beobachter der »Frankfurter Zeitung« faszinierte, setzte er sich bezeichnenderweise für die Einführung der Reichseinheitszeit in der Eisenbahnverwaltung ein.

Seine Zeitgenossen sahen in ihm eine heroische, sagenumwobene Gestalt. »Der Sieger«, so hätte man ihn nur nennen können. Denn Moltke war neben Alexander dem Großen der einzige Feldherr der Geschichte, der nie eine Schlacht verloren hatte. Wie hätte Bismarck je seine Reichsgründung ohne diesen Mann vollbracht?

An Moltkes geradezu sprichwörtlicher Bescheidenheit vermochte der Ruhm nichts zu ändern. Lobpreisungen wehrte er mit den Worten ab: »Wir haben nur Siege zu verzeichnen gehabt. Gneisenau aber hat eine geschlagene Armee zum Siege geführt. Diese höchste Probe haben wir noch nicht bestanden.«

Sieg und Ruhm: für Moltkes Fairneß, ja Ritterlichkeit blieben sie ohne jede Bedeutung. Schon als junger Offizier war er nach Konstantinopel zum Sultan gereist, um den unglücklichen türkischen Oberbefehlshaber, der gegen seinen, Moltkes, Rat die Niederlage bei Nisib gegen die Ägypter verschuldet hatte, zu entlasten und seine Begnadigung zu erwirken. Nach 1866 ist er immer wieder warmherzig für seinen geschlagenen Gegner von Königgrätz, Feldzeugmeister Benedek, eingetreten. General von Blumenthal, den Stabschef der Kronprinzenarmee von 1866, der in einem von den Österreichern abgefangenen und veröffentlichten Brief ihn, Moltke, als einen »genialen Mann, der keine Idee vom praktischen Leben hat und von Truppenbewegungen nicht das Geringste versteht«, bezeichnet hatte, tolerierte er 1870 ohne Groll wieder als Chef des Stabes beim Kronprinzen. Als alle Welt ihm nach den beispiellosen Siegen von 1870/71 schließlich huldigte, schrieb er: »Jetzt bin ich ganz oben herausgewachsen; vom Glück emporgetragen. Wie mancher viel bessere Mann ist untergegangen.«

Einst, als der junge Moltke in preußische Dienste getreten und als langaufgeschossener, spindeldürrer Leutnant in der Parade am Prinzen von Preußen vorbeimarschiert war, hatte der mißmutig bemerkt: »Keine gute Akquisition!« Und nun hatte derselbe Mann die größten Schlachten des Jahrhunderts geschlagen und selbst den Feldherrnruhm Napoleons verdunkelt.

Nach 1870/71 hatte ein französischer Militärschriftsteller geschrieben: »Es gab bei der deutschen Heerführung ein wahres geistiges Syndikat; so daß wir weniger durch das Talent eines Moltke als durch eine Institution, den Generalstab, besiegt worden sind.« Diese Institution wurde von Moltke weiterentwickelt (1888 umfaßte der Generalstab bereits zweihundert Mitarbeiter) und zum erfolgreichsten Krisenmanagement der Welt gebildet. Innerhalb des deutschen Heeres wurden die technischen Truppen nach seiner Weisung tatkräftig vermehrt; insbesondere entstanden spezialisierte Eisenbahnregimenter. Und nichts kennzeichnet Moltkes Einstellung besser als die Tatsache, daß er sich bei Paraden gern an die Spitze eines Eisenbahnbataillons setzte und es – mit gezogenem Degen – persönlich seinem Kaiser vorführte.

Vernunft und Fortschritt, Technik und Wissenschaft: im Geiste dieser Maximen arbeitete Moltke weiter an der Rationalisierung des Offiziersberufs, förderte er die wissenschaftliche Ausbildung der militärischen Kader. So schuf er den weltbekannten Typus des deutschen Generalstäblers, für den seine Lebensdevise galt: »Mehr sein als scheinen.«

Es ist wahr, daß er aus rein rationalen Gründen mehrfach für den Präventivkrieg plädierte – womit er bei Bismarck jedesmal abblitzte –; aber er war doch alles andere als ein engstirniger Militarist. Soldatentum und Krieg waren ihm niemals Selbstzweck. Das sogenannte Recht des Stärkeren hätte er als unsittlich verworfen, die Lehren Darwins – dessen Buch »Über den Ursprung der Arten durch natürliche Zuchtwahl« 1859 erschienen war – hätten ihn abgestoßen. Er glaubte an den Triumph des Fortschritts und der Vernunft; er glaubte an das zwanzigste Jahrhundert. Und so merkwürdig es klingen mag: er glaubte an den Sieg des Friedens. Er schrieb: »Wir bekennen uns offen zu der vielfach verspotteten Idee eines allgemeinen europäischen Friedens. Nicht, als ob von jetzt an blutige und lange Kämpfe nicht mehr stattfinden könnten, als ob man die Armeen verabschieden, die Kanonen zu Eisenbahnschienen umgießen sollte, nein! Aber ist nicht der ganze Gang der Weltgeschichte eine Annäherung zu jenem Frieden? Sehen wir nicht zu Anfang die Hand eines Jeden wider Jeden erhoben? Fochten nicht selbst im Mittelalter Ritter und Barone, Burgen und Städte ihre Fehden nur so lange untereinander aus, bis die Fürsten ihnen das Handwerk legten und das Recht für sich allein in Anspruch nahmen? Und heute? Es ist nur einer sehr kleinen Zahl von Mächten noch die Möglichkeit vorbehalten, die Welt in Flammen zu setzen. Die Kriege werden immer seltener werden, weil sie bereits über die Maßen teuer geworden sind, positiv durch das, was sie kosten, negativ durch das, was sie versäumen lassen. Der Gedanke liegt so nahe, die Milliarden, welche Europa jährlich seine Militärbudgets kosten, die Millionen Männer im rüstigen Mannesalter, welche es ihren Geschäften entreißen muß, um sie für einen eventuellen Kriegsfall zu erziehen, alle diese unermeßlichen Kräfte mehr und mehr produktiv zu nützen.«

Ein ungebrochener Fortschrittsglaube, der Geschichtsoptimismus des bürgerlichen 19. Jahrhunderts liegt in diesen Sätzen, verbunden mit dem Bekenntnis zu Vernunft und Humanität. Wer zweifelt daran, daß Moltkes Zeitgenosse Karl Marx – dessen erster Band des »Kapital« 1867 erschienen war – ohne Einschränkung zugestimmt hätte? Natürlich, Moltke war kein Sozialist: Wie konnte er auch? Er stand prinzipiell auf dem Boden des Privateigentums und lehnte Sozialisierungspläne rundweg ab. Aber er sah voraus, daß in künftigen kriegerischen Auseinandersetzungen das lose Bündnis des Staates mit den frei schaffenden Kräften der Wirtschaft, Wissenschaft und Technik nicht mehr genügen würde. Deshalb forderte er:

»Die Kriegführung muß heute noch andere Hilfsmittel in Anspruch nehmen, als es ehedem der Fall war. Sie kann die Wissenschaft und die Technik in ihrer Vielgestaltigkeit nicht entbehren. Alle müssen zusammenwirken, um aus dem Riesenkampf der Nationen siegreich hervorzugehen. Aber es genügt nicht, daß sich die Kräfte alliieren. Wie auf politischem Gebiet bleibt auch hier die Koalition weit hinter der Summe der absoluten Kräfte der einzelnen zurück ... Darum müssen die Kräfte der Wissenschaft und der Technik im Kriege nicht nur alliiert werden, sondern Vasallen der Kriegführung sein.«

Das wiederum war die Vision des *totalen Krieges:* das konsequente Ergebnis des bürgerlich-liberalen, technisch-fortschrittlichen Zeitgeistes, wie ihn Marx und Moltke – jeder auf seine Weise – vertreten haben. So sehr sie Antipoden schienen – sie waren doch Kinder desselben Jahrhunderts; in ihren Visionen war manches miteinander identisch. Am Ende stand das 20. Jahrhundert mit zwei totalen Weltkriegen, einer zertrümmerten Gesellschaft und der Herrschaft der Technik in Gestalt der Atomkräfte.

Es liegt Tragik in der Beobachtung der Widersprüche, der Gegenkräfte und Antinomien, die in Moltke lebendig waren und die ihm nie bewußt wurden. Als Konservativer und Aristokrat wollte er festhalten an Gewachsenem, an den bewährten Traditionen. Die Ordnung durfte durch den Fortschritt nicht gefährdet werden. 1848 schrieb er: »Wie richtig bemerkt wurde, ist aus der Ordnung zuweilen die Freiheit, noch nie aber aus der Freiheit die Ordnung hervorgegangen.« Unverzüglich setzte er jedoch hinzu: »Schläft man freilich bei der Ordnung wieder ein, dann wird sie auch nicht von langer Dauer sein.«

Moltke wollte die gesellschaftliche Vormachtstellung der Junkerklasse im Staat erhalten wissen. Doch er hatte begriffen, daß eine neue Zeit im Anbruch war. Er bewunderte England, in dem sich Landadel und Großbourgeoisie zu einer neuen Führungsschicht zusammengeschlossen hatten, um ihre gemeinsamen Interessen besser gegen den Angriff »von unten« verteidigen zu können.

»Besitz und Bildung« – Moltke hielt das für eine zukunftsträchtige Devise. Stagnation verabscheute er, ja, er hielt sie für unsittlich. Vernunft und Fortschritt waren nicht aufzuhalten. Bereits 1835 hatte er gesagt: »Es ist ein eigenes Verhängnis, daß gerade in einer Zeit, in der man die Gefahr der Reformen tief empfindet, doch so viel Völker auf Reformen unwiderstehlich hingewiesen werden.« Die Entwicklung mußte voranschreiten. *Ehrgeiz, Betriebsamkeit* und *Freiheit*: unter diesen Postulaten sollte die Bewegung vorwärtsgehen! Und in diesem Zeichen war Moltke bereit, Preußen für Deutschland aufzugeben.

Nirgends zeigt sich der Gegensatz zu Bismarck tiefer als in dieser Frage: Moltke hat die Entwicklung von Preußen zu Deutschland, vom Staat zur Nation bewußt mitgemacht und sie aus überzeugtem Herzen begrüßt. Was sollte ihn auch an das alte Preußen binden? Eine legitimistische Gefühlspolitik hatte er schon immer kühl abgelehnt. Er war überhaupt kein Legitimist.

Das Königtum beruhte für ihn nicht auf einer sakralen und altrechtlichen Weihe, sondern war für ihn lediglich die Repräsentanz der Staatsidee, und im König selbst sah er mehr die *Institution* als die *Person*. So sagte er 1866 bei der Annexion Hannovers: Die Einverleibungen seien nur Härten gegen die Souveräne; die Teilung der Länder wäre eine Härte gegen das Volk gewesen. Sein Drang nach nationaler Einheit ließ ihn schon 1848 schreiben: »Europa konstruiert sich nach Nationalitäten, alles Fremde wird abfallen, möchten wir nur alles Deutsche wiederbekommen, so wären wir reichlich entschädigt.«

Moltke war tief beeindruckt von Droysens Geschichte der preußischen Politik. Begeistert aber war er von Treitschke. Treitschkes nationales Pathos und seine unitarische Denkungsart zogen ihn unwiderstehlich an. Und so rief er beim ersten Band von Treitschkes »Deutscher Geschichte im 19. Jahrhundert« freudig aus: »Gott sei Dank, daß endlich einer mal vom preußischen Standpunkt aus Geschichte schreibt!« Dabei war es eigentlich nicht der *preußische Standpunkt*, sondern es war die Auffassung von der *deutschen Mission* Preußens, die ihm so zusagte.

Niemals hat Bismarck – so bewußt wie Moltke – den Schritt von Preußen zu Deutschland, vom Staat zur Nation vollzogen. Immer blieb er von der düsteren Ahnung umfangen, daß das junge, neubegründete Deutschland ohne ein festes, geschichtlich gewachsenes Gerippe – nämlich Preußen – den heraufkommenden Stürmen des 20. Jahrhunderts nicht werde standhalten können.

Moltke hat diese Sorge nicht empfunden. Sein entwicklungsgeschichtlicher Fortschrittsglaube, sein freudiger Zukunftsoptimismus führten viel direkter zur deutschen Reichsgründung als Bismarcks düsterer eschatologischer Kampfwille, der glaubte, die Ordnung schlechthin gegen die heraufkommenden und vielleicht unabwendbaren Mächte der Zerstörung verteidigen zu müssen. Während der Alte vom Sachsenwald sich in ohnmächtigem Grimm verzehrte und sah, daß er sich getäuscht hatte, daß Preußen flugs in Deutschland aufging, daß der preußische König sich als deutscher Kaiser, ja als Kaiser des Bürgertums verstand, daß bourgeoiser Materialismus und Ökonomismus, daß Welthandel und Weltgeltung, Flottenbau- und Bagdadbahn-Politik, daß Kolonialismus und Imperialismus Deutschland eroberten und beherrschten – stand Moltke als 90jähriger Jubilar vor seinem Hause und nahm die Huldigungen des neuen Deutschland, der Kleinbürger und Arbeiter Berlins, heiter-gelassen, voller Hoffnung und Optimismus entgegen. Sein Blick – so darf man vermuten - ging über alles hinweg und richtete sich fest, klar und mit hohem technischen Interesse auf die neuartige elektrische Beleuchtung der Viktoria auf der Siegessäule.

Das Leben Helmuth von Moltkes ging so einfach und still zu Ende, wie es auch sonst - ohne das zufällige Dazwischentreten einiger Kriege - verlaufen wäre. Der Feldmarschall saß am Whisttisch und spielte, wie immer, um sehr geringe Einsätze. Was er an Münzen gewann oder verlor, deponierte er sofort akkurat am betreffenden Platz. Als Dreßler, ein Freund des Hauses, in das Nebenzimmer ging und sich an den Flügel setzte, legte er die Karten hin und lehnte sich im Sessel zurück. Dreßler spielte, dem Wunsch des Hausherrn folgend, Mozart. Und Moltke lauschte den Klängen, die er so sehr liebte, weil aus ihnen die heitere Harmonie eines rationalen Jahrhunderts, eines durchsichtig-klaren Geistes sprach. Unversehens entschlief er dabei.

Es war in seinem 91. Lebensjahr, am 24. April 1891, gegen halb zehn Uhr abends.

OTTO VON BISMARCK

SEBASTIAN HAFFNER

1.4.1815	geboren in Schönhausen
1832-1835	Studium der Rechtswissenschaften an den Universitäten Göttingen und Berlin
1835-1839	Gerichtsreferendar in Berlin und Aachen
1839	verläßt den Staatsdienst; lebt als Gutsherr auf Kniephof, später in Schönhausen
1847	heiratet Johanna von Puttkammer; Mitglied des Vereinigten Landtags
1849-1850	Mitglied der Zweiten Preußischen Kammer
1850-1851	Mitglied des Erfurter Parlaments
1851-1859	Legationsrat und Gesandter am Frankfurter Bundestag
1859-1862	Gesandter in St. Petersburg und in Paris
1862	wird im September von König Wilhelm I. zum preußischen Ministerpräsidenten ernannt und stürzt sich unverzüglich in den Verfassungskonflikt (1862-1866) mit der liberalen Kammermehrheit
1863	verhindert Preußens Teilnahme am Fürstentag in Frankfurt/Main
1864	Preußisch-Österreichischer Krieg mit Dänemark um die Herzogtümer Schleswig und Holstein
1866	Krieg mit Österreich; anschließend Friede von Prag und Beilegung des preußischen Verfassungskonflikts durch das Indemnitätsgesetz
1867	wird mit Gründung des »Norddeutschen Bundes« Bundeskanzler und bremst vorsichtig – in Rücksicht auf Frankreich – einen engeren Anschluß der süddeutschen Staaten an Norddeutschland
1870-1871	führt den Krieg der Deutschen mit Frankreich und gründet in Versailles das Deutsche Kaiserreich (18.1.1871)
1871	ist als Reichskanzler (einziger Reichsminister), zugleich preußischer Ministerpräsident, nur dem Kaiser verantwortlich; erweitert die Verfassung des Norddeutschen Bundes zur Reichsverfassung
1878	Berliner Kongreß und Sozialistengesetz
1879	Zweibund Deutschlands mit Österreich – Ungarn als Verteidigungsbündnis gegen Rußland
1881	Erneuerung des Drei-Kaiser-Bündnisses
1882	Dreibund Deutschlands mit Österreich – Ungarn und Italien als Verteidigungsbündnis gegen Frankreich
1887	Rückversicherungsvertrag mit Rußland
1888	Tod Kaiser Wilhelms I. und Thronbesteigung Wilhelms II.
1890	Entlassung durch Wilhelm II.; zieht sich nach Friedrichsruh zurück und verfaßt seine Memoiren »Gedanken und Erinnerungen«
1898	stirbt am 30. Juli im Alter von 83 Jahren in Friedrichsruh

Otto v. Bismarck, Mai 1889, im Deutschen Reichstag, Photographie

Bismarck stehen seine Denkmäler im Wege. Sie stehen noch in vielen deutschen Städten, in Erz oder Stein, alle kolossal, alle aus der Zeit zwischen 1890 und 1914, und alle Verkörperungen des Bismarck-Mythos, den sich das wilhelminische Zeitalter zurechtgemacht hatte: der eiserne Kanzler, der Schmied des Reiches, der wiedererstandene Recke aus germanischen Heldensagen, der Übermensch in Kürassierstiefeln. So wollte ihn das deutsche Bürgertum der Kaiserzeit sehen; aber so war er nicht.

Schon äußerlich nicht: Gewiß, er war lang aufgeschossen und in späteren Jahren, da er ein nervöser Vielesser war, auch schwer. Aber der mächtige Körper trug einen feinen, fast zarten Kopf; er hatte Künstlerhände und sprach mit einer hohen, dünnen Stimme - der Stimme eines Intellektuellen. Sein Gesicht - was zeigt es? Vor allem etwas Hochfahrendes, Stolz, und zwar fast immer beleidigten Stolz; daneben eine witternd-nervöse Spannung; vor allem aber - wie konnte man es je übersehen? - einen Leidenszug.

Tatsächlich war Bismarck kein glücklicher Mensch; selten oder nie kannte man ihn heiter, ruhig, zufrieden, entspannt, gelassen; auch seine Gesundheit war alles andere als robust. Er war vielmehr schlaflos, von Gallenkoliken und Gesichtsneuralgien geplagt, und er neigte zu nervösen Zusammenbrüchen. Er hat einmal von sich selbst gesagt »Meine Härte ist angelernt. Ich hin ganz Nerven, und zwar derartig, daß Selbstbeherrschung die einzige Aufgabe meines Lebens gewesen ist.«

Daß er vor dem Reichstag gern in Uniform auftrat, war nicht Ausdruck seines Wesens - er war ungern Soldat gewesen und hatte 1866 und 70/71 viel Ärger mit den »militärischen Halbgöttern« gehabt -, sondern berechnete Geste.

Er hatte viele solche Gesten und Selbststilisierungen nötig. Denn das Erstaunlichste an Bismarcks Leben und Laufbahn ist dies: daß er 27 Jahre lang in größtem Stil Geschichte und Schicksal gemacht hat, ohne jemals festen persönlichen Machtboden unter den Füßen zu haben. Er war kein Diktator. Er hat niemals eine Caesarenstellung erobert oder auch nur erstrebt, wie die beiden Napoleons vor ihm oder Lenin, Hitler und de Gaulle nach ihm. Er hat sich aber auch nicht in einer regulären Laufbahn hochgedient; seine Beamtenlaufbahn war kurz und erfolglos gewesen. Er wurde Botschafter, ohne je Attaché und Legationsrat, Ministerpräsident, ohne je Minister gewesen zu sein. Und ebensowenig wie eine solide Karriere und Anciennität hatte er je eine Partei hinter sich. Der englische Historiker Alan Taylor schreibt staunend: »Er trieb Innenpolitik immer wie Außenpolitik. Er balancierte zwischen verschiedenen Mächten und spielte eine gegen die andere aus; und sein Ziel war immer, in jedem Bündnis der maßgebende Partner zu sein. Nie machte er eine Sache ganz und gar zu der seinen – weder die monarchische noch die nationale noch die konservative; das gab ihm immer freie Hand; aber zum Schluß führte es zu seinem Sturz, daß er niemanden hatte, der wirklich hinter ihm stand.«

Das Irreguläre, Ungesicherte, Außenseiterische, ja etwas Abenteuerhafte der Bismarckschen politischen Existenz – man muß sich das ganz klar machen, um seine historische Leistung zu würdigen. Es macht diese Leistung noch staunenerregender als sie ohnehin ist, erklärt aber auch manches Problematische, Zweideutige, Zerbrechliche an ihr.

Es war nicht selbstverständlich, daß Bismarck je preußischer Ministerpräsident wurde. Daß er es 27 Jahre lang blieb und Preußen – und dann das Deutsche Reich – eine Zeitlang fast wie ein absoluter Herrscher regierte, wäre geradezu ein Wunder zu nennen, wenn es nicht zugleich ein so ungeheuerliches Kunststück gewesen wäre. Auch dieses Kunststück aber wäre kaum möglich gewesen, wenn nicht der König und Kaiser Wilhelm I., den er sich unterwarf und der ihn hielt, gegen alle biologische Wahrscheinlichkeit 91 Jahre alt geworden wäre.

Und dabei war dies noch derselbe Monarch, dessen beinah erster Regierungsakt gewesen war, den Botschafter Bismarck von der Schlüsselposition beim Frankfurter Bundestag aufs Petersburger Abstellgleis zu versetzen. Noch kurz ehe er Bismarck in einer Stunde äußerster Depression und Ausweglosigkeit zum Ministerpräsidenten ernannte, hatte Wilhelm I. bekannt, der Mann sei ihm tief unheimlich und flöße ihm einen inneren Widerwillen ein.

Niemand hat dem jüngeren Bismarck angesehen, was eines Tages aus ihm werden würde. Otto v. Bismarck-Schönhausen war mit 30 fast eine gescheiterte Existenz, mit 45 fast ein gescheiterter Politiker. Er stammte aus einer alten, aber wenig prominenten, eher unpolitischen Landjunkerfamilie – nur die bürgerliche Familie seiner Mutter hatte ein paar verdiente Staatsdiener im Stammbaum. Er hatte studiert, was nicht selbstverständlich war, war Referendar geworden, aber mit 24 schon wieder nach verschiedenen Eskapaden aus dem Staatsdienst ausgestiegen. Er lebte dann auf einem Gut im fernen Hinterpommern ein exzentrisches, etwas skandalumwittertes Junggesellenleben.

Wie gesagt, mit 30 war er fast eine gescheiterte Existenz. Zwei, drei Jahre später machte er im Berlin der Revolutionsära zum ersten Mal öffentlich von sich reden, und zwar als ein extremer, abenteuerlicher Konterrevolutionär. Friedrich Wilhelms IV. Aktennotiz über ihn ist berühmt geblieben: »Roter Reaktionär, riecht nach Blut; nur zu gebrauchen, wenn das Bajonett schrankenlos waltet.«

Trotzdem zog ihn Friedrich Wilhelm IV. dann in seinen Kreis – seine »Kamarilla«. Der König, selber exzentrisch und geistreich, hatte Sinn für geistreiche Exzentriker. Was Bismarck zu sagen hatte, war immer originell, ausgefallen scharfsinnig, oft auch ein bißchen wild. Der König hörte sich seine Ratschläge gern an, meist allerdings, ohne ihnen zu folgen. »Liebeken, das is sehr scheene, aber das is mich zu teuer«, antwortete er gelegentlich in scherzhaft-falschem Berlinisch, oder, ernster: »Der Kaiser Napoleon könnte so etwas tun, aber nicht ich.« Immerhin, er schenkte Bismarck seine Gunst. Man muß sich das klarmachen: Der Bismarck der 50er Jahre – der bereits eine recht farbige, viel belächelte und viel diskutierte Figur in der preußischen Szene war – war ganz ausgesprochen und ausschließlich ein Günstling Friedrich Wilhelms IV. Außer diesem König und seiner engsten Clique wollte so recht niemand etwas von ihm wissen; am wenigsten der spätere König Wilhelm. Als Friedrich Wilhelm Ende der 50er Jahre regierungsunfähig wurde, schien es mit dem inzwischen 45 Jahre alt gewordenen Herrn v. Bismarck-Schönhausen wieder vorbei zu sein. In die »neue Ära« des liberal-konservativen Nachfolgers, der nach innen und außen das plante, was man heute Entspannungspolitik nennen würde, paßte er nicht.

Und hatte er aus den zehn Jahren seiner Blüte unter der königlichen Gnadensonne viel gemacht? Im Gedächtnis seiner Umwelt haftete eigentlich nur zweierlei. Erstens der »Ruf leichtfertiger Gewalttätigkeit«, den er sich um 1848 erworben hatte. Zweitens der scheinbar ganz unerklärliche Sinneswandel, der sich in den 50er Jahren bei ihm vollzogen hatte. Er war 1851 als preußischer Vertreter zum Bundestag nach Frankfurt geschickt worden, weil er als der preußischste aller Nur-Preußen galt, voll schneidender Verachtung für den »deutsch-nationalen Schwindel«. Den Unionsplänen von 1849 hatte er keine Träne nachgeweint, und sogar die »Schmach von Olmütz« hatte er unerschrocken verteidigt: »Es ist nicht Preußens Aufgabe, überall in Deutschland den Don Quichote zu spielen für gekränkte Kammer-Zelebritäten.« Was man von ihm in Frankfurt erwartet hatte, war ein konservatives Zusammenspiel mit dem konservativen Österreich gewesen. Statt dessen war er in Frankfurt zum erbitterten Feind Österreichs geworden, und am Ende war er so weit, daß er erklärte, Preußen habe nur *einen* wirklichen Bundesgenossen: das deutsche Volk. War einem Mann, der seine Gesinnung so radikal änderte, wirklich zu trauen?

Es mußte viel schiefgehen, damit Bismarck noch einmal eine Chance bekam, und als er dann schließlich doch, mit 47 Jahren, an die Macht kam, war es eigentlich immer noch unerwartet.

Auch schien es zunächst nicht von langer Dauer zu sein. Eine Schweizer Zeitung schrieb damals, man könne von pommerschen Fettgänsen keine Adlerflüge erwarten. Nun, bekanntlich ließ Bismarck die Macht, nachdem er sie einmal hatte, nicht wieder los, bis er 75 war. Vertrauen allerdings, die Art von Vertrauen, die weiß, was sie zu erwarten hat, und sich in klaren Grundsätzen, bewährten Methoden und gefestigter Routine sicher und geborgen fühlt –, Vertrauen dieser Art hat er niemals erworben und besessen, bei seinem König nicht und bei den Parteien und Politikern nicht; und beim Volk schon gar nicht. Man darf sich da von seinem Nachruhm nicht täuschen lassen: Solange er regierte und wirkte, ist er nie populär gewesen! Bei vielen, am Anfang bei den allermeisten, und keineswegs immer bei den Schlechtesten, war er schlechthin verhaßt. Und auch bei denen, die ihm, anfangs recht zögernd, folgten, herrschte neben Bewunderung immer auch Beängstigung: Nie wußte man, woran man sich bei Bismarck halten konnte, immer blieb er unberechenbar, immer wieder tat er das Unerwartete. Unter Bismarck und mit Bismarck zu leben, blieb immer ein Abenteuer.

Tatsächlich lag Bismarcks politisches Genie genau in dem, was seine Kritiker Gesinnungslosigkeit nannten und wovon sein Standpunktwechsel gegenüber Österreich und dem deutschen Nationalismus in den 50er Jahren nur einen Vorgeschmack gegeben hatte. Er machte Politik immer wie ein Schachspieler, der gleichzeitig mehrere mögliche Kombinationen im Kopf hat und jederzeit bereit ist, wenn ihm der Gegner eine verlegt, zu einer ganz anderen überzugehen.

Was daran so verwirrend – und auch, je nach Standpunkt, beängstigend oder empörend wirken mußte, war, daß nicht nur Freund und Feind auswechselbar, und unter Umständen sehr rasch auswechselbar, waren, sondern daß auch Prinzipien, Ideologien, geheiligte politische Grundsatzformeln herhalten mußten, wie es gerade paßte. Legitimismus und Nationalismus, Konservatismus und Liberalismus, Freihandel und Schutzzoll und wie die Kategorien der Zeit alle heißen mochten: Für Bismarck waren das alles Karten in einem Spiel, die er aufnahm, ausspielte oder wegwarf, je nachdem, wie er sie gerade brauchen konnte. Er war absolut prinzipienlos – darin hatten seine Feinde ganz recht. Er selbst hat seine Prinzipienlosigkeit offen zugestanden, ja sich geradezu ihrer gerühmt, einmal mit einem sehr witzigen Ausspruch: »Wenn ich mit festen Prinzipien durchs Leben gehen müßte«, hat er geschrieben, »käme ich mir vor, als müßte ich einen engen Waldweg entlanggehen und dabei eine lange Stange im Munde tragen.«

Es ist klar: Eine Partei kann man so nicht führen, für einen parlamentarischen Ministerpräsidenten verbietet sich dieser unberechenbar-selbstherrliche Virtuosenstil. In England zum Beispiel wäre aus einem Bismarck nicht viel geworden, und es ist kein Zufall, daß Churchill, in manchem ein englischer Bismarck, in England nur ganz spät, in höchster Not, nach einem fast schon gescheiterten politischen Leben, für kurze Zeit an die Macht gelassen – und dann nach getaner Arbeit schleunigst wieder abgewählt wurde.

Preußen aber war 1862 wahrscheinlich für den Parlamentarismus reif. Eigentlich paßte Bismarck schon nicht mehr in die Landschaft der 60er Jahre. Wenn Wilhelm I., wie er ja schon vorhatte, im Herbst 1862 abgedankt hätte, und Friedrich III. daraufhin seinen Frieden mit der Kammer gemacht und mit seinen viktorianisch-liberalen Ideen von 1862 bis 1888 regiert hätte: durchaus denkbar, daß Preußen eine Art kleineres kontinentales England geworden wäre. Durchaus denkbar auch, daß es heute noch existierte. Für einen Bismarck wäre in einem solchen Staat kein Platz gewesen.

Nun, es war gerade Bismarck, der diese – nicht unnatürliche und durchaus nicht notwendig unheilvolle – Entwicklung stoppte und abbrach, und zwar, wie sich herausstellen sollte, für immer. Er bot sich, in der kritischen Stunde, Wilhelm I. als Ministerpräsident an, ausdrücklich, um dem Parlament und dem Parlamentarismus Schach zu bieten. »Das königliche Regiment oder die Parlamentsherrschaft«, das sei die Frage. Er packte den König am Portepee und zwang ihm einen Kampf auf, den er innerlich schon halb aufgegeben hatte. Er zwang ihm damit auch seine eigene Herrschaft auf – lebenslänglich.

Das Verhältnis zwischen Bismarck und Wilhelm I., diese Schlüsselbeziehung in Bismarcks Leben, ohne die seine ganze gewaltige Wirksamkeit undenkbar wäre, ist etwas Grundsonderbares. Der König, im Gegensatz zu seinem älteren Bruder, mochte ja Bismarck ganz und gar nicht. Bismarck war ihm unsympathisch und unheimlich. Nie hätte Wilhelm I. sich träumen lassen, daß seine ganze Regierungszeit schließlich die Folie für Bismarcks Wirken, die legitimistische Einkleidung einer höchst irregulären Bismarck-Epoche und daß er selbst vor der Geschichte so etwas wie Bismarcks Schildhalter werden würde. Der König war auch durchaus kein vorbestimmtes Werkzeug eines fremden stärkeren Willens, kein Schwächling oder Trottel. Er war in seiner Art, wie der Historiker Arthur Rosenberg mit Recht festgestellt hat, zweifellos selbst ein bedeutender Mann. Und er war in fast allem Bismarcks Gegenteil: einfach, prinzipienfest, durch und durch konservativ, von gradem klarem Verstand, ohne Genie, gewiß, aber mit sehr gesunden politischen Instinkten. Die Kämpfe, die Bismarck mit ihm auszufechten hatte, waren oft furchtbar, gerade in den turbulenten und glorreichen ersten sieben Jahren. Man darf es sich nicht so vorstellen, daß Bismarck seinen König immer überzeugt hätte. Viel öfter hat er ihn, wie irgend einen anderen Mit- und Gegenspieler, eingekreist, überlistet, überspielt oder überfahren. Und er hat selber dramatisch geschildert, wie er dabei manchmal am Rande des Nervenzusammenbruchs, einmal, in Nikolsburg, am Rande des Selbstmords war.

Auch so darf man es sich nicht vorstellen, daß der geniale Bismarck immer Recht und der schlichte König immer Unrecht gehabt hätte. Darüber läßt sich im Rückblick oft streiten. Hatte der König nicht vielleicht den richtigen Instinkt, als er der Kaiserkrönung in Versailles leidenschaftlich widerstrebte? War sie nicht wirklich das Ende Preußens – ein triumphales Ende, aber eben doch das Ende? Und in dem letzten großen Streit der beiden, dem um das österreichische Bündnis von 1879 – wurde mit diesem Bündnis, dem sich der Kaiser vergeblich mit seiner letzten Kraft widersetzte, nicht wirklich der Weg beschritten, der zu den Katastrophen von 1914 und 1918 führte? Gäbe es ohne dieses Bündnis vielleicht heute noch Bismarcks Deutsches Reich?

Es ist nicht leicht zu sagen, wie und wann sich Bismarck den König und Kaiser unterwarf. *Daß* er ihn sich unterwarf, steht fest; es gibt nicht eine größere Streitfrage zwischen ihnen, in der Bismarck nachgab oder der Monarch sich durchsetzte. Aber es war ein langer, immer erneuerter Kampf, und endgültig gewonnen war er erst in den 80er Jahren, als Wilhelm ein Greis geworden war. Bis dahin brauchte Bismarck, neben allem Charme, dessen er fähig war, aller Beredsamkeit und grandiosen intellektuellen Überlegenheit, auch immer wieder politische Zwangs- und Druckmittel gegen seinen nominellen Herrn und Souverän: erst die Konfliktsituationen des Verfassungskampfes, den er anheizte und künstlich verlängerte, um sich unentbehrlich zu machen; dann die außenpolitischen Krisen, die nur er überblickte; dann die »großen Erfolge« und den Nimbus, den sie ihm verliehen – und der freilich auch dem König zugute kam. Trotzdem gab es immer noch und immer wieder tiefste Entfremdungen und Verstimmungen, auch noch in den 70er Jahren. Noch auf dem Berliner Kongreß von 1878 klagte Bismarck seinem Kollegen Disraeli vor, das »abscheuliche Verhalten« seines Monarchen mache ihn physisch krank. Und ein Jahr später, als Bismarck ihm das österreichische Bündnis abgerungen und abgezwungen hatte, schrieb der Kaiser in wirklicher Verzweiflung: »Meine ganze moralische Kraft ist gebrochen.« Eine schreckliche Ehe, wenn man es genau besieht! Und doch eine lebenslängliche. Und mit dieser Kampfehe als Machtbasis hat Bismarck ein Vierteljahrhundert lang souverän Geschichte gestaltet – preußische, deutsche, europäische Geschichte.

Preußische Geschichte vor allem. Denn darüber muß man sich klar sein: Bismarck empfand sich selbst immer vor allem als Preuße. Er war im Herzen kein deutscher Nationalist, er war ein preußischer Staatsmann. Für ihn war die deutsche Einigung einfach preußische Politik – ganz hart gesagt: ein Nebenprodukt der preußischen Rivalität mit Österreich. Damit Preußen statt Österreich die Nummer eins werden konnte, mußte Österreich aus Deutschland hinausgeworfen werden, und Deutschland mußte so oder so von Preußen regiert werden. Nicht nur in seiner politischen Frühzeit, auch noch in seinen Jahren als preußischer Ministerpräsident kam Bismarck das Wort vom »deutsch-nationalen Schwindel« leicht von den Lippen, und er hatte 1866 nicht die geringsten Bedenken, gegen den größten Teil des außerpreußischen Deutschland ebenso wie gegen Österreich Krieg zu führen. In einer der vielen nervenaufreibenden Debatten mit König Wilhelm I., die diesem Krieg vorausgingen, rief der König einmal verzweifelt aus: »Ja, sind Sie denn nicht auch ein Deutscher?« Immer dagegen, wenn er von Preußen redet, sind von Bismarck wahre Herzenstöne zu hören. »Gott wird wissen, wie lange Preußen bestehen soll«, schrieb er einmal in einem Privatbrief. »Aber leid ist mir's sehr, wenn es aufhört; das weiß Gott!«

Und doch hat Bismarck selbst mehr als irgendein anderer einzelner Mensch dazu getan, daß Preußen »aufhörte« – nicht durch politisches Versagen oder Mißlingen, sondern, das ist das Paradoxe, durch übermäßigen Erfolg. Er hat Preußen auf den äußersten und letzten Gipfel seiner Macht und seiner kurzen Geschichte geführt; aber das triumphierende Finale, das er der preußischen Geschichte bereitete, war eben doch ein Finale. Neben und in einem geeinigten Deutschland verlor Preußen zwangsläufig nach und nach seine Selbständigkeit, seine Identität und schließlich seine Existenz.

Der Historiker Walter Bussmann urteilt: »Wenn sich Bismarck mit der nationalen Idee, einer der treibenden Kräfte des Jahrhunderts, verbündete, wollte er dem *preußischen Staate* nutzen; aber in einem objektiven Sinne diente er zugleich auch der Sache eines *nationalen Staates,* dem Anliegen seiner politischen Gegner.« Bismarcks preußische Reichsgründung, der höchste Triumph Preußens, erwies sich im Endergebnis als der Anfang von Preußens Ende. Immerhin, das Ende machte den Triumph nicht ungeschehen. Wenige Staaten sind ruhmvoller in ihr Verderben gegangen als das Preußen Bismarcks.

Die Rolle Bismarcks in der *preußischen* Geschichte liegt heute klar vor Augen: eine abschließende Rolle, großartig und verhängnisvoll, die Rolle eines Vollenders – und eines Zerstörers wider Willen. Seine Rolle in der *deutschen* Geschichte ist viel schwerer zu beurteilen.

War Bismarck eigentlich ein Glück oder ein Unglück für Deutschland? Darüber streiten sich die Historiker noch heute; heute mehr denn je. Eines kann man mit Sicherheit Sagen: Ohne Bismarck, ohne sein ganz persönliches gewaltiges und gewaltsames Eingreifen, wäre die deutsche Geschichte der neueren Zeit anders verlaufen, als sie verlaufen ist – und glücklich ist sie ja nicht gerade verlaufen.

Friedrich Meinecke, der bedeutendste deutsche Historiker der bismarckverehrenden Generation, hat nach 1945 traurig bekannt: »In der Leistung Bismarcks war etwas, das auf der Grenze zwischen Heilvollem und Unheilvollem lag und in seiner weiteren Entwicklung immer mehr zum Unheilvollen hinüberwachsen sollte.« Das ist vorsichtig und milde ausgedrückt. Man kann – man muß es heute wohl härter sagen: Das Reich, das Bismarck gründete, das Bismarck-Reich, war eine Fehlkonstruktion. Seine Kurzlebigkeit war kein Zufall.

Das Deutsche Reich wurde bekanntlich in Versailles gegründet, die Kaiserproklamation fand im französischen Königsschloß statt, während draußen die Kanonen donnerten. Das hatte etwas von Hybris, und es legte dem neuen Staat die Erbfeindschaft seines nächsten Nachbarn sozusagen in die Wiege. Das Reich war das Produkt dreier Kriege – ein fatales Gesetz, unter dem es ins Leben trat. Als der neue Kaiser mit seinen Paladinen an der Spitze seiner siegreichen Truppen durch das Brandenburger Tor ritt, wo die Berliner Mauer stand, herrschte Jubel, begreiflicherweise; aber es war vielleicht mehr Siegesjubel als innerliche Freude über die endlich geschaffene nationale Einigung. Denn so, wie es sich die deutsche Nationalbewegung vorgestellt hatte, sah die neue Einheit ja eigentlich nicht aus.

Die Einheitsbewegung war eine »linke« Bewegung gewesen, auch wenn sich viel Romantisch-Deutschtümelndes daruntermischte. Ihre Farben waren Schwarz-Rot-Gold. Ihr Höhepunkt war die Revolution von 1848 – eine Revolution für Einheit und Freiheit, die schließlich blutig niedergeschlagen wurde, hauptsächlich von der preußischen Armee.

Und nun hatte der preußische Militärstaat mit der preußischen Armee den geschlagenen Revolutionären vorexerziert, wie man die Einheit macht – eine Einheit mit den Farben Schwarz, Weiß und Rot. Das war verwirrend. Die Einheit, die man gewollt hatte, man hatte sie nun – aber so ganz anders, als man sie gewollt hatte.

Immerhin hatte Bismarck seinem Deutschland ein Parlament gegeben, und sein Reichstag wurde nach dem damals modernsten Wahlrecht gewählt. Aber Bismarck hatte gleichzeitig dafür gesorgt, daß der Reichstag politisch machtlos blieb. Was immer Bismarck war, ein Erzieher zu verantwortlicher parlamentarisch-demokratischer Regierungsweise war er nicht. Er trat vor dem Reichstag, wie schon bemerkt, gern in Uniform auf, die er sonst nicht besonders liebte, und bei seinen Reichstags reden hat man oft das Gefühl, einen strengen Lehrer zu hören, der eine unbotmäßige Klasse zusammenstaucht. Die parlamentarischen Bierabende und Frühschoppen, die er gelegentlich leutselig veranstaltete, halfen da nicht viel. Er blieb im parlamentarischen Betrieb ein hochmütiger Fremder, und seine Abneigung wurde erwidert. Übrigens waren die Bismarckschen Reichstage von hoher Qualität. Es gab da von Bennigsen über Windthorst bis Bebel wirkliche politische Talente. Bismarck ließ keinen hochkommen. Sie waren ihm einfach hinderliche Gegner, die er nach Kräften lähmte und knickte.

Und wie die Männer, so die Parteien. In Bismarcks Preußen und Deutschland formierten sich die drei großen Volksparteien, in denen die politische Nation sich artikulierte und zur Mündigkeit durchzuringen suchte: in der

Reihenfolge ihres Auftretens die Liberalen, das Zentrum und die Sozialdemokraten. Es sind dieselben drei Parteien, die wir heute noch haben, die jetzt die Bundesrepublik tragen. Bismarck verdanken sie nichts. Für ihn waren sie sämtlich Feinde, »Reichsfeinde«, die er bekämpfte und, wenn nicht zu vernichten, so doch zu lähmen und zu zähmen versuchte. Gelungen ist ihm das nur bei den Liberalen – nicht zu ihrem Vorteil; beim Zentrum und bei den Sozialdemokraten nie.

Wie in der Außenpolitik hat Bismarck in der Innenpolitik drei Kriege geführt, unblutige Kriege: in den 60er Jahren mit dem Verfassungskonflikt gegen die Liberalen, in den 70er Jahren mit dem Kulturkampf gegen das Zentrum und in den 80er Jahren mit dem Sozialistengesetz gegen die Sozialdemokraten. Gewonnen hat er nur den ersten. Der Kulturkampf und die Sozialistenverfolgung waren verlorene innenpolitische Feldzüge, und sie haben die deutsche Politik nachhaltig vergiftet.

Es hat keinen Zweck, um diese beiden tiefen Schatten in Bismarcks glorreicher Erfolgsgeschichte herumzureden. Dabei machte er im Kulturkampf die noch schlechtere Figur, denn hier war Bismarck, was er sonst niemals war: konzeptionslos. Er handelte wie irgend ein Dutzendpolitiker aus Gereiztheit und Ärger. Der Ärger über den erstarkenden politischen Katholizismus war verständlich. Denn dieser politische Katholizismus vertiefte ja den heimlichen Spalt zwischen dem protestantischen Norden und dem katholischen Süden und Westen des Reiches. Außerdem war er gerade damals, nach dem ersten Vatikanischen Konzil, auf dem die Unfehlbarkeit des Papstes verkündet worden war, eine betont internationale »ultramontane« Bewegung mit starken Verbindungen nicht nur nach Rom, auch nach Wien, auch nach Paris. Ärgerlich; aber was glaubte Bismarck eigentlich dagegen tun zu können? Er war ja kein Luther, auch wenn er gewisse lutherische Züge in seinem Charakter hatte. Er konnte die katholische Kirche nicht reformieren, nicht ändern, nicht einmal beeinflussen oder spalten. Er konnte sie nur schickanieren. Und das hätte er sich eigentlich im voraus sagen können, daß er sie damit nur stärken und erbittern, niemals besiegen konnte. Dem Kulturkampf fehlte der strategische Grundgedanke. Die Geschicklichkeit, mit der Bismarck den verlorenen Kampf schließlich irgendwie ohne allzu großen Gesichtsverlust zu Ende brachte – das ist noch das Beste, was sich darüber sagen läßt.

Den Kampf gegen die Sozialdemokraten beendete er nie, das tat erst Wilhelm II., und die Bismarcksche Verfolgung war noch härter und schikanöser, wenn auch, gemessen an der späteren Hitlerschen Sozialistenverfolgung, immer noch glimpflich. Das Ergebnis aber war das gleiche wie beim Kulturkampf: Verfolgung stärkte die Partei, die sie schwächen sollte. Dabei hatte Bismarck in diesem Fall sogar einen strategischen Gedanken: die Sozialversicherung! Sozialversicherung scheint uns heute eine Selbstverständlichkeit. Damals aber war sie eine revolutionäre Neuheit, und sie erfunden und durchgesetzt zu haben, gehört zu Bismarcks politischen Großtaten. Aber freilich war sie für ihn auch eine Waffe im Kampf gegen die Sozialdemokratie, die positive Kehrseite der Verfolgung: »Den Mut zu den Repressionsmaßnahmen«, sagte er im Reichstag, »schöpfe ich nur aus meinem guten Willen, daran zu arbeiten, daß die wirklichen Beschwerden, die wirklichen Härten des Schicksals, über die die Arbeiter zu klagen haben, gemildert werden, daß ihnen abgeholfen wird«.

Man darf ihm das abnehmen. Das Proletarierelend war damals, in der Gründerzeit und noch mehr in der folgenden langen Wirtschaftskrise nach dem Gründerkrach, tatsächlich oft himmelschreiend, und Bismarck war nicht herzlos. Er wollte wirklich helfen. Aber zugleich wollte er damit eben die SPD mattsetzen. Und das gelang ihm nicht, mit dem Zuckerbrot der Sozialversicherung so wenig wie mit der Peitsche des Sozialistengesetzes. Sein »Almosensozialismus« erzeugte keine Dankbarkeit, die SPD wurde von Wahl zu Wahl stärker, und der Kanzler verhärtete sich. Der bittere Kampf endete nicht bis zu seiner Entlassung.

Nein, für die innere politische Entwicklung Deutschlands war der Reichskanzler Bismarck kein Segen. Ein Segen aber war er für Europa! Seine Außenpolitik nämlich war nach 1871 reine Friedenspolitik. Eine Friedenspolitik, wie man sie nach Bismarck in Deutschland jahrzehntelang nicht gekannt und nicht begriffen und erst in unseren Tagen wieder entdeckt hat. Heute erst merkt man denn auch, eine wie schwere Kunst Friedenspolitik in einer Welt souveräner Staaten und rivalisierender Großmächte ist, und man fängt an, den Einfallsreichtum und die Virtuosität zu bewundern, mit der Bismarck diese Kunst betrieb, und die Meisterschaft, zu der er es darin brachte.

Über den drei Kriegen, die Bismarck siegreich geführt hat, wurde lange Zeit der Krieg übersehen, den er verhindert hat: 1878, als die Russen vor Konstantinopel standen und England bereit war, zur Verteidigung seiner Orientinteressen zu den Waffen zu greifen. Der Krieg, der damit drohte, wäre ein Weltkrieg geworden. Und da war es Bismarck, der eingriff, die streitenden Parteien und ihre potentiellen Verbündeten auf dem Berliner Kongreß zusammenbrachte und als »ehrlicher Makler« eine friedliche Einigung herbeiführte.

Interessant übrigens, daß dieser europäische Kongreß jetzt wie selbstverständlich in Berlin tagte – nicht mehr in Wien oder in Paris wie einst. Berlin war unter der Hand so etwas wie die Hauptstadt Europas geworden, der Punkt, wo alle Fäden europäischer Politik zusammenliefen. Und der Mann, der die Fäden in der Hand hielt, war eben Bismarck. Er war der vierte der heimlichen Herrscher Europas im 19. Jahrhundert, insoweit der Nachfolger Napoleons I., Metternichs und Napoleons III., und seine Herrschaft war von allen vieren die gewaltloseste – man möchte sagen: die geistreichste.

Ein Wort Friedrich Naumanns ist hier einschlägig: »Bismarck sah Europa von Preußen aus.« Auch und gerade nach 1870. Preußen nämlich war jetzt, in Bismarcks Worten, ein »saturierter Staat«. Deutschland war es nicht, wie sich bald zeigen sollte. Bismarck blieb aber im tiefsten Grunde eben immer ein preußischer Politiker, und dieselbe – wenn man will: Enge dieses preußischen Gesichtspunkts, die seine deutsche Innenpolitik so unfruchtbar machte, machte seine europäische Politik so segensreich.

Unter Wilhelm II., in der zweiten Periode des Kaiserreichs, wurde dann alles umgekehrt: Im Inneren wehte eine freiere Luft; in der Außenpolitik ging es »Volldampf voraus« in die erste Katastrophe.

Mit der Thronbesteigung Wilhelms II. beginnt auch Bismarcks persönliche Tragödie – eine ironische Tragödie, denn Bismarck fiel in eine Grube, die er selbst gegraben hatte. Er hatte seinerzeit im preußischen Verfassungskonflikt die schon fast anachronistisch gewordene Selbstherrlichkeit des »monarchischen Regiments« gerettet – und damit die Macht geschaffen, gegen die er nun wehrlos war. (Kein Parlament, keine Partei, keine Volksbewegung hätte ihn stürzen können; aber dafür konnte es jeder Monarch, wenn er wollte, nach Laune und Willkür.) Dem alten Kaiser hatte Bismarck sich unentbehrlich zu machen gewußt. Dem jungen war er mehr als entbehrlich, er war ihm lästig. Wilhelm II., ehrgeizig und hochfliegend, hatte das Wort eines Höflings im Ohr: »Wenn Friedrich der Große einen Bismarck als Kanzler vorgefunden hätte, wäre er nicht der Große geworden.« Und um den alten Kanzler war es sehr einsam geworden. Als es zur Krise kam, zeigte sich, daß niemand hinter ihm stand. Er hatte eben niemals Anhänger geworben; er hatte eigentlich nur Gegner. Es kam die furchtbare Szene am Morgen des 15. März 1890 in Bismarcks Arbeitszimmer, die man in »Gedanken und Erinnerungen« mit Galle geätzt nachlesen kann. Und dann die Entlassung.

Die Entlassung war schnöde und unschön. In der Sache, um die es vordergründig ging, kann man aber nicht sagen, daß der alte Bismarck recht und der junge Kaiser unrecht hatte. Es war eine neue Zeit angebrochen – die Zeit der Industrialisierung, der Arbeiterbewegung, der Klassenkämpfe.

Bismarck wollte sie mit den alten Methoden des Verfassungskonflikts von 1862 angehen. Der Kaiser, obwohl unstet und schwankend, hatte die Vision einer durch Duldung versöhnten, staatstreuen Sozialdemokratie. Auf lange Sicht hat er damit recht behalten. Bismarcks Kampfmethoden hätten vielleicht aus Sozialdemokraten doch noch Bolschewiken gemacht.

Wie dem auch sei, es ging nicht mehr nach ihm. Bei der mühsam arrangierten, falschen Versöhnung von 1894 erschien der Alte aus dem Sachsenwald noch einmal im Wilhelminischen Berlin, wo er schon ganz ein Fremder geworden war, wie Bankos Geist beim Gastmahl in Shakespeares Tragödie. Sein politisches Leben war zuende.

Aber wir sind mit Bismarck noch nicht zuende, und das Wichtigste über seine Person ist vielleicht immer noch ungesagt. Zum Beispiel, daß Bismarck die größte deutsche Prosa zwischen Goethe und Thomas Mann geschrieben hat, und daß man, wenn man ihn liest, immerfort an Goethes Wort denken muß: »Will jemand einen großartigen Stil schreiben, so habe er einen großartigen Charakter.«

Von Goethe übrigens hat Bismarck nicht viel gehalten, seine literarischen Götter waren Shakespeare und Schiller. Goethe nannte er »eine Schneiderseele«. Eine Frechheit, die man sich von keinem anderen gefallen lassen würde, aber bei Bismarck versteht man, was er meint, und vielleicht führt es uns sogar auf eine Spur: Das Weiche an Goethe, das Fragmentarische, die Fluchtneigung, die ewig abgebrochenen Liebesgeschichten, das Verwöhnte, das Konziliante – von alledem war Bismarck das Gegenteil, und er konnte schlechterdings kein Verständnis dafür haben. Bismarck war nicht weich, sondern hart, auch wenn es eine angelernte Härte war; kein Götterliebling, eher von düsterer Gemütsart; voller Widersprüche, die er nie glättete und versöhnte wie Goethe, sondern die er auf die Spitze trieb, immer wieder, bis zum Äußersten; ein Chaotiker, der Ordnung schaffte; ein Nihilist, der sich zum Glauben zwang.

Über Bismarcks Glauben hat Dostojewski das Tiefste gesagt. »Viele starke Menschen«, schreibt Dostojewski, »haben ein leidenschaftliches Bedürfnis, jemand oder etwas zu finden, vor dem sie sich beugen können. Für einen starken Menschen ist es oft sehr schwer, die eigene Stärke zu ertragen. Sie wählen Gott, um sich nicht vor Menschen zu beugen; natürlich ohne selbst zu ahnen, was sie innerlich dazu bewegt. Vor Gott sich zu beugen, ist nämlich für ihren Stolz nicht so erniedrigend. Man kann wohl sagen, daß aus ihrer Mitte die inbrünstigsten Gläubigen hervorgehen; oder richtiger: solche, die den inbrünstigsten Wunsch haben zu glauben, und diesen Wunsch schon für den Glauben selbst halten. Gerade von diesen werden viele zuguterletzt zu Enttäuschten.« Soweit Dostojewski.

Soviel kann man jedenfalls sagen: Bismarcks Entschluß zum Glauben war ein gewollter Entschluß, und es ist bemerkenswert, daß er zusammenfiel mit seiner Liebe zu einer frommen Frau, und daß er in seinem Alter einmal bekannte, seine Religiosität habe zugleich mit seiner Sexualität nachgelassen. Bismarck zwang sich gleichzeitig zur Liebe und zum Glauben, und übrigens unmittelbar danach, und erst dann, auch zur Tätigkeit, zur Verantwortung, zur Politik. Vorher hatte er, trotz wilder Duell- und Weibergeschichten, nicht geliebt, nicht geglaubt, nichts getan und aus seiner hinterpommerschen Einöde geschrieben: »Es ist zum Hängen langweilig«. Ein gewaltiges Leben vor einem schwarzen Hintergrund von Melancholie und Langeweile – und zum Schluß (die Frau ist tot, das Werk getan, die Flamme erloschen) wieder zurücksinkend in Melancholie und Langeweile. Keine Freude am Geleisteten, keine Freude am Ruhm. Verehrung, Huldigungen, Denkmäler, Vergötterung – alles kein Trost, alles gleichgültig, alles langweilig. Es ist erschütternd – und großartig.

Bismarck war ein Kind der norddeutschen Tiefebene, und diese ernste Landschaft mit ihren Feldern und Wäldern und ihren weiten Himmeln hat ihn geprägt, dort fühlte er sich zu Hause. Nie in einer Stadt, auch nicht in Berlin, wo er nie ein Haus hatte. Seine Einfälle und Gedanken hatte er in freier Luft, am liebsten auf langen Waldspaziergängen. Er liebte Bäume und Tiere. Viel Menschenliebe hatte er nicht. Was er davon hatte, konzentrierte er ganz auf seine Frau und seine Familie, und es war eine sehr besitzerische, für seine Söhne manchmal bedrückende und erdrückende Liebe. Aber seine Frau hat er damit glücklich gemacht, und er erlahmte nie in seinem bewußten Willen, sie glücklich zu machen – man braucht nur seine Briefe zu lesen. Johanna war keine geistreiche Frau, auch keine Schönheit. Er liebte sie, weil sie seine Frau war; so wie er Preußen liebte, weil es sein Land war.

Dabei war Johanna im Anfang beinahe nur ein Ersatz gewesen – die Freundin der wahren und ersten großen Liebe, Marie von Thadden, die ihm als Frau eines Freundes unerreichbar gewesen war. Später hat er sich noch einmal leidenschaftlich verliebt, in eine junge russische Fürstin, »die ein wenig war wie Marie«. Aber diese Liebe unterdrückte er.

Die Episode spielte sich 1862 ab. Bismarck war zur Erholung in Südfrankreich, konnte sich nicht trennen und hätte darüber fast die Chance seiner Ernennung zum Ministerpräsidenten versäumt.

Der 40jährige Bismarck schreibt an seinen Bruder: »Das Leben ist wie ein geschicktes Zahnziehen; man denkt, das Eigentliche soll erst kommen, bis man mit Verwunderung sieht, daß es schon vorbei ist.« Sechs Jahre später fühlt er sich bereits »geistesträge, matt und kleinmütig. Vor drei Jahren hätte ich noch einen brauchbaren Minister abgegeben, jetzt komme ich mir in Gedanken daran vor wie ein kranker Kunstreiter, der seine Sprünge machen soll.« Als er Ministerpräsident ist, klagt er auch wieder: »Es ist soviel Müssen in meinem Leben, daß ich selten zum Wollen komme.«

Auch in seinen großen Jahren war Bismarck kein glücklicher Mensch. Das war er nie. Aber die letzten Jahre sind schiere Tragödie. Er war voll Groll und Haß, im übrigen gelangweilt, melancholisch, gebrochen. Als 1894 auch noch Johanna starb, wird ihm alles »öde und leer«. Aus den letzten Jahren gibt es Äußerungen von einer shakespearehaften Gewalt des Pessimismus: »Die Leidenschaften des Menschen vertilgen sich gegenseitig«, schreibt er, »die Politik war die stärkste Forelle in meinem Fischteich, sie fraß alle anderen und wurde mir dann schließlich selbst zum Ekel. Wollte ich sie heute betreiben, so wäre es eine Landpartie in Regen und Schmutz.«

Bismarck war ein Pessimist durch und durch. Er hätte ein böser Mensch sein können. Es gab Augenblicke, in denen er es war.

Das Ergreifende ist, daß er schließlich doch kein böser Mensch war, daß der endgültige Eindruck von ihm ein edler bleibt. Es war etwas in ihm, das ihn immer – fast immer – zügelte, das stärker war als Haß, Eigenliebe, Nihilismus und gekränkter Stolz. Dies Stärkere war nicht seine Religion (Demut vor Gott, die er hatte, machte ihn gegen Menschen fast noch stolzer), auch nicht die Konvention des hochzivilisierten Zeitalters, in dem er lebte und wirkte (auf die gab er wenig), sondern etwas viel Ausgesuchteres, Exquisiteres: der unerbittliche Anspruch seines politischen Künstlertums! Er vergab sich alles, nur keine politischen Kunstfehler. Wo sie seine Politik gestört hätten, mußten selbst Kränkung und Stolz zurückstehen. Eine politische Gewissenhaftigkeit höchsten Ranges ersetzte bei ihm das sittliche Gebot. Es gibt Augenblicke bei Bismarck, wo seine politische Kalkulation von höchster, strahlender Moralität nicht mehr zu unterscheiden ist.

Der berühmteste dieser Augenblicke ist die Krise in Nikolsburg, bei der es um den Waffenstillstand und Frieden im Kriege von 1866 ging. Bismarck riskierte alles und ging bis zur Selbstmorddrohung, um seinem König und der siegreichen Generalität, die hinter ihm stand, Mäßigung aufzuzwingen und ritterliche Schonung des besiegten Österreich durchzusetzen. Es dürfe keine Annexionen geben, keine nachträgliche Erweiterung der Kriegsziele, nicht die Demütigung eines militärischen Einzugs in Wien. Er gebrauchte Argumente, die ein erleuchteter Priester oder Philosoph nicht besser formulieren könnte: der Sieger habe kein Richteramt; Niederlagen machen den Besiegten nicht zum straffälligen Verbrecher. Aber er sprach nicht als Priester oder Philosoph; er sprach als Politiker: er brauchte ein versöhntes Österreich, da er sich ein friedliches Europa mit einem vernichteten Österreich nicht vorstellen konnte.

Entwertet das Bismarcks Nikolsburger Haltung? Es ist auch möglich zu sagen: es stellt sie noch höher. Für den unpolitischen Moralisten ist es leicht, dem Sieger im Kriege Mäßigung und Menschlichkeit zu predigen. Aber politische Klugheit und Weitsicht bis zu dem Punkt zu treiben, wo sie von den höchsten Geboten der Moral nicht mehr zu unterscheiden sind, und das im berauschenden, das eigene Urteil korrumpierenden Augenblick des Sieges: das ist selten und kostbar.

Es hat solche hohen Augenblicke immer wieder im politischen Leben und Wirken Bismarcks gegeben; und was sie doppelt großartig macht, ist, daß der Mann und Künstler, der sie zustande brachte, von Natur kein milder und kühler Mann war, sondern ein harter, dunkler und leidenschaftlicher.

Bismarcks Werk hat wenig Dauer gehabt. Sein Wirken bleibt trotzdem ewig faszinierend. Es bleibt ein Nachhall wie von großer Musik, – »ich will Musik machen, wie ich sie für gut befinde oder gar keine«, so hat er einmal gesagt. Was er gebaut hat, waren Strukturen aus Fließendem, so wie Symphonien Strukturen aus Fließendem sind, kommend und gehend wie Wasserwogen ... Der Vergleich stammt von Bismarck selbst. Hier ist ein letztes Bismarck-Zitat – nicht etwa, wie man denken könnte, von dem verbitterten Bismarck der letzten Jahre, sondern aus seiner größten Zeit: »Wie Gott will; es ist ja alles doch nur eine Zeitfrage. Völker und Menschen, Torheit und Weisheit, Krieg und Frieden, sie kommen und gehen wie Wasserwogen, und das Meer bleibt. Was sind unsere Staaten und ihre Macht und Ehre vor Gott anderes als Ameisenhaufen und Bienenstöcke, die der Huf des Ochsen zertritt oder das Geschick in Gestalt eines Honigbauern ereilt.«

Soviel traurige Weisheit, und dann doch, im Angesicht der Vergeblichkeit, soviel Tat – das ist Bismarck. Man findet es nicht oft zusammen. Wer ein Ohr für diesen besonderen Akkord hat, den ergreift es, wie sonst kaum etwas auf der Welt.

THEODOR FONTANE

SEBASTIAN HAFFNER

30.12.1819	geboren in Neuruppin
1836-1840	Apothekerlehrling in Berlin
1844	Einjährig-Freiwilliger bei einem Garde-Grenadierregiment; erste England-Reise; Aufnahme in den Dichterverein »Tunnel über der Spree«
1845	Verlobung mit Emilie Rouanet-Kummer
1847	Staatsexamen; Approbation als Apotheker erster Klasse
1849	gibt den Apothekerberuf auf, um künftig als freier Schriftsteller und Journalist zu leben; Korrespondent der »Dresdner Zeitung«
1851	Gedichte
1852	zweite Englandreise
1855-1859	Korrespondent in London; leitet dort die im Auftrag Manteuffels erscheinende deutsch-englische Korrespondenz
1859	Rückkehr nach Berlin; beginnt an den »Wanderungen durch die Mark Brandenburg« zu arbeiten (abgeschlossen 1882)
1860-1870	Eintritt in die Redaktion der Berliner »Kreuzzeitung«; folgt in den Feldzügen von 1864, 1866 und 1870 als Kriegsberichterstatter den preußischen Heeren
1870-1873	gerät vorübergehend in französische Gefangenschaft; Internierung auf der Ile d' Oléron; trennt sich von der »Kreuzzeitung«; geht als Theaterrezensent zur »Vossischen Zeitung«; gleichzeitig Mitarbeiter bei verschiedenen Berliner Blättern
1874	Italienreise
1876-1898	kurzes Zwischenspiel im Staatsdienst als erster Sekretär der Akademie der Künste; schreibt in den folgenden 22 Jahren insgesamt 14 Romane und Erzählungen, u. a. die Romane: »Vor dem Sturm«, 1878; »L' Adultera«, 1882; »Schach von Wuthenow«, 1883; »Irrungen Wirrungen«, 1888; »Frau Jenny Treibel«, 1893; »Effi Briest«, 1895; »Die Poggenpuhls«, 1896: »Der Stechlin«, 1897; wird Ehrendoktor der Berliner Universität
1898	stirbt am 20. September im Alter von 79 Jahren in Berlin

Theodor Fontane, zu Beginn des Jahres 1888, Zeichnung von Ismael Gentz

Wer kennt sie noch: die Heyse, Geibel, Freiligrath, Spielhagen, die großen literarischen Berühmtheiten des 19. Jahrhunderts? Sie sind heute vergessen. Auch solche, die noch vor 30, 40 Jahren erstaunliche Auflagen erzielten und regelrechte Publikumslieblinge waren – Wilhelm Raabe, Gustav Freytag, Felix Dahn, Theodor Storm, Willibald Alexis – sie sind heute im Verblassen.

Ganz anders steht es mit Theodor Fontane, einem Zeitgenossen dieser ehemaligen Berühmtheiten! Er wurde 1819 geboren und starb 1898, gehört also ebenfalls ganz zum 19. Jahrhundert, auf das man heute im allgemeinen mit einem halb gequälten, halb amüsierten Lächeln zurückblickt. Geboren in Neuruppin, gestorben in Berlin, selten über die Mark Brandenburg hinausgekommen, deren Chronist er war, gehörte er außerdem sehr bewußt einem Staate an, der untergegangen ist: Preußen. Auch die Gesellschaftsklassen und -gruppen, für die er schrieb, gibt es nicht mehr: weder das preußische Junkertum noch das Berliner Judentum. Wie man es auch ansieht, Fontane stammt aus einer versunkenen Welt.

Aber Fontane, das ist das Erstaunliche, wird von Jahrzehnt zu Jahrzehnt vernehmlicher. Seine Gestalt wird immer lebendiger und interessanter; es ist, als würde er erst heute entdeckt. Und die großen Romane seiner Spätperiode finden mehr Leser denn je. Sein Briefwerk wird erst jetzt wirklich entdeckt, genossen und verstanden als das Kompendium ironischer Lebenskritik und Lebensweisheit, das es ist. Und auch seine Alterslyrik gewinnt von Jahr zu Jahr mehr Leben. Während seine Zeitgenossen absterben, wird Fontane zum Klassiker – nein, besser gesagt: Er wird aktuell.

Hier setzt sich etwas fort, das schon Fontanes Leben seine Eigentümlichkeit gab: Eine Lebenskurve, die erst sehr spät, dann aber unaufhaltsam ansteigt. Fontane fing an in einem Alter, in dem andere aufhören. Er veröffentlichte seinen ersten Roman mit 58 Jahren und schrieb seine größten Werke als Mittsiebziger.

Thomas Mann, in mancher Hinsicht Fontanes Schüler und Fortsetzer, hat diese erstaunliche Spätentwicklung biologisch-psychologisch gedeutet. »Scheint es nicht«, schreibt er, »daß er alt, sehr alt werden mußte, um ganz er selbst zu werden?« Und er fährt fort: »Wie es geborene Jünglinge gibt, die sich früh erfüllen und nicht reifen, geschweige denn altern, ohne sich selbst zu überleben, so gibt es offenbar Naturen, denen das Greisenalter das einzig gemäße ist, klassische Greise, sozusagen ... Man betrachte seine Bildnisse: das jugendliche im ersten Band der Briefe an seine Freunde etwa neben der späten Profilaufnahme, die den Nachlaßband schmückt. Man vergleiche das blasse, kränklich-schwärmerische und ein bißchen fade Antlitz von dazumal mit dem prachtvollen, fest, gütig und fröhlich dreinschauenden Greisenhaupt, um dessen zahnlosen, weiß überbuschten Mund ein Lächeln rationalistischer Heiterkeit liegt ... und man wird nicht zweifeln, wann dieser Mann und Geist auf seiner Höhe war, wann er in seiner persönlichen Vollkommenheit stand.«

Das ist wahr. Aber es ist auch wieder weniger als die ganze Wahrheit. Man kann nicht sagen, daß Fontane sozusagen nur abzuwarten brauchte, bis der große alte Mann, der in ihm steckte, voll ausgereift war. Man kann ihn nicht einmal einen eigentlichen Spätentwickler nennen. Das große Talent war sehr früh da, auch der ganz eigene Tonfall, die unverwechselbare Handschrift. Die berühmten klassischen Preußengedichte zum Beispiel, der alte Derfflinger, der alte Dessauer, »Ziethen aus dem Busch«: diese so gar nicht überschwenglichen, eigentümlich spröden Preisgedichte mit ihrem preußischen Understatement und ihrem berlinischen Witz, Gedichte, die niemand je vergißt, dem sie einmal ins Ohr geklungen sind – die hat Fontane alle als blutjunger Mensch geschrieben, mit einigen 20 Jahren, im Vormärz, als er, der Apothekergeselle aus der märkischen Provinz, in dem Berliner Dichterklub »Tunnel über der Spree« nichts als »ein kleines Kirchenlicht« war. Talent, Ehrgeiz, Eigenwuchs, Einfallsreichtum, übrigens auch unermüdlichen Fleiß – eigentlich hatte schon der junge Fontane alles, was zu einer großen literarischen Laufbahn gehört.

Warum dauerte es dann doch 30 Jahre bis zum Durchbruch? Warum die lange Durststrecke, das glanzlose Bedrückte seiner mittleren Jahrzehnte, die beinah verfehlte Existenz? Denn das war der Fontane der Jahrhundertmitte und seiner eigenen Lebensmitte: eine beinahe verfehlte Existenz – und man kann das »beinahe« sogar weglassen.

Fontane war diese 30 Jahre lang Journalist, was sein Zeitgenosse Bismarck bekanntlich »den Beruf der gescheiterten Existenzen« nannte. Und er war nicht etwa ein großer Journalist, nicht einmal ein bürgerlich erfolgreicher, geachteter Chefredakteur, sondern wirklich ein ganz kleiner, ganz armseliger Lohnschreiber, ein »Schmock« - um eine zeitgenössische Figur zu zitieren, mit der der 40- und 50jährige Fontane eine fatale äußere Ähnlichkeit aufweist. Denn wie Schmock schrieb er nicht, wie er *wollte*, sondern wie er *mußte*, oft gegen seine Überzeugung. Zehn Jahre lang, von 1861 bis 1870, verfaßte er in einer Berliner Redaktionsstube der Kreuzzeitung tagtäglich den »Englischen Artikel«, das heißt er bastelte aus englischen Zeitungsausschnitten schlecht und recht etwas zusammen, was dann als Beitrag eines - nicht existierenden - Londoner Korrespondenten ausgegeben wurde. Und das im Dienste einer frömmlerisch-reaktionären Zeitung, mit der er innerlich durchaus nichts zu tun hatte. Es ist jammervoll; und man kann dem strengen Georg Lukács durchaus zustimmen: Es grenzt ans Wunderbare, daß Fontane bei dieser jahrzehntelangen Selbstverleugnung und Selbsterniedrigung nicht moralisch verkommen ist.

Fontane selbst hat sich in einer berühmten späten Briefstelle über diese lange Berliner Misere ausgelassen: »Ohne Vermögen, ohne Familienanhang, ohne Schulung und Wissen, ohne robuste Gesundheit bin ich ins Leben getreten, mit nichts ausgerüstet als einem poetischen Talent und einer schlecht sitzenden Hose. (Auf dem Knie immer Beutel.) Und nun malen Sie sich aus, wie mir's dabei mit einer gewissen Naturnotwendigkeit ergangen sein muß. Ich könnte hinzusetzen, mit einer gewissen *preußischen* Notwendigkeit, die viel schlimmer ist als die Naturnotwendigkeit. Es gab natürlich auch gute Momente, Momente des Trostes, der Hoffnung und eines sich immer stärker regenden Selbstbewußtseins. Aber im Ganzen genommen darf ich sagen, daß ich nur Zurücksetzungen, Zweifeln, Achselzucken und Lächeln ausgesetzt gewesen bin. Daß ich das alles gleichgültig hingenommen hätte, kann ich nicht sagen. Ich habe darunter gelitten; aber andererseits darf ich doch auch wieder hinzusetzen: Ich habe nicht *sehr* darunter gelitten. Und das hing und hängt noch damit zusammen, daß ich immer einen ganz ausgebildeten Sinn für Tatsächlichkeiten gehabt habe. Ich habe das Leben immer genommen, wie ich's fand, und mich ihm unterworfen. Das heißt nach außen hin: in meinem Gemüte nicht.«

Da ist alles drin: die Bereitschaft zur Resignation und äußeren Unterwerfung, die ihn fast ruiniert hätte; der unbeugsame innere Vorbehalt, der ihn rettete; aber auch die ganz unergründliche - man könnte schon sagen: bodenlose Fontanesche Objektivität und Ironie, die es bis zum letzten durchaus offen läßt, was dabei nun eigentlich das Richtige und was das Falsche war, und die sein Eigentlichstes, Eigenstes und Größtes ist.

Es ist diese Objektivität und Ironie, die Fontane so modern macht. Thomas Mann hat sie von ihm gelernt oder geerbt – aber von den beiden großen deutschen Ironikern hat Fontane das Spiel viel weiter und viel tiefer getrieben. Bei ihm ist die Ironie nicht nur ein Kunstmittel wie bei dem Moralisten Thomas Mann, der am Ende doch nie einen Zweifel darüber läßt, was ihm gut und was böse ist. Bei Fontane gibt es kein wirkliches Gut oder Böse; überall bleibt ein letzter Vorbehalt, ein unaufgelöster Zweifel. Seine Welt und seine Gestalten – scheinbar mit so nachsichtiger Güte gezeichnet – schillern bis in den letzten Grund hinein; und diese berühmte Fontanesche nachsichtige Güte, dies »lächelnde Darüberstehen«, ist oft, auf eine unnachweisbare Art, schärfer, tieferblickend und gnadenloser als die ätzendste Kritik.

Man sehe sich z. B. einmal »Die Poggenpuhls« an, ein kleines Meisterwerk über eine verarmte Junkerfamilie in Berlin, die aus Geldmangel schon ins Schäbige absinkt und sich auch schon (auf eine ebenso tapfere wie etwas schmierige Art) damit abzufinden beginnt. Schon ist es ein halbes Glück, daß die Tochter einen wohlhabenden jüdisch-bürgerlichen Verehrer findet, der sie vielleicht heiraten und damit aus der Misere erlösen wird. Da stirbt, Gott sei Dank, ein Erbonkel, und, Glück über Glück, er hat auch wirklich allen ein paar tausend Mark ausgesetzt. Sein Tod erspart der Tochter die jüdische Heirat; sie wird statt dessen nun wohl eine alte Jungfer werden.

Thomas Mann *vielleicht,* Heinrich Mann *bestimmt* hätte daraus eine schneidende Satire gemacht. Bei Fontane nichts von Satire. Alles wird mit freundlichem Verständnis erzählt, einfühlsam, heiter-liebevoll, die Figuren werden geradezu gestreichelt. Aber im Streicheln wird ihnen, unter der Hand und wie aus Versehen, ein ganz feiner Riß zugefügt, der nie mehr heilt – auch beim Leser nicht.

Oder man nehme das Ende von »Effi Briest«. Man erinnert sich: Ehebruch aus trostloser Langeweile, Entdeckung, als alles längst vorbei und verjährt ist, Duell und Tragödie ohne jede Überzeugung, harte lebensvernichtende Verstoßung ohne eigentlichen Zorn, Menschenopfer unerhört, dargebracht für nichts als tote Konvention, an die schon niemand mehr glaubt: eine entsetzliche Geschichte. Und zum Schluß, was ist die letzte Botschaft der sterbenden Effi an ihren unseligen Mann und Zerstörer?

»Es liegt mir daran, daß er erfährt, wie mir hier in meinen Krankheitstagen, die doch fast meine schönsten gewesen sind, wie mir hier klargeworden, daß er in allem recht gehandelt. In der Geschichte mit dem armen Crampas –, ja, was sollte er am Ende anderes tun? Und dann, so weh es mir ankommt, daß er mein eigen Kind in einer Art Abwehr gegen mich erzogen hat, so hart es mir ankommt und so weh es mir tut, er hat auch darin recht gehabt. Laßt ihn das wissen, daß ich in dieser Überzeugung gestorben bin.« Das ist nicht Fontanes Überzeugung, beileibe nicht! Es ist im Grunde ein Schluß, so gräßlich bitter wie das »He loved Big Brother«, mit dem Orwells »1984« endet. Aber alle Bitterkeit – man hört es schon am Tonfall – ist sorgfältig wegfiltriert, und die letzte und schaurigste Pointe eines Romans, der eigentlich eine einzige Anklage ist, die Zustimmung des Opfers, wird doppelt entschärft in einem Akkord aus christlicher Vergebung und berlinisch-zynischem Achselzucken: »Ja, was sollte er am Ende anderes tun?« Die Art, wie das Empörende ergreifend und das Ergreifende dann schon fast komisch gemacht wird, ohne daß eins das andere aufhebt – es ist wahrhaft bodenlos.

In Fontanes äußerlich so gleichmäßigem und glanzlosem Leben gibt es doch zwei große dramatische Wendepunkte: einen, der hinab ins Trübe und Dunkle, und einen, der hinauf und hinaus ins Freie führt. Die Daten sind 1850 und 1876. Beide sind nicht nur biographisch interessant, sondern auch zeitgeschichtlich. Beide symbolisieren etwas: der erste das Scheitern der deutschen bürgerlichen Revolution von 1848; der andere die Emanzipation der deutschen Intellektuellen von der etablierten Macht. Fontane hat beides gründlich mitgemacht, ja beides individuell gelebt oder vorgelebt.

1848, die Berliner Märztage, die Barrikadenkämpfe, der kurze Triumph der Revolution und dann ihr trübes Versacken – dieses große und traurige Kapitel deutscher Geschichte hat eine größere Rolle im Leben des jungen Fontane gespielt, als er selber nachher lange Zeit wahrhaben wollte. Der junge Hilfsapotheker Fontane stand am 18. März hinter einer Barrikade, einer der Tausende unbekannter Berliner Straßenkämpfer – freilich mit einer Flinte, die aus einem Theaterfundus stammte und zu der er zwar Pulver, aber keine Munition besaß; und ziemlich bald ging er mit großem Katzenjammer nach Hause, mit einem »Elendsgefühl«, bedrückt von einer »großen Gesamtmiserabilität«. Immerhin, er ließ sich im Sommer noch in einer Berliner Bürgerversammlung zum Wahlmann aufstellen, er schrieb noch das ganze Jahr über revolutionäre Artikel, und noch zwei Jahre später, 1850, pilgerte er kurz entschlossen nordwärts, um sich, nach der verlorenen Schlacht von Idstedt, den schleswig-holsteinischen Freischaren anzuschließen.

Es war auf diesem Wege, in Altona, daß sich die erste große Lebenswende vollzog – die traurige, die falsche. Ein nachgesandter amtlicher Brief erreichte ihn da mit dem Angebot einer Stelle in einem ministeriellen »literarischen Büro« – heute würde man sagen: einer Propaganda-Abteilung – mit ganzen vierzig Talern Salär monatlich. Und das Ministerium, das ihn so billig einkaufen wollte, war das reaktionäre Ministerium Manteuffel, gegen das er eben noch hatte zur Waffe greifen wollen. Er nahm es als Schicksalsentscheidung, die er »dankbarst akzeptierte«. An seine Braut, die bereits jahrelang auf ihn wartete, schrieb er lakonisch: »Schleswig-Holstein aufgegeben. Wenn Dir's paßt, im Oktober Hochzeit.« Es paßte ihr, und es kam zu einer Ehe, die zwar dauerhaft, aber nicht gerade glücklich wurde. Jedenfalls: Braut Emilie dürfte bei Fontanes Entscheidung eine stille Hauptrolle gespielt haben, hatte er doch, mit seinem Entschluß ringend, geschrieben: »Ich hätte nicht den Mut, in die weite Welt zu gehen, während das Mädchen, daß ich zu lieben vorgebe, das vierte Jahr schwinden sieht.«

Was nun folgte, war ein Vierteljahrhundert loyale Fron, erst in Unsicherheit und halbem Elend – das »literarische Büro« wurde bald wieder aufgelöst – später in beengter, aber leidlich behaglicher Kleinbürgerlichkeit. Dazwischen gab es ein paar Aufenthalte in London und eine gefährliche Episode im siebziger Krieg: Er geriet als Kriegsberichterstatter ohne Uniform in Gefangenschaft und wäre fast als vermeintlicher Spion erschossen worden. Man sorgte für seine Verschonung – Bismarck setzte sich persönlich für ihn ein –, aber nachher ging es so trübselig-mittelmäßig weiter wie zuvor.

Endlich, 1876, kam der Mühe Lohn. Freunde und Gönner machten den braven, in Ehren ergrauenden gouvernementalen Journalisten und patriotischen Sonntagsdichter zum Sekretär der Preußischen Akademie: ein Posten, ehrenvoll, nicht ganz einflußlos im Personalbereich, vor allem materiell einigermaßen anständig dotiert, mit der Aussicht auf einen sorgenfreien Lebensabend: das preußische Äquivalent der Stifterschen Hofratsexistenz.

Und gerade da, nun es »geschafft« ist, explodiert Fontane! Ganze dreieinhalb Monate hält er es aus. Dann wirft er die Stelle hin: »Alles verdrießt mich, alles verdummt mich; alles ekelt mich an. Ich fühle deutlich, daß ich immer unglücklich sein, daß ich gemütskrank, schwermütig werden würde«, und springt über Bord in die ungewisse Freiheit einer reinen Schriftstellerexistenz, vor der er 26 Jahre früher geflohen war. Jetzt ist er 56. Es ist für ihn der wirkliche Anfang.

Zunächst aber gab es ein Eheproblem. Frau Emilie Fontane hatte tapfer, wenn auch nicht gerade freudig, ein Vierteljahrhundert lang Fontanes wenig glänzende Existenz geteilt. Jetzt, als ihr Mann aus dem endlich erreichten sicheren Hafen scheinbar grundlos aus brach, verlor sie fast den Verstand. »Ich habe furchtbare Zeiten durchgemacht«, heißt es in einem Fontaneschen Brief von damals. »Meine Frau, die große Meriten hat und in vielen Stücken vorzüglich zu mir paßt, hat nicht die Gabe des stillen Tragens, des Trostes, der Hoffnung. In dem Moment, wo ich ertrinkend nach Hilfe schrei und ein freundlich aus gestreckter Finger mich über Wasser halten würde, hat sie eine Neigung, ihre Hand nicht rettend unterzuschieben, sondern sie wie einen Stein auf meine Schulter zu legen.«

In Wirklichkeit paßte übrigens Frau Fontane durchaus nicht zu ihrem Mann; das einzig Gemeinsame war eigentlich, daß die wie er aus der französischen »Kolonie« stammte. Sehr weitgehend wiederholte Fontanes Ehe die seiner Eltern, die am Ende getrennt wurde: *er* spontan, ganz unkonventionell, geistreich, spottlustig, souverän; *sie* streng, konventionell, ernsthaft, lebensängstlich, und aus Angst manchmal hart. »Sie wäre eine vorzügliche Prediger- oder Beamtenfrau in einer gut und sicher dotierten Stelle geworden.« Daß Fontane diese Ehe, anders als sein Vater, bis zum Schluß durchhielt, 48 Jahre lang, ist vielleicht sein preußischster Zug! Von irgendwelcher Untreue ist nichts bekannt – wenn man nicht die ungewöhnlich herzlich-freundschaftliche Beziehung so nennen will, die zwischen dem alten Fontane und seiner klugen, ihm ähnlichen Tochter herrschte, und bei der es auch an ein bißchen einverständlicher médisance über Frau Emilie nicht immer fehlte.

Dabei war Fontane ohne jeden Zweifel seiner ganzen Anlage nach ein homme à femmes. Man merkt es seinen literarischen Frauengestalten an: die liebe, tapfere Lene Nimptsch und die prachtvoll robuste Witwe Pittelkow, die kindliche, passiv-gutartige Effi Briest, der das Leben so schaurig mitspielt, und die falsch-empfindsame (aber auch wieder ansprechend resolute) Frau Kommerzienrätin Treibel, ihre Gegenspielerin, die anmutig-gescheite (aber auch wieder ein bißchen berechnende) Corinna Schmidt, die berlinisch-tüchtige Mathilde Möhrig mit ihrer fast dämonischen Nüchternheit, schließlich – aber nicht zuletzt – das Schwesternpaar im Stechlin, besonders die wirklich berückende Melusine – es ist übrigens ganz Fontane, daß er den Leser mit aller Kunst in Melusine verliebt macht, um dann den Helden doch lieber die bravere und langweiligere Armgard heiraten zu lassen (und ihm dafür zustimmend auf die Schulter zu klopfen) –: das alles sind Gestalten, die nur eine tiefe, einfühlsame, unergründlich verständnisvolle, manchmal auch boshaft verständnisvolle Kennerschaft der Frauen ins Leben rufen konnte. Von ihnen allen geht, bei aller viktorianischen Dezenz der Darstellung, ein durchdringender erotischer Reiz aus.

Man darf aber Fontanes traurige, sozusagen verlorene Mittelperiode nicht nur Frau Emilie zur Last legen. Mindestens ebenso wichtig war die lange, man kann sagen lebenslängliche, trotzdem unglückliche Liebe Fontanes zum preußischen Adel. Es war doch kein reiner Zufall gewesen, daß das Ministerium Manteuffel seinerzeit den jungen Revolutionär eingekauft hatte. Man wußte in Regierungskreisen, daß er im Grunde seines Herzen kein revolutionärer Bösewicht war. Und er hatte seinerseits auch in seinen rötesten Tagen immer eine frühe Schwäche für die preußische Adelsschicht. In diesem langen unbelohnten Liebesdienst ging vieles durcheinander: Gewiß demütige Anpassung und Unterordnung, gewiß der »Sinn für Tatsächlichkeiten«, der das Leben nimmt, wie er es findet, gewiß ein wenig Liebedienerei und Hoffnung auf Gunst und Dank der Mächtigen, aber auch echte, von Herzen kommende Liebe. Es ist merkwürdig: eigentlich hat niemand je, vorher oder nachher, den im allgemeinen ja nicht so besonders beliebten, ziemlich rauhen, nüchternen und unbefleckten preußischen Land- und Militäradel mit so liebevollem Auge gesehen, ihm so viel ansprechende Züge abgewonnen, wie dieser kleinbürgerliche, provinzielle Berliner französisch-hugenottischer Herkunft.

Dieser Bürgerpoet mit seinen zerbeulten Hosen und seiner tief sitzenden Unkonventionalität hatte eine unerklärliche Schwäche für die Retzows, Bredows und Quitzows. Seine jahrzehntelange Werbung um sie und für sie war nicht nur Streberei (obwohl sie das ein bißchen *auch* war), es war wirkliche Liebe; wenn man will: Vernarrtheit. Man setzt nicht 15, 20 Jahre lang jeden freien Tag daran, die Mark Brandenburg, ihre Schlösser und Dörfer und Schlachtfelder forschend zu durchwandern und wandernd zu durchforschen, wie Fontane es in seinen verlorenen besten Jahren getan hat, man studiert nicht »Schlösser, Kirchen, Kirchhöfe, Inschriften, Grabschriften, Bilder, Statuen, Parks, Grafen, Kutscher, Haushälterinnen, bis einem der Kopf schwirrt«, und man schreibt nicht fünf dicke Bände voll mit den Ergebnissen dieser Studien ohne wirkliche Passion. Die »Wanderungen durch die Mark Brandenburg« sind nicht nur das beinah etwas zu gründlich aufgeführte Denkmal einer heute versunkenen Welt. Sie sind das Denkmal einer großen, ein wenig närrischen Liebe. Wenn heute diese versunkene Welt bei vielen, die sie nie gekannt haben, so etwas wie Wehmut und trauernde Anhänglichkeit weckt, dann verdankt sie das Theodor Fontane und keinem anderen.

Es gibt in Fontanes Werk ein noch größeres Denkmal dieser lebenslangen Leidenschaft als die »Wanderungen«. Das ist sein erster großer Roman, dem Umfang nach der größte von allen, an dem er mehr als zwölf bittere Jahre laboriert hatte und den er endlich, als erste Frucht seiner Selbstbefreiung, mit 58 Jahren, veröffentlichte: »Vor dem Sturm«. Ein gestaltenreiches historisches Riesenwerk, in dem ein Panorama Brandenburg-Preußens im Winter 1812/13 ausgebreitet wird. »Vor dem Sturm« ist lange Zeit nicht zum eigentlichen Kanon des anerkannten Fontaneschen Oeuvres gerechnet worden. Sein Riesenumfang hat wohl immer ein wenig abgeschreckt; auch fällt es irgendwie zwischen die Stühle, es gehört nicht mehr ganz dem frühen, dem preußischen, und noch nicht ganz dem späten, dem berlinischen Fontane an. Und doch beginnt man heute zu entdecken, daß es gerade mit dieser Zwielichtigkeit etwas ganz Besonderes auf sich hat: es ist der größte, vielleicht der einzige große historische Roman, den die deutsche Literatur hervorgebracht hat! Er fordert einen ungeheuren Vergleich heraus – und hält ihn merkwürdig gut aus: den mit Tolstois »Krieg und Frieden«. Es ist erstaunlich, daß Fontane diesen vielleicht höchsten aller Vergleiche, sicher unbewußt noch einmal herausgefordert hat: »Effi Briest« ist die deutsche »Anna Karenina«, wie »Vor dem Sturm« das deutsche »Krieg und Frieden« ist. Beide verhalten sich zu Tolstois Riesenepen ganz ähnlich wie das alte Preußen zum alten Rußland: sie sind kleiner, aber in manchem auch feiner – und ganz und gar aus derselben Familie.

Fontane ist nur noch einmal in die Welt von »Vor dem Sturm« zurückgekehrt: in der schon viel distanzierteren, viel kritischeren Meisternovelle »Schach von Wuthenow«, einer eigentümlich kalt-zärtlichen Studie preußischer Dekadenz. Fontanes Blick für die Schwächen und falschen Töne des Spätpreußentums schärfte sich in seinen letzten Lebensjahrzehnten. Was eine seiner Figuren im »Schach« dem Preußen von 1806 vorwirft – »statt der Ehre hat es nur noch den Dünkel und statt der Seele nur noch ein Uhrwerk – ein Uhrwerk, das bald genug abgelaufen sein wird«: das zielt auch auf das Spätpreußen seiner eigenen Zeit, das ja Bismarck auf eine doppeldeutige Weise schon halb im bürgerlichen neuen Deutschland hatte aufgehen lassen.

Apropos Bismarck! Apropos Bürgertum! Nichts haßte Fontane so von ganzem Herzen, mit einem beinahe komischen Haß, wie die Berliner Parvenu-Bourgeoisie der Gründerzeit. Über nichts konnte dieser ruhige, menschenfreundliche, skeptisch-distanzierte alte Herr sich noch so erregen wie über »das Hohle, Phrasenhafte, Lügenhafte, Hochmütige, Hartherzige des Bourgeois-Standpunktes«. Es ist merkwürdig: Die Junker, die ihn jahrzehntelang schlecht behandelt hatten, hat er geliebt. Die Berliner Bürger, die ihn nun endlich entdeckten und feierten, gingen ihm trotz allem lebenslänglich auf die Nerven; er machte keinen Hehl daraus. Was in seinen Berliner Romanen noch feine Ironie bleibt, wird in seinen Briefen oft zu schonungsloser Kritik.

Und Bismarck, zu dessen Wirken er, ebenfalls in seinen Briefen, eine Art lebenslangen Kommentar geliefert hat, und zwar den geistvollsten, den es bis heute gibt, war ihm auch nicht gerade ein Gegenstand der Heldenverehrung. Alles was Bismarck sagte und schrieb, war ihm »reiner Zucker«. Aber andererseits: »Diese Mischung von Übermensch und Schlauberger, von Staatengründer und Pferdestallsteuerverweigerer, von Heros und Heulhuber, der nie ein Wässerchen getrübt hat, erfüllt mich mit gemischten Empfindungen.«

»Er hat die größte Ähnlichkeit mit dem Schillerschen Wallenstein (der historische war anders): Genie, Staatsretter und sentimentaler Hochverräter. Immer ich, ich, und wenn die Geschichte nicht mehr weiter geht, Klage über Undank und norddeutsche Sentimentalitätsträne. Wo ich Bismarck als Werkzeug der göttlichen Vorsehung empfinde, beuge ich mich vor ihm; wo er einfach er selbst ist, Junker und Deichhauptmann und Vorteilsjäger, ist er mir gänzlich unsympathisch.« Ganz zum Schluß aber, nach Bismarcks Tod und kurz vor seinem eigenen (die beiden großen alten Männer aus Preußen starben innerhalb von drei Monaten), schrieb er dann doch die Verse:

Und kommen nach dreitausend Jahren
Fremde hier des Wegs gefahren
Und sehen, geborgen vorm Licht der Sonnen,
Den Waldgrund in Epheu tief eingesponnen
Und staunen der Schönheit und jauchzen froh,
so gebietet einer: Lärmt nicht so! –
Hier unten liegt Bismarck irgendwo.

Das schrieb derselbe alte Fontane, dessen Altersradikalismus ihn fast zum Sozialdemokraten – und das hieße heute: zum Kommunisten – machte, der die Bourgeoisie verachtete und haßte, seinen geliebten Adel gelegentlich schon »zu Ramses und Amenophis ins Ägyptische Museum« verbannte und alle Hoffnung auf den vierten Stand setzte – den er freilich aus persönlicher

Erfahrung kaum kannte und der in seinen Büchern kaum vorkommt. Fontane blieb eben, mit allem Radikalismus und aller kritischen Hellsicht, im Tiefsten doch Ironiker bis zuletzt: immer unberechenbar, immer auch plötzlich eine andere Seite entdeckend; immer – auch für sich selbst – im Letzten undurchschaubar, immer wieder auch sich selbst überraschend mit einer; plötzlichen Bosheit oder einem plötzlichen Großmutimpuls.

In seinen letzten 20 Lebensjahren wurde er eine Art lebendes Monument. In dieser Zeit schrieb er nicht nur sein gesamtes gewaltiges Romanwerk. Er wurde auch als Kritiker eine Stimme, auf die man hörte: der erste Entdecker und Förderer Gerhart Hauptmanns, der unerschrockene Vorkämpfer von Otto Brahms neuem Theater, der deutsche Verteidiger Ibsens und Zolas, der Schutzheilige einer ganzen neuen literarischen Generation. Nach so langer Verkanntheit und Demütigung war er endlich berühmt. Freilich, der rechte Ruhm, der, den er eigentlich gesucht hatte, war es nicht, und die rechte Befriedigung wollte sich nicht einstellen. »Man hat mich kolossal gefeiert – und auch wieder gar nicht« schrieb er nach seinem 75. Geburtstag. »Das moderne Berlin hat einen Götzen aus mir gemacht, aber das alte Preußen hat sich kaum gerührt.«

Das alte Preußen, das er doch längst durchschaut, längst mit kühlen oder bitteren Worten abgeschrieben hatte! Aber daß es sich zu seinem 75. Geburtstag kaum gerührt hatte, das schmerzte ihn. Und er nahm seine Rache – die nobelste, großmütigste Rache, die man sich ausdenken kann: In seinem letzten Buch, in Vorahnung des nahen Todes geschrieben, dem »Stechlin«, schuf er ein Preußen, das es wohl nie gegeben hatte, ein verklärtes Märchen-Preußen, und einen Junker, »nicht wie er ist, sondern wie er sein sollte« – nicht nur nobel, schlicht, gütig, sondern sogar, unglaubwürdigerweise, geistreich. Dieser alte Dubslav von Stechlin ist in Wahrheit der alte Fontane. Der verschämte Liebende hatte zum Abschied die Maske seiner Liebe aufgesetzt.

Es gibt in der Literaturgeschichte keine rührendere Abschiedsgeste; und keine wirksamere. Fontane selbst hat ein schönes Gedicht geschrieben von dem Herrn von Ribbeck auf Ribbeck im Havelland, der sich eine Birne ins Grab legen ließ, damit die Dorfkinder noch viele Jahre nach seinem Tode die Früchte des Birnbaums über seinem Grab genießen konnten:

So spendet Segen noch immer die Hand
Des von Ribbeck auf Ribbeck im Havelland.

Das ist ein unbewußtes Gleichnis dessen, was Fontane selbst mit dem »Stechlin« für Preußen getan hat. Auch seine Hand spendet immer noch Segen. Dank Theodor Fontane ist heute das versunkene Preußen vielerorts, was das wirkliche Preußen kaum war: geliebt.

FRIEDRICH ENGELS

SEBASTIAN HAFFNER

28.11.1820	wird als Sohn eines wohlhabenden Industriellen in Barmen geboren
1830-1841	Besuch des humanistischen Gymnasiums, das er ein Jahr vor dem Abitur verläßt und Militärdienst in der preußischen Armee
1842	tritt in das väterliche Zweiggeschäft in Manchester ein
1844	erste Begegnung mit Karl Marx
1847-1848	Friedrich Engels und Karl Marx veröffentlichen das »Kommunistische Manifest«
1848	kehrt nach Deutschland zurück und beteiligt sich aktiv an der Revolution; muß nach Frankreich fliehen
1849	Rückkehr nach Köln und Teilnahme am pfälzisch-badischen Aufstand; flieht – steckbrieflich verfolgt – in die Schweiz
1850	läßt sich endgültig in England nieder; Wiedereintritt in das väterliche Geschäft in Manchester; veröffentlicht seine Schrift »Der deutsche Bauernkrieg«
1869	verläßt das Geschäft in Manchester und siedelt nach London über; hier Sekretär der »Internationalen Arbeiterassoziation«
1870-1871	Militärkommentator des deutsch-französischen Krieges
1878	veröffentlicht »Herrn Eugen Dührings Umwälzung der Wissenschaft«
1884	veröffentlicht »Der Ursprung der Familie, des Privateigentums und des Staates«
1885	gibt den 2. Band des »Kapital« von Karl Marx heraus
1891	veröffentlicht »Die Entwicklung des Sozialismus von der Utopie zur Wissenschaft«
1894	gibt den 3. Band des »Kapital« von Karl Marx heraus
1895	stirbt am 5. August im Alter von 74 Jahren in London

Friedrich Engels, in seinen letzten Lebensjahren, anonyme Zeichnung

Im Herbst 1857 sah man auf der Börse in Manchester viele lange Gesichter, denn es war eine schwere Wirtschaftskrise ausgebrochen, und die Aussichten wurden von Tag zu Tag düsterer. Nur ein Börsenbesucher fiel durch seine glänzende Stimmung aus dem Rahmen und schien mit jeder Hiobsbotschaft heiterer zu werden, ein langer, reckenhafter Deutscher mit einem prächtigen Bart, der Prokurist der großen Textilfirma »Ermen & Engels«: *Friedrich Engels* mit Namen, Sohn des deutschen Firmengründers und Mitinhabers dieser deutsch-englischen Handelsgesellschaft. »Enorm fidel« fühlte er sich, schrieb er an seinen Freund Karl Marx in London. »Die Kerle ärgern sich schwarz über meine plötzlich sonderbar gehobene Laune; dabei prophezeie ich natürlich immer schwarz; das ärgert die Esel doppelt.«

Warum freute sich dieser Geschäftsmann so über die Krise, die doch auch seiner eigenen Firma hart zusetzte? Weil er ein höchst seltsamer Geschäftsmann war! Den »hündischen Kommerz« betrieb er nur, weil er mußte. (Er betrieb ihn trotzdem sehr tüchtig und erfolgreich. Mit 50 konnte er sich zur Ruhe setzen, und als er mit 74 starb, hinterließ er ein bedeutendes Vermögen.)

In Wahrheit aber fühlte er sich als Revolutionär, und er war längst zu der wissenschaftlich begründeten Überzeugung gekommen, daß große Wirtschaftskrisen der Nährboden der Revolutionen seien. Diesmal würde die Krise, davon war er überzeugt, »ungeahnte Dimensionen annehmen« ja: »diesmal ist kein neues Australien und Kalifornien mehr da zur Rettung, und China auf 20 Jahre im Drecke.« Es würde eine lange Krise werden – um so besser! Die Massen müßten durch chronischen Druck erst warm werden. »Das Proletariat schlägt dann besser«, schrieb dieser sonderbare Kapitalist an seinen Londoner Freund, »gerade wie eine Kavallerie-Attacke viel besser ausfällt, wenn die Pferde erst fünfhundert Schritt traben müssen, um an den Feind auf Karriere-Distanz zu kommen.«

Der Vergleich mit der Kavallerie-Attacke ist charakteristisch. Engels war nämlich nicht nur Kapitalist und Revolutionär, er war auch Militärfachmann und Amateurstratege; sein Spitzname im Freundeskreis war »General«. Diesmal bereitete er sich ganz ernsthaft und methodisch darauf vor, der General der kommenden Revolution zu werden. An Marx schrieb er: »1848 sagten wir: Jetzt kommt unsere Zeit; und sie kam in a certain sense. Diesmal aber kommt sie vollständig, jetzt geht es um den Kopf. Meine Militärstudien werden dadurch sofort praktischer, ich werfe mich unverzüglich auf die bestehende Organisation und Elementartaktik der preußischen, österreichischen, bayerischen und französischen Armeen, und außerdem nur noch auf Reiten, das heißt Fuchsjagden, was die wahre Schule ist.« – »Am Samstag war ich Fuchsjagen, sieben Stunden im Sattel. So eine Geschichte regt mich immer ein paar Tage höllisch auf. Es ist das großartigste körperliche Vergnügen, das ich kenne.«

Er war etwas zu früh vernügt, dieser Friedrich Engels. Die Militärstudien kamen nicht zur praktischen Anwendung, denn die Wirtschaftskrise ging vorüber, und die Revolution von 1858 blieb aus.

Und doch haben wir hier den ganzen Engels beieinander, so vollständig wie vielleicht in keinem anderen Augenblick seines langen Lebens: den Kapitalisten und Revolutionär, den Wirtschaftstheoretiker und »General«, den Mann der tiefen und richtigen historischen Analysen und der wild danebenhauenden tagespolitischen Spekulationen, den scharfen Denker und schlechten Propheten, den ewigen Optimisten; vor allem aber den Mordskerl, die Pfundsnatur, mit einem ganzen Bündel von Begabungen und einer Vitalität für drei. Auch die leise Komik ist nicht zu übersehen, die diesem großartigen Mann unverkennbar anhaftet: die Komik einer gewissen Vergeblichkeit ständiger riesiger und reckenhafter Kraftleistungen – einer Vergeblichkeit, die ihn aber nicht hinderte, sich sein Leben lang seiner Sache absolut sicher und in seiner Haut urbehaglich wohl zu fühlen.

Wenn man auf Engels blickt, bleibt das Auge unwillkürlich an seinem Bart hängen – einem monströsen Prachtstück von Bart, kaum je wieder erreicht in der großen Bartkonkurrenz des 19. Jahrhunderts. Der ganze Engels war ein bißchen wie dieser Bart. Nichts an ihm war kleinkariert, und nichts an ihm war kleinzukriegen. Sein Leben war voller Widersprüche, Konflikte und Enttäuschungen, an denen ein anderer Mann wohl hätte zerbrechen können. Engels schien sie gar nicht zu bemerken. Sein Selbstgefühl war unerschütterlich, seine derbe und burschikose Denk- und Lebenslust unerschöpflich.

Er war, mit einem eigentlich tragischen Lebenslauf, ein glücklicher Mann – und eben deshalb ein leise komischer Mann. Übrigens auch ein grundanständiger Mann, und ein *großer* Mann von robustem Zuschnitt; unverwüstlich; ein Kerl.

»Die Deutschen«, hat Friedrich Engels einmal geschrieben, »wurden zu Kommunisten auf dem Wege über die Philosophie, indem sie grundsätzlich dabei verfuhren.« Nun, lassen wir die Deutschen beiseite; sie sind zum größten Teil bis heute nicht zu Kommunisten geworden. Engels selber aber wurde zum Kommunisten tatsächlich auf dem Wege über die Philosophie; sein persönliches materielles Interesse, seine Klassenlage hätte ihn nie zum Kommunisten gemacht – womit er übrigens eine lebendige Widerlegung des Lehrsatzes darstellt, daß das Sein das Bewußtsein bestimmt.

Er war der Sohn eines der ersten erfolgreichen deutschen Kapitalisten, Friedrich Engels sen. Aus der Spitzenfabrik in Barmen, mit der der Vater anfing, wurde nach und nach eine Art deutsch-englisches Textilimperium; und auch der Sohn kam aus den Fußstapfen des Vaters, trotz eines massiven Vater-Sohn-Konflikts, in seinem äußeren Lebensgang nie ganz heraus. Sein Geld, seinen Lebensunterhalt und – übrigens auch gleich noch den der Familie Marx dazu – hat er als Geschäftsmann verdient, als Kapitalist. Sein offizieller Lebenslauf ist schlicht kaufmännisch: Lehrzeit, Kommiß, Prokurist, schließlich Mitinhaber des englischen Zweigs der väterlichen Firma; nach seinem fünfzigsten Lebensjahr Rentier. Seine eigentliche Lebensleistung hat er sozusagen mit der linken Hand vollbracht, als unerschöpflich fruchtbarer Privatgelehrter und Journalist. Dabei hat er nie studiert, nicht einmal das Abitur gemacht. Er war ein absoluter Autodidakt – aber vielseitiger und tiefer gebildet und ein originellerer Denker als die Fachleute, die Herren Professoren. Seine Arbeitskraft war überdimensional, wie seine Vitalität überhaupt. Wer die Riesenmasse seiner Schriften ins Auge faßt, fragt sich zunächst einmal staunend, wie und wann er sie eigentlich neben allem anderen, was er zu tun hatte, hat schreiben können.

Zum Kommunisten wurde er in jungen Jahren, hauptsächlich während seiner Militärzeit in Berlin, wo er viel Zeit zum Denken hatte. Alle seine geistigen und seelischen Konflikte hat Engels früh abgemacht. Als er 1844, knapp 24jährig, seine schicksalhafte Begegnung mit Karl Marx hatte, war sein Weltbild fix und fertig; es ist eigentlich in den folgenden 50 Jahren nichts Grundsätzliches mehr dazu gekommen. Seine innere Kampfzeit, sein »Werdegang«, füllt nur die sieben Jahre seiner Jünglingszeit, 1837 bis 1844, von seinem siebzehnten bis zu seinem vierundzwanzigsten Jahr; dann ist alles geschafft und erledigt, aller Zweifel überwunden, der Hafen fester Überzeugung gewonnen. Und selbst in diesen sieben Jahren intellektueller Emanzipation, jugendlichen Gärens, Zweifelns und Ringens, geht es bei Engels eigentlich niemals tragisch und wirr zu, sondern merkwürdig glatt, blank und entscheidungsfreudig.

Am schwersten fiel dem blutjungen Engels der Bruch mit Gott – mit dem pietistischen, engen und innigen Glauben seines Elternhauses und seiner Kinderzeit. Nachdem dieser große Sprung einmal gemacht war, ergaben sich die beiden folgenden Schritte wie von selbst: Erst der Ersatz des religiösen Glaubens durch einen Diesseitsglauben, den Glauben an den Fortschritt der Menschheit, an Hegels »Selbstverwirklichung des Weltgeists in der Geschichte«; dann der große Entschluß, mit dem der junge Engels unabhängig von dem jungen Marx und ungefähr gleichzeitig mit ihm, Hegels Philosophie »vom Kopf auf die Füße stellte«, also der berauschende Gedanke, daß die Philosophie die Welt nicht nur interpretieren, sondern verändern könne, und daß die Mittel, mit denen der Weltgeist sich in der Geschichte durchsetzt, nicht abstrakte Ideen, sondern materielle Interessen seien, daß der Fortschritt zur Selbstbefreiung des Menschen sich in großen Klassenkämpfen und Revolutionen abspiele: erst der bürgerlichen Revolution gegen den Feudalismus, dann der proletarischen gegen die Bourgeoisie.

Der Gedanke muß damals in der Luft gelegen haben. Es ist ein berauschender Gedanke, weil er dem, der ihn erfaßt, das Gefühl gibt, eine wissenschaftlich zuverlässige Anweisung zum Handeln zu besitzen: Er glaubt auf einmal genau zu wissen, wie die Geschichte funktioniert, wo alles herkommt, wo es hin will und hin muß, an welchem Punkt der Geschichte er selbst steht und was zu tun ist, um den Zug, in dem die Menschheit sitzt, sozusagen fahrplanmäßig ans vorbestimmte Ziel zu bringen. (Ist es ein Zufall, daß die dialektisch-materialistische Geschichtsauffassung zugleich mit den Eisenbahnen aufkam?) Aber zugleich ein merkwürdig lähmender Gedanke, weil ja eben der Fahrplan der Geschichte feststeht und nicht zu ändern ist: Wer die proletarische Revolution will, muß erst die bürgerliche Revolution wollen, über die er doch innerlich schon längst hinaus ist und die er also eigentlich gar nicht mehr wollen kann.

Es ist dieser Widerspruch, der Marx' und Engels' eigentümlich eingeengte und unfruchtbare Rolle in der großen Revolution von 1848/49 erklärt: Mit ihrem Kopf wußten sie, daß diese Revolution nur als *bürgerliche* Revolution gelingen konnte, an der ihnen eigentlich schon nichts mehr lag; mit ihrem Herzen waren sie schon bei der *proletarischen* Revolution der Zukunft, von der sie doch zugleich wußten, daß sie geschichtlich noch gar nicht fällig war. Engels hat wahrscheinlich tiefer unter diesem Widerspruch gelitten als Marx; denn er fand weniger Trost als Marx im reinen Erkennen, er war mehr Tatmensch und weniger Stubengelehrter. Allerdings war er auch die glücklichere Natur und kam über jedes Scheitern leichter hinweg.

Anders als Marx, dessen Tätigkeit 1848 eine rein journalistische war, exponierte sich Engels zweimal mit der Waffe in der Hand: im Herbst 1848 in seiner rheinischen Heimat und dann noch einmal im Frühsommer 1849 in der badisch-pfälzischen Kampagne, deren militärischen Dilettantismus er übrigens, noch während er daran teilnahm, mit einer Art von grimmiger Fachmannsverachtung durchschaute und verspottete. Zwischen den beiden Kämpfen war er, steckbrieflich gesucht, auf der Flucht, zu Fuß durch Frankreich, und es ist ganz Engels, daß er diese Flucht mitten im Revolutionsjahr wie eine Vergnügungsreise genoß: Bei einer Weinlese in Burgund erfreute er sich an den »süßesten Trauben und den hübschen Mädchen« und entdeckte mit genießerischem Behagen, »daß jeder dieser Weine einen verschiedenen Rausch macht«. Ein glücklicher Mann! Durch keine Enttäuschung und keine Niederlage totzukriegen.

Auch nicht durch die Niederlage der Revolution, in der er mit der Waffe wie mit dem Wort mitgekämpft hatte, und auch nicht durch den großen Katzenjammer und das Elend der Emigrantenpolitik, die dieser Niederlage folgten. Marx und Engels, im November 1849 in London wieder vereint, entzogen sich diesen erbitterten und armseligen Schattenkämpfen sehr schnell. Den »Bund der Kommunisten«, für den sie gemeinsam im Winter 1847/48 das Kommunistische Manifest verfaßt hatten, überließen sie sich selbst, seinen hoffnungslosen Cliquenkämpfen und seiner unvermeidlichen frühen Auflösung. Stolz erklärten sie einem seiner Vertreter in einer der Unterredungen, die dem Bruch vorausgingen, ihre »Partei« bestände lediglich aus der »Gewalt der Dinge«, für ihre Personen aber wünschten sie sich nichts Besseres, als ewig in der Opposition zu bleiben. Vielleicht wußten sie gar nicht, wie genau sie damit die Zukunft voraussagten – die ihrer Ideen wie ihre eigene.

Die Lehren Marx' und Engels', ihre soziologischen Entdeckungen und historischen Prophetien sind, freilich in dialektischen Varianten, die sie selbst nicht voraussahen, und in Weltteilen, wo sie es am wenigsten erwartet hätten, im 20. Jahrhundert geschichtsbestimmend geworden. Sie selber aber blieben in ihrem Jahrhundert, dem 19., dessen Ausgang wenigstens Engels beinahe noch erlebte, in ewiger Opposition; tatenlose Einzelgänger und Verbannte. Sie haben sich nicht so, wie sie es im Herbst 1850 aussprachen, damit abgefunden. Sie haben noch Jahre und Jahrzehnte immerfort auf ihre Chance gewartet: sich immer auf dem Sprung gefühlt, die neue, die wahre, *ihre* Revolution nun wirklich zu machen und zu führen. Aber nie sind sie dazu gekommen, wirkliche Politik zu machen, und der Gang der Geschichte ihrer Zeit ist an ihnen vorbeigegangen.

Diese Geschichte ihrer Zeit – die italienischen und deutschen Einigungskriege, die Krise und Umgestaltung des Habsburger Reichs, der ewig schwelende und nie ausgetragene englisch-russische Konflikt auf dem Balkan, die Anfänge des Imperialismus – begleiteten sie ständig mit dem kommentierenden und kritisierenden Wort. Engels, der viel politischen Sinn hatte und ein großer Journalist war, noch eifriger als Marx. Seine militärpolitischen Kommentare in englischen Zeitungen sind berühmt geblieben als Niederschlag eines großen, nie praktisch zum Zuge gekommenen strategischen Talents. Er hat Moltkes Gedankengänge von fern mitvollzogen, zum Beispiel Verlauf und Ergebnis der Schlacht von Sedan in allen Einzelheiten voraus beschrieben, eine Woche, ehe sie tatsächlich stattfand. Er hat auch politisch vieles erstaunlich scharf und richtig voraus gesehen, zum Beispiel den Untergang Österreichs durch einen verzweifelten Präventivkrieg gegen die Balkanslawen; nur erwartete er ihn 40 Jahre zu früh. Er hatte Pferdeaugen, er sah das Entfernte näher und deutlicher als das Nahe. *Beeinflußt* hat er den Gang der Dinge nicht; und Marx schon gar nicht.

Nicht einmal die Ursprünge der deutschen Arbeiterbewegung gehen in der Praxis auf Marx und Engels zurück, vielmehr auf Lassalle, dessen kurze und meteorhafte Karriere beide mit Mißtrauen, Kritik und – das Wort läßt sich nicht vermeiden – mit Eifersucht verfolgten. Und auf Wilhelm Liebknecht, auf den sie wie auf einen schlechten, unbegabten Schüler herabblickten und für dessen geduldigen, vermittelnden Pragmatismus sie wenig Verständnis hatten. Die beiden großen Verbannten saßen die ganze Zeit im fernen England, eifersüchtig den Schatz ihrer theoretischen Erkenntnis mehrend und hütend, wie die Drachen Fafner und Fasolt den Nibelungenhort, immer bereit, Irrlehren und Abweichungen mit unbarmherziger Polemik zu kritisieren – seien es nun die ideologischen Verwaschenheiten des Gothaer Programms der jungen SPD oder die anarcho-syndikalistischen Revolutionsabenteuer eines Bakunin. Zur Tat kamen sie nie mehr; die einzige große Arbeiterrevolution ihrer Zeit, die Pariser Kommune von 1871, haben sie weder vorausgesehen noch inspiriert. Daß Marx sie nachträglich, wie man gesagt hat, »annektierte«, ändert nichts daran, daß sie, in Ursprung und Methodik, Marx und Engels schlechterdings nichts verdankte.

Marx und Engels – unversehens sind wir dazu übergegangen, die beiden Namen ständig zu nennen, als hätten wir es mit siamesischen Zwillingen zu tun, obwohl wir doch eigentlich nur von Friedrich Engels erzählen wollen. Aber in der Tat: Von 1850 bis zu Marx' Tod 1883 und in einem gewissen Sinne darüber hinaus bis zu seinem eigenen Tod 1895, verschmilzt Engels' Leben und Werk derartig mit dem seines großen Freundes, daß es unmöglich wäre, von dem einen ohne den anderen zu reden. Ja, es wäre vielleicht noch eher möglich, Marx ohne Engels als Engels ohne Marx darzustellen. Denn Engels war in dieser einzigartig engen Verbindung zwar keineswegs der weniger aktive Teil, auch durchaus nicht etwa bloß der Nehmende statt Gebende – das war im gewissen Sinne eher Marx –, aber er war der bewußt Dienende, Helfende, sich Unterordnende. Er lebte für Marx – nicht Marx für Engels! Und wenn man fragt, was Engels denn nun eigentlich geschaffen und ausgerichtet hat, was er hinterläßt, dann muß man paradoxerweise antworten: Marx – und den Marxismus.

Ohne Engels kein Marx – das gilt zunächst einmal im allergröbsten materiellen Sinne. Engels hat es, nach 1850, überhaupt erst ermöglicht, daß Marx existieren, leben und arbeiten konnte. Er hat ihn ernährt – notdürftig zuerst, als es ihm selbst noch kümmerlich ging, später auskömmlich. Schließlich waren sie beide, 1850 in London, kaum 30jährig, mittellose Emigranten, früh Gescheiterte, Gestrandete ohne Existenzgrundlage. Engels, immerhin, hatte im Hintergrund das väterliche Geschäft; und obwohl Vater und Sohn tief zerstritten waren, brachte der Vater es schließlich nicht übers Herz, den Sohn verhungern zu lassen; er bot ihm eine Stellung in der Zweigfirma in Manchester. Und Engels zog, herunterschluckend, nach Manchester und widmete sich zwanzig Jahre lang fleißig und redlich dem »hündischen Kommerz«; hauptsächlich, damit der viel weltfremdere und hilflosere Marx in London mit seiner großen Familie existieren und das »Kapital« schreiben konnte.

Engels selbst hatte keine Familie. Er hatte eine Freundin, Mary Burns, eine irische Arbeiterin, woran die bürgerlich-sittenstrenge Frau Marx sich nie abgewöhnen konnte, Anstoß zu nehmen. Beim Tode Marys, auf den Marx mit unschöner Frostigkeit reagierte, gab es das einzige kurze, aber ernste Zerwürfnis zwischen den Freunden. Nach Mary übrigens wurde ihre

Schwester Lizzy Engels' Lebensgefährtin – eine merkwürdig robuste Form von Anhänglichkeit. Lizzy war ernst und fromm (während Mary heiter und witzig gewesen war), und sie erreichte schließlich, was Mary nie erreicht hatte: Ganz zuletzt auf ihrem Totenbett, machte der alternde Engels sie gutmütig noch auf ein paar Wochen zur richtigen standesamtlichen Mrs. Engels, damit das arme Ding nicht mit der Angst sterbe, in die Hölle zu kommen.

Die Fürsorge Engels' für Marx aber ging weiter: Er verschaffte Marx einen »Job«, eine Stellung als Londoner Korrespondent der New Yorker »Tribune« – und schrieb dann die Artikel, für die Marx bezahlt wurde und die unter dem Namen Marx erschienen, selber, jahrelang, Woche für Woche! Denn Marx war nicht sprachbegabt, selbst sein Englisch blieb, in mehr als 30 Londoner Jahren, immer unvollkommen; Engels aber hatte unter seinen vielen Begabungen auch ein ungewöhnliches Sprachtalent. Er beherrschte ein gutes Dutzend Sprachen, drei oder vier davon perfekt. Auch fiel ihm das Schreiben leicht, immer konnte er mühelos formulieren, »nüchtern oder voll«, wie Marx neidisch feststellte, – während Marx selbst ein langsamer Arbeiter war, der mit dem Ausdruck rang. Man braucht sich nur die Handschriften der beiden Männer anzusehen – Engels' gefällige, flüssig dahinrollende, leicht lesbare Kaufmannsschrift und Marxens steile Klaue –, um zu begreifen, wie leicht der eine, wie schwer der andere produzierte. Nicht, als ob damit Engels' Selbstaufopferung entwertet wäre ...

Diese Selbstaufopferung beschränkte sich nicht aufs Materielle. Auch im Geistigen, im Denkwerk war Engels als ewiger Anreger, Kritiker, Mitarbeiter, Formulierungshelfer Marx zur Hand. Er selbst hat sich dabei immer nur als die »zweite Geige« betrachtet. Ob mit Recht oder mit wieviel Recht, das ist heute noch umstritten – und kaum mehr auszumachen. Wer welche Ideen als erster hatte, ist nicht mehr zu entscheiden, und die Frage nach dem geistigen Eigentum wird bei der Intimität des ständigen Gedankenaustauschs sinnlos. Selbst in den Werken herrscht untrennbare Vermischung. Das Kommunistische Manifest, die Erstgeburt dieser historischen Freundschaft, war eine Gemeinschaftsarbeit gewesen; den zweiten Band des »Kapital« hat Engels nach einem Marxschen Fragment beendet, den dritten nach verstreuten Notizen fast allein geschrieben. Nur pedantische Stilphilologie könnte die Anteile entwirren. Ob Engels' Bescheidenheit berechtigt, ob sie Generosität, vielleicht sogar Liebesübertreibung war – denn so etwas wie Liebe war auf Engels' Seite unbedingt im Spiel –: Wer will es entscheiden? Auch wenn

Engels Recht hatte, vielleicht gerade dann, bleibt Marx zu einem unabsehbaren Teil sein Geschöpf: »Er hat es ihm abverlangt.«

Und er war nicht nur der Ernährer und der Geburtshelfer, Mitschöpfer und Vollender seines Werks. Er war sein Apostel, sein Missionar. Er, nicht Marx, ist der eigentliche Begründer und Kirchenvater des Marxismus! Marx, ein einsamer und hochmütiger Geist, duldete im Grunde keine Jünger. »Moi, je ne suis pas Marx-ist«, hat er gelegentlich gesagt. Engels *war* Marxist, wollte es sein – und wollte andere zu Marxisten machen; möglichst viele, möglichst alle.

Von den 1870er Jahren an, nach seiner Befreiung vom »hündischen Kommerz«, widmete er den größten Teil der Freizeit, über die er nun zum erstenmal in seinem Leben verfügte, der Popularisierung und lehrenden Ausbreitung des Marxismus. Und erst von hier an beginnt die Massenwirksamkeit, die eigentliche historische Karriere dieser Lehre. Wenige unter den vielen, die heutzutage Marx zu zitieren glauben, wissen, daß sie meistens Engels zitieren – daß die berühmt gewordenen, einprägsamen Formeln, die heute sozusagen jedes Kind kennt, fast alle aus den Schriften des späten Engels stammen. Selbst führende Sozialdemokraten, von Bebel angefangen, haben ihren Marxismus nicht aus dem »Kapital« bezogen – einem vielgenannten, aber wenig gelesenen, äußerst spröden Werk –, sondern aus dem »Anti-Dühring«, der »Entwicklung des Sozialismus von der Utopie zur Wissenschaft« oder dem »Ursprung der Familie, des Privateigentums und des Staates« – Büchern des späten Engels, die vor einer oder zwei Generationen sozialistische Bestseller waren, deren griffig-kernige Sprache und deren fest daherschreitender, zielsicherer Gedankengang noch heute ihre Überredungs- und Überzeugungskraft bewähren. Sie sind die Bücher eines Mannes, der seiner Sache unglaublich sicher war – so sicher, wie man nur im 19. Jahrhundert sein konnte –, und dessen selbstgewisse Überzeugung eine starke Suggestivwirkung auf den Leser hat. In ihrer robusten, zupackenden Kraft, ihrer Holzschnittmanier, auch in der polternden Rücksichtslosigkeit ihrer Polemiken ist etwas, das an Luthers Glaubens- und Streitschriften erinnert.

An Luther erinnert überhaupt manches bei Engels: in seinem Charakter ebenso wie in der Art seiner historischen Wirksamkeit. Das Derb-Deutsche, Urwüchsige, die Lust am Kampf und am Dreinschlagen, die Bekenntnisfreudigkeit, die Empfindlichkeit auch, das Verschämt-Gemütvolle und das maßlose Eifern gegen abweichende Mitstreiter – die typologischen Ähnlichkeiten sind, über drei Jahrhunderte hinweg, unverkennbar. Aber fast noch interessanter ist die Ähnlichkeit der Rollen, die die beiden Männer in der Geschichte gespielt haben. Beide waren im Grunde lebenslänglich Außenseiter ohne Macht; beide hatten eine Vision, die die Geschichte ihrer Zeit und noch mehr der Folgezeit trotzdem aufs tiefste beeinflußt und verändert hat; aber beiden war es versagt, ihre Ideen in unmittelbare Politik und unmittelbaren politischen Erfolg umzusetzen. Die Zeitgeschichte lief, nach trügerischen Anfangserfolgen, scheinbar an ihnen vorbei und ließ sie zurück – oder waren sie es, die zu weit vorauseilten und die Geschichte ihrer Zeit zurückließen? Wie auch immer: An den politischen Wirklichkeiten ihrer Zeit glitten beide immer wieder wie an glatten Wänden ab; den Ansatzpunkt des Realpolitikers fanden sie nicht.

Engels war kein Lenin, wie Luther kein Cromwell war. Was beide hinterließen, war keine eigentliche Tat, sondern eine Lehre und eine Kirche – der eine die wirkliche Kirche der Reformation, der andere die weltliche Kirche der marxistischen Parteien, denen er in seinen letzten, unermüdlich rüstigen Lebensjahren noch mit ständigem Zuspruch, ständiger Mahnung auf den Weg half.

Der alte Engels überlebte Marx um 12 Jahre. Er war jetzt ein Orakel und ein großer alter Mann, der endlich Ehrungen genießen konnte – die Ehrungen und den ergriffenen Beifall großer sozialistischer Massenversammlungen in vielen Ländern. Auch die töchterlich-ehrerbietigen Küsse junger Genossinnen genoß er und vergaß nicht, auch als alter Mann, sie reizend zu finden. Anders als Luther starb Engels als unerschütterlich lebensfroher, ungebrochener Optimist, zufrieden mit sich und seinem Lebenswerk, überzeugt von seiner Sache und überzeugter denn je von ihrem nahe bevorstehenden Siege.

Was berechtigt dazu, Engels in eine Folge preußischer Profile einzureihen? Daß sein Geburtsort Elberfeld, als er zur Welt kam, seit fünf Jahren zu Preußen gehörte, besagt nicht viel. Er hat den größten Teil seines Lebens nicht in Preußen, sondern in England verbracht. Auch daß er im Kriege von 1866 – im Gegensatz zu den heimischen Sozialdemokraten für Preußen Partei nahm, geschah nicht aus preußischem Patriotismus, sondern weil, wie er an Marx schrieb, »Bismarck einen Teil unserer Arbeit tut.« Ein *preußischer Patriot* war Engels sicher nicht; aber er war ein *preußischer Charakter,* und das nicht nur wegen seiner lebenslangen Liebe zum Militärischen. Er verkörperte in seltener Ausprägung viele »preußische« Tugenden: praktischen Sinn, Nüchternheit gepaart mit Wagemut, Lebenstüchtigkeit gepaart mit Selbstlosigkeit, eine Art von draufgängerischer Sachlichkeit. Man hat, in polemischer Absicht, gelegentlich Marx einen »roten Preußen« genannt. Viel eher trifft dieses Epitheton auf Engels zu! Und wenn man, im Anfang des Zwanzigsten Jahrhunderts, manchmal halb spöttisch, halb bewundernd von der »königlich preußischen Sozialdemokratie« sprach – womit man auf die Disziplin, Standfestigkeit und Stoßkraft der Partei anspielte –, dann sprach man, ob man es wußte oder nicht, von Friedrich Engels. Ihm verdankt die Partei ihren *preußischen* Zug.

PHILIPP ZU EULENBURG

SEBASTIAN HAFFNER

12.2.1847	geboren in Königsberg
1863-1866	Besuch des Vitzthumschen Gymnasiums in Dresden
1866	meldet sich anläßlich des preußisch-österreichischen Krieges freiwillig zum Militär; Fähnrichsexamen; Eintritt in das Regiment der Garde du Corps; Kriegsschule Kassel
1867	seine Mutter Alexandrine erbt Namen und Güter des Freiherrn Carl von Hertefeld
1869-1870	läßt sich beurlauben, um sein Abiturexamen (1870) abzulegen
1870	Teilnahme am Deutsch-Französischen Krieg; Auszeichnung mit dem Eisernen Kreuz
1871	Abschied vom Militär; Reise in den Orient
1872-1875	Jurastudium in Leipzig und Straßburg
1875	Referendarexamen; Promotion zum Dr. jur.; Heirat mit der schwedischen Gräfin Augusta Sandels; aus der Ehe gehen acht Kinder hervor
1876	Referendariat in Neu-Ruppin
1877	Eintritt in den diplomatischen Dienst; Attaché in Stockholm (1878); stellvertretender Geschäftsträger in Dresden (1879); Dritter Sekretär der Deutschen Botschaft in Paris (1880)
1881-1888	Legationssekretär an der preußischen Gesandtschaft in München
1886	erste Begegnung mit Prinz Wilhelm, dem späteren Kaiser Wilhelm II., dessen Freund und enger Vertrauter er wird
1888	Kronprinz Wilhelm wird deutscher Kaiser; Eulenburg wird zum Gesandten an den Residenzen Oldenburg, Braunschweig, Lippe-Detmold und Schaumburg-Lippe ernannt
1890	Gesandter in Stuttgart; im Konflikt um die Entlassung Bismarcks steht Eulenburg auf der Seite Wilhelms II.
1891-1894	Gesandter in München; als intimer Vertrauter (Liebenberger Tafelrunde, Nordlandreisen) Wilhelms II. wird er zum Vermittler zwischen Regierung und Kaiser. 1894 schlägt er in der Caprivi-Krise Chlodwig von Hohenlohe-Schillingsfürst als Nachfolger des Kanzlers vor; ab 1885 ebnet er seinem Wunschkandidaten Bernhard von Bülow den Weg zum Reichskanzler (1900)
1894-1902	Botschafter in Wien
1900	von Wilhelm II. in den Fürstenstand erhoben
1903	Abschied vom diplomatischen Dienst
1907	wird von dem Publizisten Maximilian Harden öffentlich der Homosexualität bezichtigt; beschwört in zwei darauf folgenden Prozessen seine Unschuld
1908	Anklage wegen des Verdachts der Homosexualität und des Meineides; Untersuchungshaft; wegen seines gesundheitlichen Zusammenbruchs wird der Prozeß vertagt und schließlich ausgesetzt; Eulenburg zieht sich auf sein Schloß Liebenberg zurück
1921	stirbt am 17. September auf Liebenberg

Fürst Philipp zu Eulenburg, ca. 1895, Photographie

Philipp Graf, später Fürst zu Eulenburg hob alle Briefe auf, die er bekam, »sogar jeden Zettel«, ebenso die Konzepte seiner eigenen Briefe (und er schrieb bis zu fünfzig am Tag). Er bemerkte später, nicht ohne eine gewisse Selbstgefälligkeit, daß *»dieses seltsame Material ... völlig unverhüllt zeigt, nicht nur wie eigentlich regiert wird, sondern wie immer regiert wurde und regiert werden wird«*.

Das ist eine Übertreibung. Genau so ist eigentlich niemals vorher und niemals nachher regiert worden, auch im wilhelminischen Deutschland nicht, sondern eben nur in den rund zehn Jahren, die man die *Eulenburgepoche* nennen muß und auf die das Prädikat »seltsam« gut paßt – also in den Jahren zwischen Bismarck und Bülow, von 1890 bis 1900. Aber für dieses Jahrzehnt deutscher Geschichte ist Eulenburgs Briefnachlaß in der Tat die wichtigste Quelle, denn Eulenburg war seine wichtigste Figur; der einzige Freund und Intimberater des jungen, noch unsicheren Kaisers und zugleich, in den Worten des Biographen und Apologeten Johannes Haller, der »Botschafter der Regierung beim Kaiser«; Vermittler, Entscheidungshelfer und ewiger Krisenmanager auf höchster Ebene; Kanzlerstürzer und Kanzlermacher; und fast nebenbei noch erst Gesandter in München und dann Botschafter in Wien, also sozusagen das lebende Scharnier zwischen Preußen und Bayern und zwischen Deutschland und Österreich. Seine politische Arbeitsleistung in diesen Jahren, die dann auch seine Gesundheit vorzeitig ruiniert hat, muß ungeheuerlich genannt werden, was immer man von ihren Ergebnissen halten mag. Sie hätte für ein halbes Dutzend Minister oder hohe Beamte gereicht: »Figaro hier – Figaro da«; und alles brieflich; denn in Berlin war er immer nur besuchsweise, und das Telefon gab es ja praktisch noch nicht. Kein Wunder, daß sein Briefnachlaß so voluminös ist und so interessant. Einem anderen Ausspruch Eulenburgs darüber kann man uneingeschränkt zustimmen;

nämlich, daß er *»wohl das beste politische Zeitbild Deutschlands aus den Jahren 1886 bis 1900«* bietet.

Die dreibändige Ausgabe umfaßt nur ungefähr ein Drittel der Gesamtmasse. Dafür hat der Herausgeber, *John Röhl,* ein englischer Gelehrter und Spezialist für die Epoche Wilhelms II. (merkwürdig, daß die Spezialisten für diese deutsche Geschichtsepoche fast alle in England oder Amerika sitzen), den Briefen *von* und *an* Eulenburg noch einige *über* Eulenburg hinzugefügt, besonders solche, die über den privaten Eulenburg Aufschluß geben. Er war sich bewußt, daß für die Heutigen – schreckliche Nachwirkung der Harden-Prozesse – Eulenburg mehr eine Romanfigur ist als eine Figur der deutschen politischen Geschichte; daß, grob gesprochen, die erste Frage immer noch lautet: »War er nun homosexuell oder nicht?« »*Nicht* ausgeschlossen«, heißt es in den editorischen Hinweisen, »wurden Dokumente, die normalerweise als zur ›Intimsphäre‹ gehörig in einer wissenschaftlichen Edition keinen Platz finden würden, die aber in diesem Falle von hoher politischer und biographischer Aussagekraft sind.« Auch in einem langen und instruktiven Einleitungsessay des Herausgebers wird Eulenburgs erotische Veranlagung ausführlich erörtert. Nun ja; wie die Dinge liegen, mußte das wohl sein.

Wichtiger aber als die Aufklärung über Eulenburgs sexuelle Vielseitigkeit scheint mir seine Rehabilitierung als ein in seiner Art nicht unbeträchtlicher Staatsmann, die sich aus seiner politischen Korrespondenz ergibt. Er war eben nicht so, wie *Harden* ihn malte: kein Höfling, Schmeichler und gesinnungsloser Intrigant, sondern er war (so seltsam das manchem klingen mag) in der Innenpolitik, was Holstein in der Außenpolitik war: ein Fortsetzer Bismarcks. »Schule Bismarck« – und nicht der unbegabteste Schüler. Er arbeitete ständig – wie auch Holstein – nach alten Bismarckschen Rezepten, wenn auch ohne Bismarcks Genie. Darüber sogleich mehr. Vorab nur ein Zitat aus einem wenig bekannten, auch in der Friedrichsruher Ausgabe nicht enthaltenen Bismarckbrief, den Professor *Schoeps* ausgegraben hat. Am 28. November 1890 schrieb Bismarck, mitten in seiner beginnenden Fronde gegen den Kaiser, an einen Verehrer: »In der Stetigkeit, mit welcher unsere politischen Institutionen nach meinem Ausscheiden aus dem Dienste ungestört fortwirken, liegt der volle Beweis für die Unrichtigkeit der von meinen Gegnern so oft ausgesprochenen Behauptung, daß die deutsche Reichsverfassung nur auf mich und meine Ansichten zugeschnitten worden sei und durch mein Ausscheiden geschädigt werden würde.« Das war ein unbewußtes Kompliment für Eulenburg. Denn seit Bismarcks »Ausscheiden« war Eulenburg, wie irregulär und inoffiziell auch immer, auf Jahre zur Zentralfigur der deutschen Politik geworden, und daß die Bismarcksche Reichsverfassung auch ohne Bismarck irgendwie weiterfunktionierte, war hauptsächlich Eulenburgs Verdienst.

War Bismarcks »Ausscheiden« ebenfalls Eulenburgs Werk? Bismarck hat ihn nach 1890 immer als Verräter angesehen und entsprechend behandelt, und daran kann ja kein Zweifel sein, daß Eulenburg in der Krise von 1890 auf der Seite des Kaisers stand und daß er durch Bismarcks Abgang einen ungeheuren Zuwachs an Macht und Einfluß erfuhr. Trotzdem liegen die Dinge nicht so einfach, wie sie in diesem Lichte erscheinen mögen. Gerade der erste Band der Eulenburgkorrespondenz, dessen zentrale »Story« ja die Geschichte von Bismarcks Konflikt mit Wilhelm II. ist, ist geeignet, hier manches zurechtzurücken – vor allem in der gängigen Auffassung und Darstellung dieses Konflikts selbst.

Es ist einer der großen postumen Erfolge Bismarcks, daß diese Auffassung und Darstellung sich bis zum heutigen Tage seine Version der Ereignisse fast unbesehen zu eigen macht: nämlich daß der Kaiser seinen hochverdienten Kanzler im Januar 1890 sozusagen aus heiterem Himmel überfallen und »hinauszugraulen« versucht hat, um ihn schließlich, als er sich wehrte, schnöde fortzuschicken. Aber diese Version läßt vieles weg. Die Krise von 1890 kam nicht aus heiterem Himmel. Sie war nur der letzte Akt eines Dramas, das fast sofort nach dem Thronwechsel begonnen hatte – oder nicht einmal der letzte Akt, denn der Kampf ging ja von Bismarcks Seite nach der Entlassung immer noch weiter, bis zu seinem Tode und sogar über seinen Tod hinaus.

In diesem Kampf ging es um zwei Dinge: um die *Reichsverfassung* und um die *innere* und *äußere* Politik.

Bismarcks Reichsverfassung hat man halbabsolutistisch genannt; man hätte sie, nach der Analogie des halbleeren Glases, das man ebensogut halbvoll nennen kann, auch als halbparlamentarisch bezeichnen können. Wie auch immer, die entscheidende Beziehung, von der das Funktionieren dieser komplizierten, subtil ausbalancierten und schwer zu handhabenden Verfassung abhing, war die Beziehung von Kaiser und Kanzler. Der Kanzler war, sozusagen, das Differential in der Achse zwischen Monarch und Parlament. Er brauchte für Gesetzgebung und Budget eine parlamentarische Mehrheit; und er brauchte für die eigentliche Politik die ständige Zustimmung des Monarchen, der ja eben nicht, wie anderswo, »ein rein ornamentaler Schmuck des Verfassungsgebäudes« war, sondern immer noch die letztentscheidende politische Instanz. Dafür hatte Bismarck selbst gesorgt; darin lag das »halbabsolutistische« Element seiner Verfassung. Und wie hatte er in den sechziger und siebziger Jahren – man kann sagen: tagtäglich – um die zustimmende Entscheidung seines Monarchen gerungen; ringen müssen! In den achtziger Jahren freilich war sie automatisch geworden. Der uralte Wilhelm I. regierte nicht mehr, wie er es unter der Bismarckverfassung eigentlich hätte tun müssen; er ließ Bismarck regieren.

Und daran hatte sich der nun ebenfalls alternde Bismarck gewöhnt. Den neuen Kaiser so ernst zu nehmen wie früher einmal den alten, ihn nie aus den Augen zu lassen, ihn zu gewinnen, zu erziehen, einzuweisen, mitzuziehen, sich auf ihn einzustellen, ihn zu überzeugen und psychologisch zu bearbeiten – dazu war Bismarck zu selbstherrlich geworden, vielleicht auch, mit 73 Jahren, zu bequem. Neun Monate des Jahres 1889 verbrachte er in Friedrichsruh, fern vom Kaiser; keineswegs untätig. Die D-Züge hielten an der kleinen Blockstelle, die Kuriere brachten die Akten, die hohen Beamten kamen zum Vortrag. Bismarck bearbeitete, verfügte, machte Politik; er regierte. Aber er regierte am Kaiser vorbei, beinah als ob es keinen Kaiser gäbe. Die Verfassung war verrutscht. Der »Halbabsolutismus« des Monarchen war so etwas wie ein »Halbabsolutismus« des Kanzlers geworden.

Natürlich mußte das auf die Dauer Befremden erregen, nicht nur beim Kaiser, dessen anfängliche Bismarckschwärmerei in immer stärkere Gekränktheit umschlug, sondern auch beim Bismarckschen »Establishment« – dem preußischen Ministerium, den Reichsämtern, manchen Bundesfürsten. Wie sollte das denn weitergehen? Schließlich war der Kanzler 73 Jahre alt und konnte nicht ewig leben. Und es machte die Dinge nicht besser, sondern schlimmer, daß er offensichtlich seinen Sohn Herbert zum Nachfolger aufbaute – einen Mann, der, ähnlich wie später Churchills Sohn Randolph, vom Vater das Temperament (und die Temperamentsfehler), aber nicht das Genie geerbt hatte. Eine Nebendynastie Bismarck? So hatten sie nicht gewettet, die preußischen Minister, Diplomaten und hohen Beamten, gute Monarchisten allesamt. Paradoxerweise fühlten viele von ihnen, daß sie jetzt Bismarcks Werk gegen Bismarck verteidigen mußten – gegen die verfassungsgefährdende Praxis einer Kanzlerdiktatur, die sich unter dem alten, langsam verdämmernden Kaiser unmerklich eingeschlichen hatte und jetzt unter einem neuen Kaiser plötzlich brutal zutage trat.

Soviel über den Verfassungskonflikt. Der politische war nicht weniger ernst. Es wurde im Laufe des Jahres 1889 den Eingeweihten immer deutlicher, daß der Alte in seiner Friedrichsruher Höhle nicht nur Routinegeschäfte erledigte, sondern daß er dabei war, eine völlig neue Politik auszubrüten; einen letzten gewaltigen Umschwung, wie 1867 oder 1879. Holstein schrieb, Bismarck komme ihm vor wie ein verheirateter Mann, der Scheidung und Partnerwechsel plane; innenpolitisch wolle er die Nationalliberalen verstoßen und sich mit dem katholischen Zentrum verbünden; außenpolitisch Österreich durch Rußland ersetzen. Für beides hatte es in der Tat Anhaltspunkte gegeben.

Der außenpolitische war der Rückversicherungsvertrag, gegen den fast das ganze Auswärtige Amt von Anfang an in Opposition stand. Das wirkliche Geheimnis des Rückversicherungsvertrages ist auch heute noch ein Geheimnis (man kann alles darüber in *Norman Richs* großem Werk über Holstein lesen, das merkwürdigerweise nie ins Deutsche übersetzt worden ist). Er war ja in seiner Gänze ein Geheimvertrag, aber er enthielt über das hinaus, was Bismarck später, Jahre nach seiner Entlassung, der Öffentlichkeit preisgab, noch zwei supergeheime Klauseln: eine, die Bulgarien zum exklusiv russischen Einflußgebiet erklärte, und eine, in der Deutschland wohlwollende Neutralität für den Fall versprach, daß Rußland die Hand auf die Meerengen legen sollte – also gerade den großen Zusammenstoß zwischen Rußland und England ermutigte, den Bismarck 1878 auf dem Berliner Kongreß abgewendet hatte. Er war jetzt mit seinem damaligen Friedenswerk tief unzufrieden geworden. »Ich habe damals Politik gemacht wie ein Stadtverordneter«, sagte er gelegentlich.

Unzufrieden mit seinem Werk war der alternde Bismarck überhaupt, auch mit dem größten, mit der Reichsgründung. Das Reich, wie es sich entwickelt hatte, gefiel ihm nicht mehr. Seine Gründung rückgängig zu machen und das Reich neu zu gründen, als reinen Fürstenbund, ohne Reichstag, mag nur ein Gedankenspiel besonders grimmiger Stunden gewesen sein. Fester setzte sich schon der Gedanke, das Reichstagswahlrecht zu ändern, die geheime Wahl abzuschaffen; darüber hat er noch nach seiner Entlassung öffentlich nachgedacht. Und was er mit Sicherheit zunächst einmal suchte, war der Konflikt mit den ständig stärker werdenden Sozialdemokraten. Ein verschärftes Sozialistengesetz sollte Unruhen provozieren, die man dann niederschlagen würde. In diesen Zusammenhang gehörten auch die vermuteten Bündnispläne mit dem Zentrum. Natürlich, die Liberalen, auch die Nationalliberalen, würden eine Politik neuer Reaktion und Repression nicht mitmachen wollen. Dazu brauchte man andere Partner – und sei es die katholische Kirche, die zehn und zwanzig Jahre früher, im Kulturkampf, noch der Erzfeind gewesen war.

Man kann eine Politik, die nie ausgeführt worden ist, nicht beurteilen – am wenigsten bei Bismarck, der immer ein paar Züge weiter zu denken pflegte, als er Gegner und Partner sehen ließ. Man kann sie also auch nicht ohne weiteres verurteilen. Möglich, daß in einem englisch-russischen Krieg ein neutrales Deutsches Reich unter einem Bismarck wirklich der lachende Dritte geworden wäre, ja schließlich der arbiter mundi. Möglich, daß er die Sozialdemokraten ebenso gezähmt und die Gezähmten versöhnt hätte wie einst die Liberalen. Man kann es nicht wissen. Immerhin, er war jetzt ein Mittsiebziger, kein Mittvierziger wie damals. Hatte er noch die Zeit, den erschreckenden Eröffnungszügen seiner neuen Politik die rettende Auflösung folgen zu lassen – aus dem Bösen etwas Gutes zu machen? Hatte er auch noch die Kraft, die dazugehört hätte? »Mein Vater hat nicht mehr den alten Hammerschlag«, sagte sein Sohn Bill – der zweite, weniger geliebte – 1889; und so dachten viele. Mit Recht oder Unrecht – wer will es sagen?

Wie auch immer, was von Bismarcks Plänen und Entwürfen im Laufe des Jahres 1889 in die inneren Regierungskreise durchsickerte – die große Öffentlichkeit wußte von gar nichts –, erregte allgemeine Opposition, bis zum Entsetzen. Nicht nur beim Kaiser, der, sehr ehrenwerterweise, »seine Regierung nicht damit beginnen wollte, das Blut seiner Untertanen zu vergießen«, sondern im Gegenteil sich als ein *»roi des gueux«* einführen wollte, mit einer Arbeiterschutzgesetzgebung. Sondern das gesamte Bismarcksche Establishment, das Auswärtige Amt wie das preußische Ministerium, stand in stiller Opposition. Außer seinem Sohn Herbert ging niemand mit ihm, als er gehen mußte; was zu denken gibt. Sollten diese verdienten, tüchtigen, gewissenhaften Minister und Beamten wirklich allesamt nur Höflinge und Opportunisten gewesen sein, die sich »der neuen Sonne zuwandten« und den Mantel nach dem Winde hängten? Die meisten von ihnen hatte Bismarck selbst noch ausgesucht, und sie waren gute Bismarckianer gewesen. Aber mußten sie nicht gerade als Bismarckianer sein Werk gegen ihn in Schutz nehmen, wenn er sich anzuschicken schien, es zu zerschlagen?

Man tut gut daran, sich diesen Hintergrund vor Augen zu halten, wenn man Eulenburgs Übergang von der Bismarckpartei zur Kaiserpartei richtig verstehen will. Er stand damit nicht allein; und es gibt keinen Grund anzunehmen, daß nur gerade bei ihm die politischen Gedankengänge, die bei so vielen anderen wirksam waren, keine Rolle gespielt hätten. Im Gegenteil, in seiner politischen Wirksamkeit nach 1890 erwies er sich, mehr als andere, immer noch als Bismarckschüler, sowohl in seinem Verfassungsverständnis wie in seinen politischen Grundanschauungen, worüber noch zu reden sein wird. Aber zuzugeben ist, daß bei ihm, anders als bei den meisten seinesgleichen, der politische Konflikt gleichzeitig ein persönlicher Loyalitätskonflikt war. Denn er war bei den Bismarcks seit vielen Jahren beinahe Kind im Hause; und andererseits war er seit 1886 der Busenfreund des Prinzen Wilhelm, des nunmehrigen Kaisers, geworden.

Eulenburg stammte aus einer politischen Familie, deren Schicksale aufs engste mit denen der Bismarcks verbunden waren. Ein Onkel, Fritz, war viele Jahre lang, von der Konfliktszeit bis in die Kulturkampfzeit, Bismarcks Innenminister im preußischen Ministerium gewesen. Ein Vetter, Botho, wurde sein Nachfolger. Ein anderer Vetter, Wend, war mit Bismarcks Tochter Marie verlobt gewesen und als Bräutigam gestorben. Wenn man Eulenburg glauben will, war er selbst, Philipp, eine Zeitlang von den Bismarcks als Ersatz für Wend ins Auge gefaßt worden. Dem hatte er sich entzogen, weil ihm Marie nicht gefiel. Aber er gehörte trotzdem weiter fast zur Familie, als ständiger Hausgast und engster Freund Herbert Bismarcks. In Herberts großer Lebens- und Herzenskrise 1881, als die Gräfin Carolath sich seinetwegen scheiden ließ und sein Vater ihn »unter schluchzenden Tränen« und mit Skandal-, Enterbungs- und Selbstmorddrohungen daran hinderte, wie ein Ehrenmann zu handeln und die Dame (die er außerdem wirklich liebte) zu heiraten, war Philipp Eulenburg sein Confidant, an dessen Busen Herbert sich sozusagen ausweinte; er schrieb ihm damals Briefe, wie der etwas grobgestrickte Mann sie sonst in seinem ganzen Leben nicht geschrieben hat. Eulenburg verdankte den Bismarcks auch manche dienstliche Förderung und Gefälligkeit. Wenn auf irgendeinen, mußten sie sich auf ihn verlassen können – so meinten sie.

Aber Eulenburg war eben auch der Freund des Kaisers – der einzige. Diese Freundschaft, die ihm zum Schicksal wurde, hatte er nicht gesucht. Der schwärmende, werbende, liebende Teil war durchaus nicht Philipp, sondern Wilhelm. Das muß man verstehen. Der 26jährige Prinz, und dann der 29jährige Monarch, war kein glücklicher Mensch. Ein körperliches Gebrechen; eine einsame und liebesarme Jugend; eine Mutter, die er haßte; ein Vater, den er verachtete; eine Frau, die ihn langweilte; als Gesellschaft nur die Potsdamer Offiziere mit ihren Kasinowitzen; die traurige, leere Fassadenexistenz einer »Königlichen Hoheit«. Und nun, mit Eulenburgs fast zufälligem Auftreten bei einem ostpreußischen Jagdaufenthalt: plötzlich ein Mensch. Ein reifer Weltmann von Ende dreißig, kultiviert, brillant, politisch beschlagen, aber auch unbefangen zu Hause in Kunst und Musik, sogar selber ein wenig Dichter und Komponist, unbefangen zu Hause auch auf verrucht-interessanten Gebieten wie Homosexualität und Spiritismus, ein Mann, dessen Gespräch Welt ins Haus wehte, als heiterer Plauderer ebenso unermüdlich wie als ernster Gesprächspartner, immer taktvoll, nie aufdringlich, nie steif und langweilig, vor allem: endlich einmal ein Mann, der nichts für sich wollte, keine Hofstellung, keine Beförderung, keine Gunstbeweise, kein Amt. Man versteht, daß der Prinz überwältigt war; und daß der junge Kaiser diesen Mann an sich zog, sich gleichsam umarmend auf ihn stützte als seinen einzigen wirklichen Vertrauten.

Und Eulenburg? Seine Briefe an Herbert von Bismarck aus der ersten Zeit der neuen Freundschaft klingen, wenn er vom Prinzen berichtet, durchaus nicht hingerissen, eher ein bißchen überheblich, selbst im Lob: »Die Fülle von gesundem, einfachem Sinn, die in dem Prinzen steckt, wird ihm bei vernünftiger Beratung (an der es allerdings zu fehlen scheint) die rechten Wege weisen.« Im übrigen: »... der gute Prinz ...« »... der Arme ...« »... Man wird viel Arbeit mit ihm haben ...« »Leider sitzen seine Vorurteile sehr fest ...« An kritischer Einsicht in die Schwächen seines kaiserlichen Freundes hat es Eulenburg nie gefehlt, im Anfang nicht und auch später nicht. Das Merkblatt über den Kaiser, das er dem späteren Reichskanzler Bülow in die Hand drückte, als er ihn 1897 in Vorbereitung seiner künftigen Kanzlerschaft ins Außenamt lotste, verdient ausführlich zitiert zu werden:

»Wilhelm II. nimmt alles persönlich. Nur persönliche Argumente machen ihm Eindruck. Er will andere belehren, läßt sich aber ungern belehren. Er verträgt keine Langeweile; schwerfällige, steife, allzu gründliche Menschen gehen ihm auf die Nerven und erreichen nichts bei ihm. Wilhelm II. will alles selbst machen und entscheiden. Was er selber machen will, geht leider oft schief aus. Er ist ruhmliebend, ehrgeizig und eifersüchtig. Um einen Gedanken bei ihm durchzusetzen, muß man tun, als ob der Gedanke von ihm käme. Man muß Wilhelm II. alles bequem machen. Er ermutigt andere gern zu forschem Vorgehen, läßt sie aber im Graben liegen, wenn sie dabei hereinfallen. Vergiß niemals, daß S. M. ein Lob hin und wieder braucht. Er gehört zu den Naturen, die ohne eine Anerkennung hin und wieder, aus bedeutendem Munde, mißmutig werden. Du wirst immer Zugang zu allen Deinen Wünschen haben, wenn Du nicht versäumst, Anerkennung zu äußern, wo S. M. sie verdient. Er ist dankbar dafür wie ein gutes, kluges Kind.«

Wie ein gutes, kluges Kind ... So sah Eulenburg den Kaiser wohl tatsächlich, ein wenig von oben herab, aber doch auch wieder mit einer Art herablassend erwidernder Liebe; und, wichtiger noch, mit einem liebend-besorgten Verantwortungsgefühl für den immer Gefährdeten, einer durch die verborgene Hilflosigkeit dieses guten, klugen Kindes auf seiner einsamen Höhe unwiderstehlich angesprochenen Fürsorge und Treue, die in der Krise von 1890 einfach stärker war als seine Dankbarkeitspflicht und eingefahrene Verbundenheit zum Haus Bismarck und die auch später stärker war als andere politische Freundschaften, zum Beispiel die mit Holstein. Als Holstein (ebenfalls 1897) den unbelehrbaren Kaiser durch die Regierung mattsetzen, in die Enge treiben, »an die Wand drücken« wollte, notierte Eulenburg:

»Ich bin nicht so dumm, die Gefahren nicht zu sehen, die in dem Kaiser liegen, und die Auswirkungen seines Charakters in Form von mehr oder minder erschreckenden Ereignissen. Was aber Holstein nicht sieht, das ist die Freundespflicht, die mich bindet. Ich bin immer ein anständiger Kerl gewesen und werde daher einem Freund, der in Verlegenheit gerät, zu helfen versuchen. Damit glaube ich aber auch meinem Vaterland zu dienen. Ich zweifle doch sehr daran, daß ich meinem Vaterland dienen würde, wenn ich den Kaiser sitzen lasse oder ihn ›an die Wand drücke‹, was doch wohl der geheimste innerste Wunsch meines Freundes Holstein ist. Alle Dinge in Holsteins Gehirn tragen politischen Charakter. Ich sehe ernste Tatsachen im Staatsleben auch politisch an. Aber das Einordnen des Kaisers in das Ganze, in der Form, daß der Organismus nicht leide, kann nur unter Berücksichtigung seiner Individualität geschehen. Dieses Einordnen deckt sich mit meiner Freundespflicht und meiner Pflicht gegenüber dem Vaterland.«

Die »Freundespflicht« ist Eulenburgs persönliche Note. Aber das »Einordnen des Kaisers in das Ganze.«, und zwar »in der Form, daß der Organismus nicht leide«, ist purer Bismarck, und zwar bester Bismarck – der Bismarck der sechziger und siebziger Jahre, der ja auch seine Hauptaufgabe darin gefunden hatte, den damaligen König und Kaiser »unter Berücksichtigung seiner Individualität« – und unter voller Wahrung seiner souveränen Entscheidungsmacht – so zu beraten und zu lenken, daß Preußen und das Reich keinen Schaden nahmen. Diese Arbeit – eine unter der Bismarckschen Verfassung unentbehrliche, zentral wichtige Schwerarbeit – war jetzt Eulenburg zugefallen, und in diesem Sinne war er, so seltsam es klingt, der wirkliche Nachfolger Bismarcks geworden. Man kann auch nicht sagen, daß er diese Arbeit schlecht verrichtete. Er hat in den neunziger Jahren das Staatsschiff viel besser auf Kurs gehalten als später Bülow und manches Unheil verhindert; die wirklich großen Fehler, die schließlich im Ersten Weltkrieg resultierten, sind fast alle nach Eulenburgs Zeit begangen worden. Eulenburgs Briefe an den Kaiser enthalten, verpackt in Devotion und manchmal überschwengliche Freundschaftsbeteuerungen – die waren eben die »Berücksichtigung der Individualität des Kaisers« –, viel Pädagogik, Warnungen, Belehrungen, Abmahnungen, sogar, ein- oder zweimal, strengen Tadel. »Ihr letzter Brief war eine Heldentat«, konnte Holstein gelegentlich schreiben, der in den frühen neunziger Jahren bei Eulenburg oft dieselbe Mentorrolle spielte wie Eulenburg beim Kaiser.

Mit der Hilfskonstruktion eines heimlichen Entscheidungsstrangs, der von Holstein über Eulenburg zum Kaiser lief, wurde in den neunziger Jahren das Bismarcksche Verfassungssystem wenigstens äußerlich funktionsfähig gehalten und die Bismarcksche Außen- und Innenpolitik im wesentlichen weitergeführt – die alte, bewährte, nicht die abenteuerliche neue, mit der Bismarck in seinen letzten Jahren schwanger gegangen war. Aber natürlich war es eine wacklige Hilfskonstruktion, die bereits seit 1895 bedenklich ins Schleudern geriet, als Holstein mit dem Kaiser die Geduld verlor und Eulenburg und Holstein sich darüber entzweiten. Außerdem war sie alles andere als verfassungsmäßig. Die Rolle, die Eulenburg spielte, kam nach der Verfassung dem Reichskanzler zu, die Holsteins allenfalls dem Staatssekretär des Äußeren. Statt dessen – ein Günstling und eine graue Eminenz, mit Reichskanzler und Ministern irgendwo draußen vor der Tür. Auf die Dauer ging das nicht.

Es ist denn auch damals mehrfach ganz ernstlich davon die Rede gewesen, Eulenburg zum Reichskanzler zu machen, aber das wollte er nicht werden – ums Verrecken nicht! Es gibt darüber eine fast komische Aufzeichnung von ihm aus der Zeit der Caprivi-Krise 1894:

»Den Kaiser hatte ich, als wieder einmal meine Kandidatur stark in den Vordergrund trat, sehr eindringlich gebeten, mich niemals in dieses Amt zu stellen, zu dem ich nach vieler Richtung hin völlig ungeeignet sei. Er antwortete mir darauf: ›Nun, diese Ansicht kann ich denn doch nicht ohne weiteres teilen, denn Du warst aktiver Offizier, Jurist, Landwirt, Forstmann dazu, und nun bist Du Diplomat von Beruf ... Natürlichen Verstand hast Du reichlich, und reden kannst Du wie ein Buch – also! Und doch stimme ich Dir zu, denn Du bist allerdings nach einer Richtung hin für einen Reichskanzler völlig ungeeignet: Du bist zu gutmütig.‹ Ich bat ihn dringend, an dieser Auffassung festhalten zu wollen, was er mir lachend zusagte.«

Ein hübsches Genrebild, das gleichzeitig den Umgangston zwischen dem Kaiser und seinem älteren Freund so lebhaft illustriert, daß man sie geradezu sprechen hört. Übrigens stimmt es, daß Eulenburg gutmütig war. Aber was es wirklich unmöglich macht, sich ihn als Reichskanzler vorzustellen, ist etwas anderes. Ihm fehlte das Grundkapital des erfolgreichen Politikers: Ehrgeiz. Er war – und hier sind wir an einem zentralen Punkt seines Charakters – ein Politiker wider Willen. Viel lieber hätte er auf seinem schönen Liebenberger Besitz, an dem er sehr hing, privatisiert, komponiert und geschriftstellert. Schon Offizier, Jurist und Diplomat war er nur seufzend geworden, unter dem Zwang der Familientradition, und daß er durch seine Freundschaft mit dem Kaiser in die große Politik gerissen worden war und ihr nun Jahr für Jahr seine ganze Zeit und Kraft widmen mußte, darüber hört das Gejammer in seinen privaten Briefen nie auf. Man muß es ihm abnehmen, es ist offensichtlich keine Pose. Er fühlte sich wirklich als ein in die Politik verschlagener Künstler, ein Aus-der-Art-Geschlagener – »Aus der Art« hieß seine erste veröffentlichte Novelle, die übrigens Theodor Fontanes wohlwollende Aufmerksamkeit fand, was zu einer längeren Korrespondenz zwischen den beiden Schriftstellern führte –, und er war künstlerisch auch wirklich nicht unbegabt. Seine »Rosenlieder«, die man jetzt auf einer Nostalgie-Platte von Cathy Berberian wieder hören kann, waren zu ihrer Zeit ungeheuer populär und klingen immer noch einschmeichelnd-melodiös; Salonmusik natürlich, aber für einen kompletten Autodidakten überraschend professionell und nicht geschmacklos. Und als Erzähler und Schilderer hatte er unzweifelhaft wirkliches Talent.

Das Urteil seines Feindes Harden über seine literarischen Erzeugnisse – »Durchschnittsdilettantenware« – ist ebenso ungerecht wie gehässig. John Röhl, in der Einleitung der Briefausgabe, vergleicht ihn immerhin mit Wildenbruch. Man könnte sogar noch höher greifen. In seinem lesenswerten (aber kaum noch zugänglichen) Memoirenband *»Aus fünfzig Jahren«* finden sich Szenen und Charakterisierungen, die an Eduard von Keyserling erinnern, sogar an den frühen Thomas Mann. Wie auch immer, was Eulenburg am meisten interessierte und wo er seinen eigentlichen Lebensberuf sah, das waren Literatur, Musik und Kunst; seine politische Rolle war für ihn eine Gastrolle, aus der er innerlich immer wegstrebte, auch wenn er sie ganz gut spielte und sicher zwischendurch auch manchmal halb widerwillig Spaß daran fand. Ein »Vollblutpolitiker« war er nie, und seine politische Leistung, die respektabel ist, respektabler als die der meisten seiner Zeitgenossen, ist immer irgendwie mit der linken Hand hingekriegt, was ihr auch wieder eine gewisse Extraeleganz gibt. So merkwürdig es klingt, dieser Günstling genoß sein Günstlingstum nicht; als der Kaiser ihn fürstete, mußte er einen Schnaps trinken. Was ihn trotzdem reichlich zehn Jahre lang in der Fron hielt, war – Gewissenhaftigkeit. Wenn er schon machen mußte, was er im Grunde gar nicht machen wollte, wollte er es wenigstens gut machen. Ein preußischer Zug in diesem unpreußischen Spätpreußen.

Gewissenhaftigkeit liegt auch darin, wie er – und zwar über Jahre hin – seinen Rückzug aus der ungeliebten Politik vorbereitete. Fort strebte er immer, aber er wollte den Kaiser »nicht sitzen lassen«. Ein Ersatz mußte dasein, und zwar ein verfassungsmäßiger Ersatz. Auch darin war und blieb Eulenburg ein in der Wolle gefärbter Bismarckianer. An die Stelle der behelfsmäßigen, unkonstitutionellen Entscheidungsmaschinerie, in der Eulenburg seufzend und klagend, aber gar nicht ganz schlecht die zentralen Hebel bediente, mußte wieder die verfassungsmäßige treten, an die Stelle des Günstlings ein Reichskanzler – aber ein Reichskanzler, der den Kaiser ebenso zu nehmen wußte wie jetzt der Günstling. Wilhelm II. mußte seinen Bismarck haben – aber einen Bismarck, der notgedrungen auch ein bißchen von Eulenburg in sich haben mußte, wegen der Individualität des Kaisers, die eben eine andere Individualität war als die seines Großvaters. Eulenburg suchte lange nach einem Kandidaten und fand ihn schließlich in Bülow. Und er wußte ihn dem Kaiser mundgerecht zu machen. Als der Kaiser, schon 1895, schrieb: »Bülow soll mein Bismarck werden!«, war dies eine besonders schlagende Wirkung von Eulenburgs Rezept: »Um einen Gedanken bei ihm durchzusetzen, muß man tun, als ob der Gedanke von ihm käme.« Es war Eulenburgs Gedanke; der Kaiser sprach in enthusiastisch als seinen eigenen aus.

Es dauerte dann immerhin noch zwei Jahre, bis Bülow Staatssekretär, fünf Jahre, bis er Reichskanzler werden konnte. Eulenburg hatte reichlich Zeit, sich seinen »Nachfolger« heranzuziehen, ihn zu beeinflussen und einzuweisen. Bülow war, nach Herbert Bismarck, dem Kaiser und Holstein, die vierte und letzte der großen politischen Freundschaften in Eulenburgs Leben; zugleich die folgenreichste und die problematischste. Anders als in den ersten drei Fällen war diesmal Eulenburg der Initiator; er hat sich Bülow ausgesucht. Nicht daß Bülow es ihm schwergemacht hätte; er brannte vor Ehrgeiz. Sobald er spitzgekriegt hatte, was Eulenburg für ihn plante, floß er über vor Dankbarkeitsergüssen; seine Briefe an Eulenburg sind – merkwürdige Parallelität – auf denselben überschwenglich-übertriebenen Ton gestimmt, der in Eulenburgs Briefen an den Kaiser heutigen Lesern oft auf die Nerven fällt, nur noch süßlicher: »... Als schwesterliche entstiegen einst unsere Seelen dem rätselhaften Born allen Daseins ...« »Meine Seele ist nur Sympathie und Freundschaft für Dich ...« Es ist schon ein bißchen zum Übelwerden. Eulenburg störte es offenbar nicht. Er kannte ja den Ton aus seinen eigenen Kaiserbriefen, und auch seine Briefe an Bülow sind oft politische Liebesbriefe, etwas gemäßigter immerhin, auch aufrichtiger:

»Ich besitze nicht Ihre Kenntnisse, sondern gehöre mehr zu den intuitiven Diplomaten. Darum könnte ich unter Umständen gefährlich werden, und es schützt mich nur die Selbsterkenntnis. Sie gehen auf einem breiten Weg von Kenntnissen und Erfahrungen spazieren, ich auf einem Seil und muß Acht geben, daß ich nicht das Gleichgewicht meines Instinktes verliere. Weil ich Sie so beurteile (und ich wünschte wohl, daß ich in allen Dingen so sicher wäre!), habe ich nur den einen Gedanken, Ihnen die Wege zu ebnen ...«

Der Reichskanzler Bülow ist von der Geschichtsschreibung hart beurteilt worden, und wohl mit Recht. Die großen Fehler, die zur »Einkreisung« und zum Ersten Weltkrieg führten, sind alle im ersten Jahrzehnt des zwanzigsten Jahrhunderts unter Bülow begangen worden: die Flottenrivalität mit England, die Herausforderung Frankreichs in der ersten Marokko- und Rußlands in der bosnischen Krise. Und da Eulenburg Bülow »gemacht« hat, wird auch er indirekt für diese Fehler verantwortlich. Waren sie vorauszusehen? Ist überhaupt in der Politik je etwas mit Sicherheit vorauszusehen? Nicht übersehen darf man, daß Bülow in seiner Amtszeit ein überaus populärer Kanzler war und daß unter ihm die Bismarcksche Verfassung zum ersten und zum letzten Mal seit Bismarcks Abgang wieder so funktionierte, wie ihr Schöpfer sie konzipiert hatte; und das war es, was Eulenburg erstrebt hatte. »Es beherrschte mich ganz das Gefühl daß ich das Schiff der Regierung des Kaisers – die Regierungsmaschine – nach fürchterlichen Stürmen durch neun Jahre hindurch endlich in einen doch leidlich sicheren Hafen gesteuert habe.« 1902 konnte er sich endlich zurückziehen, seine angeknackste Gesundheit pflegen und sich seinen literarischen und musikalischen Neigungen widmen. Ein *happy end.*

Und dann doch, Jahre später, als Nachspiel, die Katastrophe.

Bekanntlich wurde Eulenburg 1906 von Maximilian Harden, dem Augstein jener Tage, als Homosexueller denunziert und in den folgenden drei Jahren in einer Serie von Prozessen politisch vernichtet. Zu einer Verurteilung zwar kam es nicht, weil Eulenburg seine (nicht simulierte) schwere Herzkrankheit voll ausspielte und zum Schluß nach mehreren Prozeßunterbrechungen als dauernd verhandlungsunfähig galt. Aber er war und blieb für den Rest seines Lebens (er durchlebte noch den Ersten Weltkrieg und den Sturz der Monarchie und starb 1921) ein Geächteter.

Eulenburg hat, vielleicht nicht zu seinem Vorteil, seine homosexuelle Seite bis ans Ende seiner Tage verleugnet, und richtig ist ja, daß er seit 1875 glücklich verheiratet war (mit einer schwedischen Aristokratin), acht Kinder gezeugt hat und, über alle Enthüllungen und Entehrungen hinweg, die Liebe seiner Frau besaß. Ein Homosexueller strikter Observanz war er also nicht. Aber sexuelle Beziehungen mit zwei Starnberger Fischern (in seiner Münchener Zeit) hat ihm Harden nachgewiesen, ein paar andere Affären ähnlicher Art blieben immer mindestens wahrscheinlich, und nach den Briefen, die jetzt John Röhl in verschiedenen Nachlässen aufgestöbert hat, besteht kein Zweifel, daß Eulenburgs Sexualität in der Hauptsache auf das eigene Geschlecht gerichtet war.

Na und, werden wir heute sagen. Wir wissen heute, oder glauben jedenfalls zu wissen, daß Homosexualität kein Laster ist, wie damals die Orthodoxen, und keine Krankheit, wie die Liberalen meinten, sondern eine in den meisten, wenn nicht allen Menschen beider Geschlechter mehr oder weniger latent vorhandene Möglichkeit; daß die Richtung des Geschlechtstriebs auch bei vielen »Normalen« durchaus umkehrbar ist, wovon jeder, der einmal mit Gefängnissen oder Gefangenenlagern zu tun gehabt hat, ein Lied singen kann; und daß eine Festlegung nach dieser oder jener Richtung oft von frühen Erlebnissen, Pubertätserlebnissen abhängt, die ihrerseits wieder weitgehend milieuabhängig sind. Was nun das Milieu betrifft, so war es im deutschen Kaiserreich, wie noch heute in England, mit seiner strengen Geschlechtertrennung in Schulen und Kadettenanstalten gerade für die Oberschicht ausgesprochen homosexualitätsträchtig. Sehr viele verdiente und bedeutende Politiker und Militärs jener Zeit, die undenunziert durchs Leben kamen, waren Homosexuelle. Eulenburg hatte einfach Pech, und wer heute Hardens Eulenburgporträt (in dem Sammelband »Prozesse«) liest, fühlt sich weit mehr von dem Verfasser abgestoßen als von seinem Gegenstand. Es ist nicht nur der Schlag unter die Gürtellinie, dem man mit Widerwillen zusieht; das Gegeifer gegen die »Kinäden« und »Urninge« wirkt unglaublich veraltet.

Aber man wird Harden zugestehen müssen, daß sein Motiv nicht nur Sensationshascherei war und auch nicht nur pharisäischer Geschlechtsstolz des Gott sei Dank »Normalen« oder Kompensation dafür, daß er als Jude zu einer anderen Gruppe von gesellschaftlichen Außenseitern gehörte. Harden hatte politische Motive, und hier wird die Sache noch einmal interessant.

John Röhl bemerkt sehr klug in seiner Einleitung, daß Eulenburg »knapp zehn Jahre nach dem Sieg seiner Leitgedanken von einer zweiten Generation Wilhelministen menschlich und politisch vernichtet« wurde, die er die »bürgerlich-liberalimperialistische« nennt. Harden war ein Sprachrohr dieser Generation (und nicht Holsteins, dessen Privatrache man lange hinter der Hardenkampagne vermutet hat; das ist jetzt durch die Veröffentlichung der Holstein-Harden-Korrespondenz widerlegt; Holstein war ein schadenfroher Zuschauer, nicht der Einbläser oder Materiallieferant Hardens). Die Harden-Eulenburg-Prozesse waren ein Stück Generationskampf und ein Stück Klassenkampf: Hinter Harden stand sowohl die »zweite Generation Wilhelministen« als auch ein reich, mächtig und übermütig gewordenes Großbürgertum, das im Innern Herrschaft oder mindestens Mitherrschaft, nach außen »Weltpolitik« wollte. Und was in Eulenburg vernichtend getroffen werden sollte, das war (ironischerweise, denn Harden gab sich gern als Bismarck-Verehrer, ja als eine Art Testamentsvollstrecker Bismarcks, dessen Fronde gegen den Kaiser er nach 1890 lange publizistisch gedient hatte) das Bismarcksche Systemerbe: der »Halbabsolutismus« im Innern, die Politik der Saturiertheit und der Defensive nach außen.

Beides hing zusammen, und für beides war Eulenburg, wenn man es treffen wollte, in der Tat die richtige Zielscheibe. Denn Eulenburg war, wie man nicht genug immer wieder betonen kann, trotz seiner Verstoßung aus dem Hause Bismarck, objektiv der letzte Bismarckianer in der deutschen Politik, durch und durch »Schule Bismarck«, und zwar des Bismarcks der siebziger Jahre, der Jahre des Kulturkampfs und des *»cauchemar des coalitions«*. Wie der damalige Bismarck sah er viel zu sehr die Gefahren für das neugegründete Reich mit seinem protestantischen Kaisertum und seiner preußischen Vorherrschaft, als daß er je einer ausgreifenden deutschen Expansionspolitik hätte das Wort reden wollen. Und wie der damalige Bismarck sah er Deutschland immer noch hauptsächlich von Preußen aus. Bülow, zutreffend: »Er war für deutsche Gesichtspunkte ziemlich gleichgültig, hatte aber ... mehr preußisches Empfinden, als ihm im allgemeinen zugetraut wurde.« Preußen aber, das hieß zugleich halbabsolutistische Monarchie und traditionelle Adelsherrschaft.

Dieses ein wenig anachronistische Preußen war in der Tat mit der Reichsgründung an die äußersten Grenzen seiner Möglichkeiten gekommen, es war mit dem Reich, dem es seinen Stempel aufprägte, saturiert und mehr als saturiert und mußte eher fürchten, durch katholisierende Gegenströmungen in Bayern und Österreich (gegen die Eulenburg in München und Wien einen Dauerkampf führte) doch noch einmal um seine Vorherrschaft in Deutschland gebracht zu werden, als daß es in Versuchung gewesen wäre, die »Knochen des pommerschen Grenadiers« für neue Abenteuer zu riskieren. Anders das neue, bürgerliche Deutschland, für das Harden sprach, dem Preußen ziemlich gleichgültig und dem das monarchisch-aristokratische System, für das Preußen immer stand, ziemlich widerwärtig geworden war. Dieses Deutschland, dieser neue, aufstrebende, gleichsam nachpreußische bürgerlich-industrielle Gigant spannte seine Muskeln, suchte Weltmacht und Expansion, wollte Flottenbau und Bagdadbahn. Sein Motto war Max Webers berühmter Ausspruch von der Reichsgründung als einem Jugendstreich, den die Deutschen auf ihre alten Tage unternommen und besser unterlassen hätten, wenn sie nicht der Ausgangspunkt für eine kräftige Weltpolitik sein sollte.

Und in diesen Kampf zwischen dem alten Preußen und dem neuen Deutschland – oder, wenn man will, zwischen Bismarck und Max Weber – hatte Eulenburg tatsächlich, aus seiner halben Zurückgezogenheit heraus, noch einmal eingegriffen; er hatte seinen alten direkten Draht zum Kaiser noch einmal ausgespielt und so etwas wie ein *Comeback* inszeniert (für das er Anfang 1906 mit dem Schwarzen Adlerorden belohnt wurde). Das war 1905 geschehen, während der Marokkokrise, dieses ersten neudeutschen »Griffs nach der Weltmacht«. Damals hatte Eulenburg, als die Dinge zwischen Krieg und Frieden schwebten, noch einmal beim Kaiser vorgesprochen und der Waage einen Fingerstoß in Richtung Frieden gegeben. Dafür mußte er jetzt büßen. Er hatte der Kriegspartei ihr Spiel verdorben.

In einem der vielen Nebenprozesse der Harden-Eulenburg-Affäre hat Harden ganz offen darüber gesprochen, wobei er seltsamerweise das, was in Eulenburgs Politik schlichte Bismarckschule war, statt dessen auf Eulenburgs Homosexualität zurückführte:

»Wir treiben im Deutschen Reich eine viel zu südliche und weichliche Politik. Wenn wir, im Bewußtsein unserer Kraft, jede unwürdige Zumutung ablehnten, wenn wir zeigten, daß im Notfall das Schwert gezogen werden kann, gezogen werden wird, sobald die Ehre und die Zukunft der Nation es fordert, dann würde unsere Weltstellung besser sein ... Damals (1905) gab es

zweierlei Politik: die amtliche und die eulenburgische. Die zweite, die okkulte, wurde von Herren betrieben, die den Kaiser umknieten ... Diese Herren haben den Enkel Wilhelms des Nüchternen in eine ungesunde, ihren Zwecken ersprießliche Romantik zu zerren versucht. Sie sind weg; und der Dunst ist zerflattert. Weggekommen sind sie nach meinen Artikeln ... Daß solche ›Männer‹ von Eulenburg an solche Stelle gebracht wurden, war ein nationales Unglück. Dadurch ist die Atmosphäre entstanden, die eine so schwache, eine so weiche Politik, eine so verhängnisvolle Täuschung über die Realitäten ermöglichte. Und da einzugreifen, war nach meiner Überzeugung meine Pflicht.«

Kräftig gesprochen. Und noch kräftiger klingt es im Eulenburgporträt Hardens: »Müssen wir einen Kriegssturm ersehnen, der diesen schwülen Spuk mit eisigem Atem wegfegt? Soll der starke Schoß deutscher Frauen aus edel gezüchtetem, unerschöpftem Stamm verdorren, weil dem Herrn Gemahl Ephebenfleisch besser schmeckt?« Der zweite Satz gehört streng genommen nicht mehr zur Sache. Aber lassen wir ihn stehen: Er ist ein bemerkenswerter Vorklang von dem, was dann eine weitere Generation später aus dem wilhelminischen Imperialismus der Hardengeneration wurde.

John Röhl gesteht, »bei allem Abscheu gegen die an Hexenjagd erinnernde Homosexuellenverfolgung«, dem politischen Motiv Hardens eine gewisse Berechtigung zu, weil es, kurz gesagt, dem bürgerlichen Fortschritt diente und der Abneigung gegen Adelsprivileg und Günstlingsherrschaft entsprang; und das tat es - *auch.* Nur daß die Dinge im nachbismarckschen kaiserlichen Deutschland so verwickelt lagen, daß Adelsprivileg und Günstlingsherrschaft mit einer vorsichtigen Friedenspolitik zusammengingen, der bürgerliche Fortschritt aber mit dem Griff nach der Weltmacht. Eulenburg wurde das Opfer dieser Verwicklung. Er war ein Mann des alten Regimes; und gerade deshalb ein Mann des Friedens. Vernichtet aber wurde er vor allem, *weil* er ein Mann des Friedens war. Mir scheint, er verdient eine Ehrenrettung.

ERICH LUDENDORFF

WOLFGANG VENOHR

9.4.1865	geboren in Kruszewnia bei Posen
1908-1912	Chef der Aufmarschabteilung im Großen Generalstab
1914	bei Kriegsbeginn Oberquartiermeister der 2. Armee im Westen (Handstreich auf die Festung Lüttich); kurz darauf Ernennung zum Generalstabschef der 8. Armee (v. Hindenburg) in Ostpreußen; Sieger von Tannenberg und an den Masurischen Seen
1914-1916	Spiritus rector der erfolgreichen deutschen Kriegführung im Osten
1917	Sieger in den Abwehrschlachten (Alberich-Rückzug, Tankschlacht bei Cambrai usw.); hauptverantwortlich für den uneingeschränkten U-Bootkrieg, den Sturz des Reichskanzlers v. Bethmann-Hollweg und das »Hindenburg-Programm« der deutschen Kriegswirtschaft
1918	verantwortlich für die gescheiterten deutschen Frühjahrs- und Sommeroffensiven (vor allem »Michael«-Offensive im März); sieht sich unter dem Druck der alliierten Gegenoffensiven und des Zusammenbruchs der Balkanfront am 29. September gezwungen, bei der Reichsregierung auf Anknüpfung von Waffenstillstandsverhandlungen zu drängen; nimmt am 26. Oktober nach rüder Behandlung durch den Kaiser seinen Abschied und geht für kurze Zeit nach Schweden
1923	beteiligt sich am 9. November beim Hitler-Putsch in München
1925	läßt sich von den Nationalsozialisten als Kandidat für den Posten des Reichspräsidenten aufstellen
1926	gründet zusammen mit seiner zweiten Frau Mathilde als Kampfverband gegen die »überstaatlichen Mächte« (Freimaurer, Juden, Jesuiten und Marxisten) den sogenannten Tannenbergbund
1933	warnt am 30. Januar den Reichspräsidenten v. Hindenburg schriftlich vor Adolf Hitler: »Ich prophezeie Ihnen feierlich, daß dieser unselige Mann unser Reich in den Abgrund stürzen und unsere Nation in unfaßbares Elend bringen wird.«
1935	lehnt an seinem 70. Geburtstag schroff seine Beförderung zum Generalfeldmarschall ab
20.12.1937	stirbt im Alter von 72 Jahren in Tutzing bei München

Erich Ludendorff, 1936, in Generalsuniform, Photographie

Herbst 1936. Reichshauptstadt Berlin. Büro des Oberbefehlshabers des deutschen Heeres, des Generalobersten Freiherrn v. Fritsch. Das Telefon läutet, und Hauptmann Dr. G. nimmt den Hörer ab. Der junge Offizier erstarrt vor Ehrfurcht, als er die markante Stimme am anderen Ende der Leitung vernimmt: General Erich Ludendorff, der legendäre Generalquartiermeister des I. Weltkriegs, der ruhmbedeckte Sieger von Tannenberg, spricht mit ihm und verlangt, unverzüglich mit dem Herrn v. Fritsch verbunden zu werden. Der Hauptmann rapportiert respektvoll, der Generaloberst sei nicht in seinem Zimmer, aber man werde sofort ... Ludendorff unterbricht ihn barsch mit den Worten: »Sagen Sie ihm, hier spricht DER FELDHERR ...«

Diese verbürgte Anekdote umschreibt in lapidarer Kürze die Tragödie eines Mannes, der zu den umstrittensten Gestalten der neueren deutschen Geschichte gehört. Bis zum Ausbruch des II. Weltkriegs galt Ludendorff vielen Deutschen als der große Stratege des Krieges von 1914 bis 1918, ja: als eine historische Persönlichkeit vom Range eines Moltke oder Gneisenau. Auf ihn wie auf keinen anderen schien das wirkungsvolle Propaganda-Schlagwort der deutschen Rechten zuzutreffen: »im Felde unbesiegt«. Für andere, vor allem auf der linken Seite des politischen Spektrums, war Ludendorff ganz einfach ein »Massenmörder«, ein »Blutsäufer«, ein gewissenloser Kriegsverlängerer, gegen den Tucholsky seine Verse schrieb:

General! General!
Wag' es nur nicht noch einmal!
Es schreien die Toten!
Denk' an die Roten!
Sieh' Dich vor! Sieh' Dich vor!

Hör' den brausend dumpfen Chor!
Wir rücken näher 'ran!
Kanonenmann!

Die Katastrophe des II. Weltkriegs ließ die Erinnerung an die Jahre 1914 bis 1918 verblassen, und auch der General der Infanterie Erich Ludendorff fiel der Vergessenheit anheim. War aber von ihm noch irgendwo die Rede, so stritten sich Experten über die Frage, warum der *Politiker* Ludendorff 1923 für Hitler und 1933 gegen Hitler gewesen sei (was niemanden interessieren kann, da sein Auftreten im politischen Bereich bestenfalls als Kuriosum zu werten ist). Das eigentliche historische Problem, nämlich eine wohlabgewogene Einschätzung der überragenden Rolle, die der *Soldat* Ludendorff vier Jahre lang, im I. Weltkrieg, gespielt hatte, blieb darüber ungelöst.

War dies nun einer der größten Feldherrn der deutschen Geschichte gewesen? Hätten sein eiserner Wille und sein militärisches Talent für Deutschland tatsächlich den I. Weltkrieg gewinnen können, wenn nicht die störenden politischen Faktoren gewesen wären? Oder war Ludendorff nur ein sturer, geistloser Kommißkopf, die Inkarnation des seelenlosen Preußentums? Hatte seine unerschütterliche Durchhaltestrategie Deutschland letztlich in den Abgrund von 1918 getrieben?

Der geradezu tragikomische Ausruf Ludendorffs am Telefon »Hier spricht der Feldherr!« (übrigens ein Jahr vor seinem Tode) verrät nur allzu deutlich, wie er sich selbst eingeschätzt wissen wollte und wie sehr er sich von der Öffentlichkeit verkannt fühlte! Und insofern hatte der General völlig recht: Der Fachkritik ist es weder bis 1936 noch bis heute gelungen, ein zutreffendes Bild der kriegsgeschichtlichen Bedeutung Erich Ludendorffs zu entwerfen. Die Beurteilung seiner militärischen Leistungen blieb Stückwerk, um nicht zu sagen: Desiderat.

29. August 1916, 10 Uhr vormittags. Im Großen Hauptquartier des deutschen Heeres treffen zwei Generale ein, die sich bei Kaiser Wilhelm II. zum Rapport zu melden haben: der 68jährige Generalfeldmarschall Paul v. Hindenburg und der 51jährige General Erich Ludendorff.

Beide kommen von der Ostfront gegen Rußland, wo sie in den letzten zwei Jahren – vom August 1914 bis zum August 1916 – durch eine Kette von glänzenden Siegen zu Volkshelden der Deutschem geworden sind. Mit Recht: Denn in der Vernichtungsschlacht von Tannenberg (August 1914) hatten sie nicht nur einen der strahlendsten Siege der Kriegsgeschichte errungen, sondern Ostpreußen und ganz Deutschland vor der »russischen Dampfwalze« errettet. Ein Zwillingspaar des Ruhms also; Trost und Hoffnung eines Volkes, das seit 24 Monaten im Westen, Süden und Osten, von allen Seiten belagert, verzweifelt gegen »eine Welt von Feinden« kämpft.

Und nun stehen sie vor ihrem Obersten Kriegsherrn, Wilhelm II., und bevor sie sich von ihrer Überraschung erholen können, gratuliert ihnen der Kaiser dazu, daß sie beide ab sofort die 3. Oberste Heeresleitung (O.H.L.) übernehmen dürfen, daß sie zu Nachfolgern des bisherigen Chefs der O.H.L., General Erich v. Falkenhayn, berufen sind.

Der Kaiser spricht schnell und hektisch; er sieht praktisch nur Hindenburg an. Denn den General Ludendorff kann er nicht ausstehen. Dieser grimmig-ernste, schroffe, durch keinerlei Charme oder Verbindlichkeit gemilderte Typus eines preußischen Emporkömmlings (Ludendorff ist bürgerlicher Abstammung und betont durch jede Mimik und Gestik, daß er außer seiner eigenen Tüchtigkeit niemandem auf der Welt etwas zu verdanken habe) geht ihm zeitlebens auf die Nerven. Er kann einfach nicht in die stahlharten, humorlosen Augen des Generals sehen. Aber er braucht ihn! Braucht ihn dringender als das Brot zum Leben, denn der Kaiser weiß wie jeder Eingeweihte, daß Hindenburg – mit seiner gewaltigen Statur und seiner olympischen Ruhe – nur der populäre Volksheros, daß Ludendorff aber der eisenharte Wille, die stählerne Energie in Person, daß er in Wahrheit der spiritus rector jener legendären deutschen Siege im Osten ist.

Deshalb nimmt Wilhelm II. zähneknirschend diesen unbequemen Ludendorff in Kauf. Nimmt ihn in Kauf, weil die militärische Lage Deutschlands im August 1916 geradezu verzweifelt ist, weil das Deutsche Reich praktisch am Rande des Zusammenbruchs steht:

1. Die von Falkenhayn angezettelte Schlacht von Verdun, die »Blutmühle«, die 50 der besten deutschen Divisionen bereits zermahlen hat, ist mißglückt –
2. die britische Daueroffensive an der Somme saugt dem deutschen Heer personell wie materiell das Mark aus den Knochen, läßt die Truppe ausbluten –
3. das österreichisch-ungarische Heer des Verbündeten ist seit dem schweren Rückschlag bei Luzk keinen Schuß Pulver wert, kann seine Stellungen allein, ohne deutsche »Korsettstangen«, kaum noch halten –

4. ist soeben, völlig unerwartet, die Kriegserklärung Rumäniens erfolgt, womit die Lage der Mittelmächte – gesamtstrategisch gesehen hoffnungslos geworden ist.

So ist am 29. August 1916 die Situation, und Ludendorff wird ganz eindeutig deshalb in die O.H.L. berufen, um die Rolle des Retters in höchster Not zu spielen, um all das auszubaden, was bisher in zwei Jahren militärisch schiefgegangen ist, was die 1. O.H.L. (Moltke) und die 2. O.H.L. (Falkenhayn) ihm als Scherbenhaufen einer dilettantischen Kriegführung hinterlassen haben.

Was macht nun Ludendorff, der das alles mit seinem scharfen militärischen Sachverstand sofort durchschaut? Typisch für ihn: Er nimmt die Beauftragung unter dem Titel »Erster Generalquartiermeister« an, aber nur unter der ausdrücklichen Bedingung, daß ihm »volle Mitverantwortlichkeit für alle zu fassenden Entschließungen und Maßnahmen« eingeräumt wird. Niemand an seiner Stelle hätte das in einer solchen verzweifelten Situation getan! Und im Herbst 1918 wird er bitter dafür zahlen müssen, wenn ihn der Kaiser mit verletzenden Worten, ohne jeden Dank, davonjagen wird.

Doch zunächst einmal krempelt Ludendorff den I. Weltkrieg um. Anders kann man es beim besten Willen nicht ausdrücken, denn mit seiner beispiellosen Energie und seinem exorbitanten militärischen Sachverstand verändert er in wenigen Monaten das gesamte Kriegstheater, und zwar zu Gunsten Deutschlands:

1. Liquidiert er sofort, innerhalb von vier Tagen, den sinnlosen, blutigen Kampf um Verdun, womit er das deutsche Heer von einem Alptraum befreit –
2. hält er, wenn auch mit Geländeverlust, zäh und unnachgiebig die Stellungen an der Somme, bis der westliche Gegner allmählich resigniert und die Offensive nach blutigsten Verlusten einstellt –
3. stützt er erfolgreich die österreichische Heeresgruppe Erzherzog Karl mit deutschen personellen und materiellen Zuführungen, so daß sich die gesamte Ostfront wieder stabilisiert –
4. schlägt er in einem Blitzfeldzug, mit schnell improvisierten Verbänden, die Rumänen aus ihrem eigenen Land, womit der »weiche Unterleib« der Mittelmächte nun als geschützt gelten kann.

Ende 1916 konnten die Deutschen wieder hoffen, während die Alliierten düstere Resignation erfaßte. Ludendorff hatte das blutige Spiel neu gestellt! Aber das alles waren eigentlich nur vordergründige, von der aktuellen Not diktierte Maßnahmen gewesen. Die wahren Leistungen Ludendorffs vollzogen sich im Stillen, ganz unspektakulär, doch mit langfristigen Folgen für den Kriegsverlauf.

Zunächst einmal machte der neue Generalquartiermeister der Obersten Heeresleitung eine strategische Bestandsaufnahme und kam zu dem Schluß, daß das deutsche Heer nur dann wieder angriffs- und damit entscheidungsfähig werden konnte, wenn von seinen überbürdeten Schultern die Last des Zweifrontenkrieges genommen war. Da davon Ende 1916 keine Rede sein konnte (die russische Revolution ließ noch auf sich warten), beendete er das planlose Herumoperieren seiner Vorgänger und verordnete strengste Defensive; vor allem an der Westfront.

Aus der Not machte General Ludendorff eine Tugend, indem er die *organisatorischen* und *taktischen* Zwänge, in denen er sich nun einmal befand, in eine *strategische* Konzeption großen Stils ummünzte. Die Marineleitung versprach Anfang 1917, daß ein unbeschränkter U-Bootkrieg England binnen fünf Monaten in die Knie zwingen würde. Obwohl der Generalquartiermeister hinsichtlich des Zeitraums eher skeptisch war und vorsichtshalber mit neun bis zehn Monaten rechnete, gab es für ihn keinen vernünftigen Grund, dem Urteil der Marinefachleute zu mißtrauen. Also förderte Ludendorff den Entschluß, den unbeschränkten U-Bootkrieg auf den Weltmeeren auszulösen, und beschloß während des gesamten Jahres 1917 zu Lande in der Verteidigung zu bleiben. Denn selbst wenn sich die Hoffnungen der Marineleitung als illusionär erweisen sollten, war die Entscheidung für die kräftesparende Gesamtdefensive unbedingt richtig, so lange Deutschland noch nach Ost und West kämpfen mußte.

So bot sich der Welt, vor allem den feindlichen Generalstäben, bald das paradoxe Bild, daß ausgerechnet der »eisenharte« Ludendorff, von dem man ein wildes Angreifen und Vorwärtsstürmen erwartet hatte, mit seinen Truppen hübsch in der Deckung blieb und nirgendwo ein militärisches Abenteuer riskierte. Die Deutschen – so muß man sich die Szene vorstellen – standen wie zwei Boxer Rücken an Rücken in der Mitte des Kampfringes, die Fäuste zur Deckung hochgezogen, und ihre Gegner, die sie von allen Seiten umtänzelten, fanden keine Blöße, waren einfach nicht in der Lage, Konterschläge anzubringen.

Das alles liest sich heute so leicht und angenehm. In der Praxis sah es aber damals so aus, daß die Deutschen ihren Gegner 1916 an Zahl und Ausrüstung bedenklich unterlegen waren; vor allem an der Westfront. Ludendorffs Vorgänger, General v. Falkenhayn, hatte weder für genügend Artillerie noch für zureichende Munitionsausstattung gesorgt. Die deutsche Infanterie aber, die den Briten und Franzosen ohnehin in einem Unterlegenheitsverhältnis von 2 : 3 gegenüberstand, hatte er in ihrem Kampfwert und Selbstbewußtsein langsam, aber sicher zerbröckeln lassen, indem er sie zu einer unflexiblen, verlustreichen Verteidigung jeden Meters Schützengraben zwang.

Ludendorff machte mit alldem Schluß: Die Verteidigung wurde nach der Tiefe gegliedert, womit sie flexibel und kräftesparend wurde; die Armeen und Heeresgruppen wurden veranlaßt, aus der Frontlinie Reserven auszuscheiden, so daß genügend Kräfte für örtliche Gegenangriffe bereitstanden; für sämtliche Divisionen und Regimenter wurde ein intervallartiges Ablösungsverfahren eingeführt, so daß jede Einheit und jeder Verband Ruhepausen erhielt, in denen aufgefrischt bzw. ausgebildet werden konnte.

Damit nicht genug, verfaßte Ludendorff persönlich eine neue O.H.L.-Vorschrift mit dem Titel »Die Führung in der Abwehrschlacht«, die das bisherige, international übliche Verteidigungssystem gänzlich umgestaltete. Das Denken in starren Fronten wurde ein für allemal verpönt; an seine Stelle trat ein elastisches Defensivverfahren, das aus der Tiefe des Raumes heraus operierte und insbesondere das Mittel des Gegenstoßes (nach Clausewitz: »das blitzende Vergeltungsschwert«) kultivierte. Diese neue Taktik verlangte nach neuen Organisationsformen, und so entstanden bald überall sogenannte Sturmbataillone und Sturmregimenter, in denen der Soldat als selbständig handelnder Einzelkämpfer auftrat, der mit Handgranate, MG und Karabiner auf dem modernen Schlachtfeld fast indianerhaft focht.

Es waren Vorschriften, die das gesamte Kriegsbild für immer revolutionieren sollten! Die blitzartigen Panzervorstöße der Deutschen und Russen im II. Weltkrieg, das »Durchboxen« durch feste Linien, die Einführung der selbständigen Auftragstaktik an Stelle fesselnder Befehlsmechanismen: Das alles geht im Kern auf Ludendorffs damalige Ideen über Taktik und Organisation des modernen technischen Krieges zurück.

Mit alledem war es jedoch nicht getan. Was nützten schließlich die besten Vorschriften und Ausbildungsmaximen, wenn der Gegner mit seiner Materialüberlegenheit »klotzte«, wenn beispielsweise die alliierte Artillerie so massiert stand, daß sie die deutschen Gräben förmlich pulverisieren konnte, wenn sie in solchen Munitionsmengen schwamm, daß sie das Feuer der deutschen Artillerie einfach per Masse erstickte?

Ludendorff änderte auch das. Er machte sich selbst sehr bald nach seinem Amtsantritt zu einer Art von deutschem Wirtschaftsdiktator, indem er für die deutsche Industrie das »Hindenburgprogramm« kreierte, das man eigentlich »Ludendorffprogramm« hatte nennen müssen. Er schuf sozusagen aus dem Stand eine hocheffektive deutsche Kriegswirtschaft, die unter strenger Zusammenfassung aller Materialreserven und unter einheitlicher Leitung durch die O.H.L. ihre Produktionsprogramme vervielfachte, wobei das Wesentliche war, daß ihr »von oben« Schwerpunkte gesetzt wurden. (Ein Mann wie Lenin wurde zum lebenslangen Bewunderer dieser gigantischen Plan-Maschinerie.)

Zuerst gab es mancherlei Leerlauf; aber bald kam es zu einer Art »Wirtschaftswunder«, in diesem Falle Kriegswirtschaftswunder, das es ermöglichte, nach zweieinhalb schweren Kriegsjahren noch eine gewaltige Umorganisation, Modernisierung und Neuausrüstung des deutschen Feldheeres in Angriff zu nehmen. Die Fronttruppe traute ihren Augen nicht! Bereits nach zwei Monaten Ludendorffscher Tätigkeit konnte Kronprinz Rupprecht von Bayern, Führer einer Heeresgruppe an der Westfront, in seinem Tagebuch notieren: »Eine Überlegenheit des Feindes an Zahl der Geschütze ist kaum mehr vorhanden ...« Nach weiteren zwei Monaten, im Dezember 1916, lief die deutsche Munitionsanfertigung auf Hochtouren. Im Januar 1917 vermochte Ludendorff mitzuteilen, daß von nun an monatlich die phantastische Zahl von 90 neuen Batterien Artillerie aufgestellt würde. Der Produktionsausstoß an Minenwerfern wurde 1917 im Vergleich zu 1916 verdreifacht, der an Maschinengewehren verfünffacht.

Wenn man sich vor Augen hält, was General Ludendorff bis zum Jahresbeginn 1917 in angestrengtester Arbeit bewirkte, kommt man aus dem Staunen nicht heraus. In knapp 6 Monaten hatte er folgendes vollbracht:

1. den sinnlosen Angriff auf Verdun eingestellt;
2. in einem Blitzfeldzug Rumänien ausgeschaltet;
3. zwei durchlaufende Verteidigungsstellungen hinter der Westfront in Auftrag gegeben;
4. der überanstrengten Truppe durch ein ausgeklügeltes Ablöseverfahren neuen Mut eingeimpft;

5. operative Reserven hinter allen bedrohten Frontabschnitten disloziert und neu bewaffnet;
6. die gründliche Ausbildung aller Truppen in Unterrichtskursen der Armeen veranlaßt;
7. die Aufstellung von Sturmbataillonen verfügt;
8. die Überlegenheit der feindlichen Artillerie gebrochen;
9. die Steigerung der Munitionszufuhr durchgesetzt;
10. die Fliegerkräfte auf das Doppelte vermehrt.

Die umstürzende Bedeutung dieser Maßnahmen konnte eigentlich nur der deutsche Frontsoldat (und der Feind natürlich!) ermessen. Es genügt die Erwähnung einer einzigen Tatsache, um den praktischen Nutzeffekt für den einfachen Infanteristen deutlich zu machen: Wenn der Gegner die deutschen Schützengräben in Massen angriff, dann verlangte die Infanterie in ihrer Herzensnot von der eigenen Artillerie »Sperrfeuer«. Die Sperrfeuerbreite unter Falkenhayn hatte pro Batterie 400 Meter betragen. Unter Ludendorff sank sie auf 200 Meter (alle 50 Meter feuerte ein Rohr)!

Dennoch blieb sich Ludendorff durchaus darüber im klaren, daß die beste Ausstattung nichts an der zahlenmäßigen Unterlegenheit seiner Truppen änderte, solange man noch im Zweifrontenkrieg stand. Die deutsche Ersatzlage an Mannschaften war katastrophal. Für 1917 vermochte man vorauszuberechnen, daß die blutigen Ausfälle von etwa 100 000 Mann pro Monat nicht einmal zu 75 Prozent gedeckt werden konnten. Gab es dagegen keine Aushilfe?

Ludendorff ist wohl der einzige General des I. Weltkrieges gewesen, der sich nicht aus Zwang oder Notwendigkeit, sondern aus eigenem freiem Entschluß zum Rückzug, zu einer drastischen Frontverkürzung entschloß. Auch das hatte niemand von ihm erwartet! Doch am 16. März 1917 begann das »Alberich«-Unternehmen, der große Rückzug deutscher Truppen in die »Siegfriedlinie«, in eine verkürzte Frontstellung, wodurch die O.H.L. fünfzehn bis zwanzig Divisionen nebst starker Artillerie einsparte. 300 000 bis 400 000 deutsche Soldaten konnten damit aus der Front gezogen und einer strategischen Reserve zugeführt werden.

Dieser »Alberich«-Rückzug ist Ludendorffs größte strategische Tat gewesen. Er hat damit die gewaltigen feindlichen Offensivvorbereitungen in der Gegend von der Oise bis zur Somme (Franzosen) und in Richtung auf Bapaume (Briten) auf die eleganteste Weise zunichte gemacht. Er nahm seine Truppen aus einem großen Frontvorsprung auf eine verkürzte Sehnenstellung zurück und ließ damit die ungeheuren Mühen des feindlichen Aufmarsches versanden. Er gab beträchtlichen Boden preis und sparte damit unendlich viel Blut! Die deutschen Soldaten verstanden ihn: Der freiwillige Rückzug schwächte ihre Kampfmoral nicht; er gab ihnen neue Zuversicht.

Volk und Heer Deutschlands konnten im Frühjahr 1917 aufatmen. In einem guten halben Jahr war die schwerste militärische Krise gemeistert worden, die Deutschland im I. Weltkrieg überhaupt zu bestehen hatte. Denn im August 1916 hatte es ja wirklich ganz verzweifelt ausgesehen, und kein Spieler hätte noch einen Einsatz auf die deutsche Karte gewagt. Nun aber kehrte das Vertrauen der Armee und der Heimat in die eigene Führung, das unter Falkenhayn schwer erschüttert worden war, langsam wieder zurück. Ja, eigentlich hatten die Massen seit den Tagen des Kriegsausbruchs im August 1914 zum ersten Mal das Empfinden, daß sie von einem starken Willen und von einer festen Hand gelenkt wurden. Der neue Mann der O.H.L. hatte in einer titantischen Anstrengung das Steuer herumgerissen, das wankende Deutschland vor dem Abgrund aufgefangen und den siegeslüsternen Feind entmutigt (im Mai 1917 kam es zu schweren Meutereien in der französischen Armee).

Aber nun das Merkwürdige, Komische, ja fast Unbegreifliche: Ludendorffs Führung in einer Abwehrschlacht, die er 1½ Jahre lang (von Anfang September 1916 bis Anfang März 1918) gegen West, Ost und Süd mit glänzendem Erfolg lenkte, womit er doch – neben dem Südstaatengeneral Lee – ganz einsam und herausragend in der Kriegsgeschichte stand und im buchstäblichen Sinne des Wortes zum »Retter des Vaterlandes« wurde, diese einmalige militärische Leistung hat in der Öffentlichkeit wie in der Fachkritik kaum Anerkennung gefunden! Die Massen schwärmten von seinen Siegen bei Tannenberg und an den Masurischen Seen (1914), die Experten delektierten sich an seiner eleganten »Rochade nach Thorn« (1914) – aber von dem, was seine wahre militärische Größe ausmachte, von der erfolgreichen Rundumverteidigung Deutschlands von 1916 bis 1918, war kaum die Rede.

Das war typisch! Die *Offensive* galt im deutschen Denken eben mehr als die *Defensive*; obwohl doch Clausewitz gelehrt hatte, daß die Verteidigung die stärkere Kampfform sei. Aber der preußische Philosoph aus Burg bei Magdeburg war längst vergessen. Wann immer von Ludendorff während des I. Weltkrieges und in der Zeit danach in geradezu mythischen Tönen gesprochen wurde, war entweder der Sieger von Tannenberg (August 1914) oder der

Stratege der »Michael«-Offensive (März 1918) gemeint. Wurde sein »Feldherrntum« apostrophiert, so dachte alle Welt nur an Ludendorffs Angriffsschlachten.

Und das war ein Irrtum.

Zu Beginn des Jahres 1918 veränderte sich die strategische Lage des deutschen Heeres entscheidend. Die revolutionären Ereignisse in Rußland (Oktoberrevolution) ermöglichten es der deutschen Obersten Heeresleitung, zum ersten Mal seit den Tagen der Marneschlacht im Herbst 1914, wieder an der Westfront einen eindeutigen Schwerpunkt zu bilden.

Zwar durfte man mitnichten von einem Einfrontenkrieg sprechen, weil man auch weiterhin Besatzungstruppen in der Ukraine unterhielt, weil man auch fernerhin die Fronten auf den sog. Nebenkriegsschauplätzen – in Italien, auf dem Balkan, in der Türkei – mit deutschen Verbänden stützen mußte, aber die Masse des deutschen Feldheeres konnte im Westen konzentriert werden. Eine große, kriegsentscheidende Offensive gegen Briten und Franzosen war nach 3½ Kriegsjahren wieder im Bereich des Möglichen.

Ludendorff mußte ohne Zweifel Genugtuung überkommen, wenn er um die Jahreswende 17/18 kritisch die Prämissen seiner Gesamtkriegführung seit seinem Amtsantritt als »Erster Generalquartiermeister« am 29. August 1916 überdachte. Anfang September 1916 hatte er in einem Gespräch mit Generalmajor Hoffmann, der sich bei ihm nach den Friedensaussichten erkundigt hatte, wörtlich erklärt: »Ich sehe vorläufig keinerlei Möglichkeit; die Entente rechnet zur Zeit auf Gewinn, was nach der allgemeinen Lage eine gewisse Berechtigung hat. Zur Zeit ist für uns nichts zu machen. Gelingt es uns aber, die Rumänen zu schlagen und im Westen alle Angriffe zum Scheitern zu bringen, was ich erhoffe, so läßt sich eher von Frieden reden.«

Gewiß, in *einem* Punkt hatten sich alle verrechnet; Ludendorff eingeschlossen: Der unbeschränkte U-Bootkrieg hatte England mitnichten in die Knie gezwungen. Alles andere aber war so eingetroffen, wie es sich der General gewünscht hatte: Rumänien war geschlagen und alle Angriffe der Alliierten an der Westfront waren zum Scheitern gebracht worden (selbst der überraschende britische Tankangriff bei Cambrai im November 1917, dem Ludendorff mit elastischen Gegenstößen kombinierter Kampfgruppen aller Waffengattungen entgegengetreten war).

Seine große Defensivkonzeption hatte sich also durchaus bewährt, und nun, wo Rußland kein ernstzunehmender Gegner mehr war, sah Ludendorff sich in die Lage versetzt, eine große entscheidungssuchende Offensive im Westen zu planen – die erste wieder nach dem großen Vormarsch von 1914. Seine Strategie, die er 1½ Jahre lang nach dem Motto »Die Defensive bereitet die Offensive vor« zäh durchgehalten hatte, mochte jetzt Triumphe feiern.

Und zuerst sah auch alles danach aus. Denn was der Generalquartiermeister nun in den drei Monaten von Mitte Dezember 17 bis Mitte März 18 für die Organisation und Ausrüstung des deutschen Westheeres mit Waffen, Gerät und Ausrüstung auf die Beine stellte, war wiederum staunenerregend; staunenerregend in Sonderheit, wenn man sich die beschränkten wirtschaftlichen Möglichkeiten der Deutschen, insbesondere ihren katastrophalen Rohstoffmangel vor Augen hielt, während die Westalliierten, vor allem die Nordamerikaner, die im April 1917 gegen Deutschland in den Krieg getreten waren, unbehindert aus dem Vollen schöpften.

Aber zur Ausrüstung und Bewaffnung mußten Soldaten kommen; Soldaten in genügender Zahl. Am 1.11.1917 standen ca. 160 deutsche Divisionen mit etwa 3,2 Millionen Mann an der Westfront, während ca. 80 deutsche Divisionen mit rund 1,8 Millionen Soldaten im Osten und an den anderen Fronten kämpften. Am 21.3.1918, an dem Tage, an dem Ludendorff zur Offensive antreten wollte, zählte das deutsche Westheer ca. 195 Divisionen mit ungefähr 4 Millionen Mann, während nur noch 45 Divisionen mit ca. 1 Million Soldaten auf den anderen Kriegsschauplätzen weilten. Damit waren die Deutschen ihren westlichen Gegnern zum ersten Mal an Zahl ebenbürtig.

Von den 195 Westdivisionen konzentrierte Ludendorff 76 im Somme-Abschnitt, und dahinter ließ er die überwältigende Masse von 6608 Geschützen aller Kaliber und 3534 Minenwerfern auffahren, die auf einer Frontbreite von 80 Kilometern (125 Rohre pro Kilometer also) Tod und Verderben in die feindlichen Stellungen tragen sollten. Mehr als 1000 Flugzeuge, etwa 40 Prozent der gesamten deutschen Fliegerstreitkräfte, sollten über den an greifenden deutschen Divisionen ihren Luftschirm ausbreiten.

Erstaunliche Zahlen: die stolzen Ergebnisse des Ludendorffschen »Hindenburgprogramms«. Allerdings, soviel Kanonen und Maschinengewehre auch produziert worden waren, die Ausstattung mit Kraftfahrzeugen sah traurig aus. Rohstoffe und Produktionskapazität hatten dafür nicht mehr ausgereicht. Zwar hatte sich die Zahl der deutschen Armeekraftwagen seit 1914 von 5000 auf 35 000 erhöht (davon ein Drittel PKWs); aber Briten und Franzosen verfügten 1918 über mehr als 200 000. (Hinzu kam, daß sich die deutschen Kraftwagen nicht auf Gummirädern, sondern auf federnder Eisenbereifung fortbewegen mußten!) Und geradezu katastrophal wirkte sich der enorme Pferdemangel aus; daran hatte auch kein »Hindenburgprogramm« etwas ändern können.

So war die Beweglichkeit der schwerbewaffneten deutschen Angriffsdivisionen von Anfang an in Frage gestellt. Ludendorff gelang es denn auch nur, zwei Drittel der 76 Offensivverbände zu sog. Mob. Divisionen (mob. = beweglich, angriffsfähig) aufzubauen, während ein Drittel aus Stellungs-Divisionen bestand, die praktisch über keinerlei Transportkapazität verfügten, für einen Bewegungskrieg also nicht in Betracht kamen. Das bedeutete, daß die deutschen Angriffsdivisionen nur eine leichte Überlegenheit von 3:2 gegenüber dem anzugreifenden britischen Gegner hatten; bedenklich, angesichts der Tatsache, daß sich sämtliche Militärexperten darüber einig waren, der Angreifer müsse mindestens mit 3:1 gegen den Verteidiger antreten, wenn überhaupt nur die geringste Aussicht auf Erfolg bestehen sollte.

Dennoch: Angesichts der geradezu mustergültigen Vorbereitungsarbeiten Ludendorffs und in Anbetracht der vorzüglichen Schulung und Kampfmoral der deutschen Soldaten und Offiziere stand am 21. März 1918, als die »Michael«-Offensive (so der deutsche Deckname) begann, Großes, ja unter Umständen Kriegsentscheidendes zu erwarten. Man braucht nur in den »Stahlgewittern« des damaligen Infanterieleutnants Ernst Jünger nachzublättern, und man wird finden, von welchem Geist und Angriffsschwung die Feldgrauen ungeachtet der hinter ihnen liegenden furchtbaren vier Kriegsjahre an jenem Märzmorgen des Jahres 1918 beseelt waren. In der Hand »die wunderbar klaren Ausbildungsbefehle Ludendorffs«, und getragen von dem Bewußtsein, daß sie von Deutschlands bestem Heerführer befehligt wurden, stellten sie eine eindrucksvolle Offensiv-Streitmacht dar.

Nein, Ludendorff spielte 1918 nicht va banque wie Hitler 1944. Man darf seine »Michael«-Offensive nicht mit dem Ardennen-Unternehmen vergleichen. Deutschland war am 21. März 1918 noch nicht verloren, und Ludendorffs Großangriff war durchaus nicht ohne Chance.

Warum ging dann doch alles schief? So schief, daß man nachträglich den 21. März 1918, als Ludendorff seine eigentliche Feldherrnrolle spielen sollte, den Anfang vom Ende nennen kann ...

Es waren zwei Gründe, die 1918 zum Scheitern des Feldherrn Ludendorff und damit zur Niederlage Deutschlands führten: ein *politischer* und ein *strategischer*.

Erinnern wir uns an die Jahreswende 1916/17, als Erich Ludendorff seine große Konzeption der Gesamtdefensive faßte. Im Zentralpunkt aller Diskussionen der deutschen Führung stand damals die Frage des uneingeschränkten U-Bootkrieges. Und Ludendorff war einer der nachdrücklichsten Befürworter gewesen.

Nachdruck mußte von ihm angewandt werden, weil es auch eine ganze Reihe von Gegnern dieses rücksichtslosen Kriegsmittels gab, Leute, die alles versuchten, diese schwerwiegende Entscheidung zu verhindern oder wenigstens hinauszuzögern. Es standen dabei keine humanitären, sondern ausschließlich *politische* Argumente zur Erwägung. Die Gegner des unbeschränkten U-Bootkrieges fürchteten nämlich, daß er den Kriegseintritt der USA gegen Deutschland provozieren oder wenigstens beschleunigen könnte.

Die Frage, ob diese Sorge eine Berechtigung hatte, ob nicht der US-Kapitalismus ohnehin entschlossen war, sich aktiv in das europäische Kriegsgeschäft einzuschalten, können wir hier beiseite lassen. Wichtig in unserem Zusammenhange ist, daß Ludendorff damals schon für politische Überlegungen keinerlei Verständnis zeigte, daß er vielmehr - aus rein militärischem Kalkül - den *politischen* Verantwortlichen den Willen der *Kriegführung* aufzwang. Damit wurde der klassische Lehrsatz des Philosophen Clausewitz, wonach der Krieg der Politik immer untergeordnet sein müsse (»Denn die politische Absicht ist der Zweck - der Krieg ist das Mittel; und niemals kann das Mittel ohne Zweck gedacht werden.«) geradezu auf den Kopf gestellt. Ludendorff brach hier schon ganz eindeutig mit dem Vermächtnis Gneisenaus und Moltkes. Zum ersten Mal in der Geschichte der preußischen Armee dominierte der Krieg ganz eindeutig über die Politik: Triumph des Militarismus.

Nun kann man Ludendorff aber in diesem Falle noch entschuldigen. Schließlich mußte ihn die Garantie des Admiralstabs, England mit dem Mittel des unbeschränkten U-Bootkrieges friedenswillig machen zu können, durchaus faszinieren. Außerdem hatte bereits sein Vorgänger, General v. Falkenhayn, für die O.H.L. die Weichen gestellt, als er am 4. Mai 1916 an Reichskanzler Bethmann Hollweg geschrieben hatte: »Kommt dieses Kriegsmittel *nicht* - oder nicht *rechtzeitig* - zur Anwendung, so liegen die Folgen auf der Hand. An dieser Sachlage kann der Übergang Amerikas vom *geheimen* Krieg, den es längst gegen uns führt, zu *erklärter* Feindschaft nichts ändern.«

Vor allem, noch hatte Ludendorff nicht den Reichskanzler gestürzt (das geschah erst im Juli 1917). Noch hätte ein Bethmann-Hollweg, wenn nur eine Spur von Bismarck in ihm gewesen wäre, den Militärs seinen Willen aufzwingen können und den Primat der Politik bis zur Selbstaufopferung verteidigen müssen. Ludendorff war um die Jahreswende 16/17 noch weit davon entfernt, der heimliche Diktator Deutschlands zu sein.

Ganz anders nun im Frühjahr 1918! Seit acht Monaten gab es praktisch keine politische Führung des Reiches mehr; der Wille der Obersten Heeresleitung war für alle Gesetz. Ludendorff hatte es so gewollt. Jetzt konnte er wirklich die Rolle des Feldherrn wahrnehmen, dessen *militärische* Strategie einer *politischen* Idee dienen mußte.

Aber davon war keine Spur zu entdecken! Daß das deutsche Westheer in dem Augenblick, in dem die Bedrohung aus dem Osten entfiel, zu einer Entscheidungsschlacht antreten sollte, die unzweifelhaft zum Schicksalskampf für das Reich werden würde, war in der Situation von 1918 plausibel, ja angesichts der amerikanischen Intervention, die sich bald in der Landung von Massenheeren in Frankreich auswirken mußte, wohl unvermeidlich. Die Zeit arbeitete gegen Deutschland, und wollte man nicht gleich kapitulieren, so mußte wohl das Risiko einer deutschen Großoffensive gelaufen werden. Auch daß Ludendorff an der Somme, an der Nahtstelle zwischen Briten und Franzosen, angreifen wollte, um nach dem Durchbruch die Briten – isoliert – auf die Kanalhäfen zu werfen, ließ sich als ein räumlich begrenztes, den vorhandenen Kräften durchaus angemessenes Ziel akzeptieren.

Aber nun: wozu das Ganze? Mit welchem politischen Zweck und Ende? Sollte nach dem Sieg über die Briten Halt gemacht werden? Um vielleicht der Entente ein realistisches Friedensangebot zu unterbreiten? Oder sollte die Offensive noch weitergehen? Und wenn ja, wohin: nach Paris (wozu?) oder gar darüber hinaus (ohne Transportkapazität!), ins Unendliche?

Nichts, kein Wort, keine Silbe bei Ludendorff über den politischen Sinn eines so gewagten Unternehmens! Man hätte sich doch beispielsweise vorstellen können, daß die Reichsregierung bei Beginn der Offensive – selbstverständlich nach vorheriger sorgfältiger Abstimmung mit der O.H.L. – erklärt hätte, dieser Angriff verfolge keinerlei Eroberungsabsichten, sein einziger Zweck sei der einer Warnung an die kriegstreiberischen Kräfte der Westmächte. Dazu ein Friedensangebot mit der unbedingten Garantie einer Freigabe Belgiens natürlich; besser noch mit der zusätzlichen Variante, das künftige Schicksal des umstrittenen Elsaß-Lothringen von einer Volksabstimmung abhängig machen zu wollen. Ein solcher demonstrativer Schritt der Politik hätte den Sieg der deutschen Waffen beflügelt, nicht gehemmt.

Nach den Erfahrungen zweier Weltkriege wird man daran zweifeln dürfen, ob die Angloamerikaner überhaupt durch irgend etwas von ihrem blindwütigen Unterwerfungswillen gegenüber Deutschland abzubringen waren. Aber versuchen mußte man es; auf jeden Fall! Und in der Situation von 1918 war das nicht völlig aussichtslos. Schlug die Offensive durch, flogen die Briten in den Kanal, besetzte Ludendorff dann mit 150 Divisionen die verkürzten Stellungen, 50 Mob. Divisionen als Manövriermasse in Reserve, wild entschlossen, keinen Schritt zu weichen, in Berlin womöglich Sozialdemokraten mit in der Regierungsverantwortung, und das alles ständig begleitet von Friedensfanfaren der Reichsregierung, mit großzügigen Angeboten an die Feindmächte - kein Zweifel: 10 Monate lang, bis in das Jahr 1919 hinein, hätten die Deutschen das mit zusammengebissenen Zähnen durchstehen können. Und wer weiß, wer weiß: Vielleicht wäre es dann doch zu einem neuen »Frieden von Hubertusburg« gekommen, weil man es im Westen einfach leid wurde, gegen eine Mauer von Stahl anrennen und Hekatomben von Menschenleben opfern zu müssen, während man doch kampflos einen sehr anständigen Frieden haben konnte. Frankreich jedenfalls befand sich 1918 am Rande der totalen Erschöpfung.

Indem General Ludendorff 1918 Kriegführung ohne Politik betrieb, seine Mittel also ohne jeden Zweck einsetzte (um mit Clausewitz zu sprechen), dokumentierte er vor aller Welt, daß er kein Feldherr in dem hohen Sinne des Wortes war.

Das war der eine Grund seines Scheiterns.

Als sich in den frühen Morgenstunden des 21. März 1918 die feldgrauen Regimenter zum Sturm auf die britischen Stellungen beiderseits der Somme erhoben, brach eine neue Epoche der Kriegsgeschichte an. An diesem Tage begann recht eigentlich der Bewegungskampf des II. Weltkriegs! Denn binnen drei Tagen gelang es den Deutschen, das 20 Kilometer tief gestaffelte Verteidigungssystem des Gegners zu durchbrechen, seine Artilleriestellungen aufzurollen, Zehntausende von Gefangenen zu machen und die herankommenden feindlichen Reserven zu packen.

»Das Ganze hatte etwas Wunderbares«, urteilte später der Generalstabschef der Heeresgruppe Kronprinz Rupprecht, Generalleutnant v. Kuhl. Die ausländische Kritik sprach von einer »Revolutionierung der taktischen Methoden«, erklärte fassungslos: »Man stand vor einem neuen Ereignis!« Und in der Tat: Nach vier Jahren geistlosem Stellungskrieg, in dem das Material den Menschen bezwungen, ja zum »Kanonenfutter« erniedrigt hatte, triumphierte zum ersten Mal in Ludendorffs »Michael«Offensive wieder die Bewegung über das Feuer, die Idee über die Materie. An die Stelle des Wellenangriffs mit zeitlicher Regelung, der lediglich zum Massensterben vor der feindlichen Front geführt hatte, war das freiere, anpassungsfähigere Stoßtruppverfahren getreten, mit dem es auf Anhieb gelungen war, eine durchgehende befestigte Front zu durchbrechen. Das blitzartige Operieren der Deutschen, ihre Schnelligkeit, mit der sie die Angriffsschwerpunkte ständig verschoben, die Effektivität ihres Stoßtruppverfahrens, die überraschend weiten, völlig unorthodoxen Angriffssprünge, die Gewandheit der Truppe in der selbständigen Geländeausnutzung, die nahtlose Kombination aller Waffengattungen auf dem Schlachtfeld – es war umstürzend und einfach atemberaubend.

So etwas ließ sich nicht improvisieren! Nein, das alles war das Verdienst des Generalquartiermeisters Erich Ludendorff, seiner 1½jährigen zähen Ausbildungsarbeit an Mannschaften und Offizieren, seiner ungeheuren Energie und Umsicht in allen Fragen der Taktik und Organisation. Mit solchen Vorbereitungen und einer so intelligenten, kühnen Truppe, wie sie die deutsche darstellte, mußten sich immer noch Wunder vollbringen lassen.

Aber es kam zu keinem Wunder! Nach zehn Tagen hatte sich die Offensive der drei deutschen Angriffsarmeen (17., 2., j8.) festgelaufen, war sie auf der ganzen Linie steckengeblieben. Zwar hatten die Alliierten 300 000 Mann verloren, davon ein Drittel an Gefangenen, aber der deutsche Verlust von ca. 240 000 Mann wog angesichts der verheerenden Ersatzlage ungleich schwerer. Und die große Frontausbuchtung, die nun beiderseits der Somme entstanden war, fraß nur Reserven.

Wie läßt sich dieser Mißerfolg erklären?

Ludendorffs operative Absicht war es – wie wir bereits wissen – gewesen, an der Nahtstelle der britischen und französischen Heere anzugreifen, den südlichen Flügel der Briten zu durchbrechen und dann mit seinen Angriffsarmeen nach Norden einzuschwenken, um die Engländer auf die Kanalhäfen zu werfen, während Stellungsdivisionen die Sommelinie von Amiens bis Abbeville gegen die heraneilenden Franzosen halten sollten.

Ein sehr überzeugender Plan; im Grunde eine operative Vorwegnahme des berühmten Mansteinschen »Sichelschnitts« von 1940. Vom Kräfteansatz her das Äußerste, was die deutschen Divisionen noch leisten konnten: 100 Kilometer waren es bis zur Sommemündung, und dann noch einmal 150 Kilometer bis zu den Kanalhäfen.

Ludendorff griff also an: Die nördliche 17. Armee kam sehr schwer vorwärts (7 km in den ersten drei Tagen), die mittlere 2. und die südliche 18. Armee brachen dagegen zügig durch (jeweils 20 bis 22 km in drei Tagen). Und nun geschah das Unbegreifliche, das ganz und gar Verhängnisvolle: Als Ludendorff sah, wie leicht und glatt ihm der Durchbruch auf seinem Südflügel gelungen war, veränderte er am 23./24. März die Operationsrichtung, ja den ganzen strategischen Sinn der Sache, indem er den Schwerpunkt nach Süden verlegte und stürmische Verfolgung in Richtung Compiegne befahl.

Compiegne? Das lag doch fast bei Paris? Was – um Gottes Willen – wollte er denn da?

Ludendorff wußte es selbst nicht. Er hätte auf eine solche Frage keine Antwort geben können. Indem er die operative Todsünde beging, den *taktischen Erfolg* über die *strategische Idee* zu stellen, ließ er seine Truppen einfach in eine Richtung vorstürmen, die keinerlei Ziel und Begrenzung bot.

Aber es kam noch schlimmer: Zwei Tage später, am 26. März, steckte er seinen schwerringenden Armeen weiträumige Angriffsziele: im Norden Boulogne, im Süden Compiegne. Beide Endpunkte waren rund 200 Kilometer voneinander entfernt! Wie sollten seine ausgebluteten Angriffsdivisionen, die ohnehin unter Pferde- und Fahrzeugmangel litten, das jemals schaffen?

Hatte Ludendorff, am 24. März, auf dem Höhepunkt des operativen Erfolgs, plötzlich ohne jeden Zwang und ohne jede Not die strategische Zielsetzung geändert, indem er den Schwerpunkt des Angriffs von Norden nach Süden verlegte und seine linke 18. Armee »ins Blaue« durchgehen ließ, so befahl er am 26. März eine exzentrische Operation: eine Offensive, die völlig auseinanderstrebte, seine Verbände zerriß und in keinerlei Einklang mehr mit den vorhandenen Kräften stand.

Das war die Bankrotterklärung seines Feldherrntums! Ludendorff hatte die Taktik über die Strategie gestellt; folgerichtig kam er zu einer Operation ohne operatives Ziel. Und tatsächlich hat er während der Schlacht immer wieder neue *taktische Einzelziele* angegeben, die beinahe von Tag zu Tag wechselten und für die Heeresgruppen- und Armeeführer niemals ein klares *strategisches Gesamtziel* erkennen ließen. Kronprinz Rupprecht, dem die 17. und 2. Angriffsarmee unterstanden, bemerkte dazu in seinem Tagebuch: »Es fällt auf, daß in sämtlichen Weisungen der O.H.L. eine eigentliche Absicht nie zu erkennen, sondern immer nur von zu erreichenden Geländeabschnitten die Rede ist. Und es macht mir den Eindruck, wie wenn die O.H.L. sozusagen von der Hand in den Mund lebt, ohne sich zu bestimmten operativen Absichten zu bekennen.«

Das war es! Ludendorff lebte als Angriffsstratege »von der Hand in den Mund«. Er ließ sich vom taktischen Erfolg treiben, womit er eigentlich dem Gegner die Initiative einräumte, sich jedenfalls von ihm indirekt den Willen aufzwingen ließ. Seine ursprüngliche operative Absicht – die Trennung von Briten und Franzosen und die isolierte Einkesselung der Engländer – gab er preis, als wenn er sie nie gehabt hätte. Seine Strategie wurde geradezu dilettantisch.

Und das wiederum war nur möglich, weil er mit seinem großen Angriffsunternehmen keinerlei *politischen* Zweck verbunden hatte! Hätte er einen solchen gehabt, so hätte er niemals von seiner ursprünglichen Absicht, niemals von den Engländern gelassen. Denn ein Vormarsch gegen die Franzosen, in die endlosen Weiten Frankreichs hinein, konnte 1918 angesichts der Kräfteverhältnisse und der heranschwappenden US-Armeen keinen Augenblick zur Debatte stehen.

So mißglückte Ludendorff der große Wurf, auf den er 1½ Jahre lang so zäh und erfolgreich hingearbeitet hatte. Und mit der »Michael«-Offensive war zugleich der I. Weltkrieg für die Deutschen verloren.

Erich Ludendorff wäre gern DER FELDHERR des I. Weltkrieges gewesen, wie seine barsche fernmündliche Äußerung im Jahre 1936 verriet. Und eigentlich war er es ja auch, in einem rein äußerlichen Sinne. Schließlich hat er zwei Jahre lang, vom Herbst 1916 bis zum Herbst 1918, die Operationen des deutschen Heeres verantwortlich gelenkt, war er in dieser Zeit der Exponent der deutschen Kriegführung.

Aber Ludendorff verstand natürlich unter »Feldherr« mehr; verstand darunter den begnadeten großen Strategen, das Genie, dessen Stirn – nach einem Worte Schlieffens – »mit dem Salböl Samuels« benetzt sein sollte. Ganz zu Recht fürchtete er, daß ihm die Geschichte diese Lorbeeren vorenthalten würde. Er litt nicht nur unter der Niederlage des Reiches, sondern – ganz tief in seinem Innern – auch unter dem Scheitern seiner Feldherrnschaft.

Ludendorffs operative Ideen und Auffassungen, wie sie sich im I. Weltkrieg offenbart hatten, waren letzten Endes Ausdruck seines Charakters und seiner Persönlichkeit. Er war weniger ein Mensch des verfeinerten Geistes denn ein Mann des zupackenden Willens. Sein glühendster Bewunderer und Verteidiger, Wolfgang Foerster, rühmte an ihm bezeichnenderweise den alles mit sich reißenden eisernen Willen und »seine fast übermenschliche, unversiegliche Arbeits- und Tatkraft«.

Ludendorff war kein Freund der Philosophien und Theorien. Er war ein Bewältiger des Konkreten und des Praktischen. So erklärt es sich, warum er in der Verteidigung am größten und erfolgreichsten war. Alles, was mit Organisation und Taktik zusammenhing, was mit kühlem Sachverstand, unermüdlichem Fleiß und nimmermüdem Willen bewältigt werden konnte, wurde von ihm in vollendeter Weise gemeistert. Darunter fiel der gigantische »Michael«-Aufmarsch, überhaupt das Riesenwerk sämtlicher Vorbereitungen der großen Offensive im Westen. Vor allem aber die Gesamtdefensive des Jahres 1917 mit ihrem neuen Abwehrverfahren, der Bewaffnung und Ausrüstung der Truppen, dem Verschieben der Verbände, dem Einsatz der Artillerie, dem Anlegen neuer Stellungssysteme, der spezialisierten Ausbildung und Schulung zur Abwehr wie zum Angriff. Kurz, alles, was zur Kategorie des Konkreten und Logischen gehörte, was in den Bereich des klaren Rechenexempels und vor allem in das Gebiet der Planung und Organisation fiel, unterlag der absoluten Meisterschaft Ludendorffs. Selbst die Improvisation – wie im Falle Rumäniens – wurde von ihm noch organisiert. Er war der perfekte Typus des modernen Industrie- und Wirtschaftsmanagers.

Beim Angriff dagegen, bei der großen strategischen Operation in die Weite, wo das Unwägbare von Stunde zu Stunde stärker zum unfaßbaren Widerpart des eigenen Willens und Wollens wurde, wo Imponderabilien die Logik verdrängten, die Intuition oft an die Stelle der Ratio treten mußte, Künstlerschaft statt des Könnens gefordert wurde, der politische Instinkt die militärische Berechnung dominieren mußte – bei alledem war Ludendorff überfordert, gerieten sein starker Wille und sein klarer Verstand in's Wanken. Da befand er sich nicht mehr in dem ihm eigenen Element.

In England formulierten bekannte Militärkritiker wie J. F. C. Fuller und B. H. Liddell Hart einen Unterschied zwischen *logistischer* und *großer* Strategie. Unter großer Strategie verstanden sie eine »Transmission von Kraft in jeder Gestalt zum Zweck der Fortsetzung der Politik«; eine Strategie also, welche die hintergründigen materiellen wie ideellen Antriebskräfte der jeweiligen Epoche beherrschen und deshalb Politik, Kriegführung wie Diplomatie in *einem* sein müsse. Als logistische Strategie bezeichneten sie dagegen das Verschieben und Konzentrieren von Truppen, die Beschäftigung mit taktischen, technischen und organisatorischen Fragen etc. Wenn man diese Unterscheidung und ihre Definition anerkennen will, so war Erich Ludendorff der typische Vertreter der logistischen Strategie.

Dieser General war im Ganzen gesehen weniger genialer Künstler und Feldherr als perfekter Könner und Soldat. Er stand am Endpunkt einer Entwicklung, die sich überall in der sich verbürgerlichenden und industrialisierenden Welt vollzog, und die in der preußisch-deutschen Armee von Gneisenau über Moltke und Schlieffen zu Ludendorff verlaufen war: vom *Feldherrn* zum *Fachmann* (also zum Menschentypus des 20. Jahrhunderts).

Das war die Tragik Ludendorffs.

Es war seine *Tragik*; war es auch seine *Schuld*? Man kann mit Ludendorff nicht zu Ende kommen, ohne sich diese Frage zu stellen und nach einer Antwort zu suchen.

Erich Ludendorff hat ja als Soldat nach bestem Wissen und Gewissen seine Pflicht getan; das ist völlig unbestreitbar. Und als reiner Spezialist, als Fachmann, war er ein Stern erster Größe. Niemand auf deutscher oder alliierter Seite konnte ihm darin das Wasser reichen. Militärisch wirken Joffre und Foch, French und Haig, Cadorna und Pershing – also die Heerführer der siegreichen Alliierten – neben Ludendorff bestürzend mittelmäßig.

Sein Unglück wie seine Unzulänglichkeit begannen, als er sich auf das Feld der Politik wagte (Anfang 1917). Ludendorff nahm hier ein Buch in die Hand, das ihm nach Tradition, Ausbildung und Erziehung mit sieben Siegeln verschlossen war. Die Welt des Kompromisses und der Anpassung – das ist vornehmlich Politik – hatte er in seiner Kadettenzeit und in seiner militärischen Laufbahn nie kennengelernt. In derart wesensfremden Verhältnissen mußte er geradezu zwangsläufig scheitern.

Ludendorff ging aber in die Politik nur, um ein Vakuum zu füllen! Ein Vakuum, das die politischen Parteien des Kaiserreiches – die Bürgerlichen wie die Sozialdemokraten – unausgefüllt gelassen hatten. Sie waren es doch gewesen, die 1914 mit patriotischem Schaum vor dem Munde in den Krieg gezogen waren. (Selbst Karl Liebknecht hat ja im August 1914 nicht gegen die Kriegskredite gestimmt, sondern sich ein halbes Jahr lang vorsichtig der Stimme enthalten.) Als sie bemerkten, daß der Kaiser, dem Krieg ohnehin ein Greuel war, von den Militärs mehr und mehr entmachtet wurde, daß aber diese Militärs auf dem Felde der Politik wie der Diplomatie hilflos hin- und herschwankten, – warum griffen sie da nicht zur Macht, warum übernahmen sie nicht für das Reich die Verantwortung? Warum veranstaltete die liberale

Bourgeoisie, verstärkt durch die Sozialdemokratie, 1915 oder 1916 im Deutschen Reichstag nicht ein neues 1848? Wo blieb der deutsche Gambetta, der sich gewiß Ludendorffs als Soldaten, aber eben nur als Soldaten bedient hätte?

Denken wir zurück an das Gespräch, das Ludendorff Anfang September 1916 mit Generalmajor Hoffmann geführt hatte, der ihn nach den Friedensaussichten befragte. Der Generalquartiermeister hatte erklärt, daß sich »eher von Frieden reden« lassen werde, wenn die rumänische Gefahr gebannt und der Ansturm der Alliierten an der Westfront abgeschlagen worden sei. »Und daß ich dann«, so hatte Ludendorff hinzugefügt, »mit beiden Händen zugreifen werde, wenn sich irgendeine Möglichkeit bietet, einen einigermaßen anständigen Frieden zu schließen, darauf gebe ich Ihnen mein Wort.«

Die militärischen Voraussetzungen für einen solchen Frieden waren dank Ludendorff Ende 1916 bzw. Anfang 1917 gegeben; vielleicht auch noch im Frühjahr 1918. Es gab in Deutschland aber weder einen Clemenceau noch einen Lloyd George, der den Militärs, die hervorragende Arbeit geleistet hatten, das Steuer aus der Hand nahm, um der Politik wieder zu ihrem Recht, zu ihrem Primat zu verhelfen. Der General Ludendorff hätte – daran kann kein Zweifel bestehen – dankbar »mit beiden Händen« zugegriffen, wenn ihm ein solcher leitender politischer Wille oktroyiert worden wäre.

So wurde Erich Ludendorff ein Opfer der historischen Fatalitäten deutscher Geschichte.

WILHELM DER ZWEITE

SEBASTIAN HAFFNER

27.1.1859	geboren in Potsdam
1877-1879	Offizier im 1. Garde-Regiment zu Fuß; gleichzeitig Studium in Bonn
1881	heiratet Auguste Viktoria von Schleswig-Holstein-Sonderburg-Augustenburg
1888	Thronbesteigung als König von Preußen und Deutscher Kaiser
1890	entläßt Otto v. Bismarck und macht General Caprivi zum neuen Reichskanzler
1894	ernennt Hohenlohe-Schillingsfürst zum Nachfolger Caprivis
1896	gibt mit der »Krüger-Depesche« eine Sympathieerklärung für die angegriffenen Buren
1898	fördert tatkräftig das deutsche Flottenbauprogramm
1900	ernennt Bülow zum neuen Reichskanzler
1905	persönlicher Vertrag Wilhelms II. mit dem Zaren Nikolaus II. in Björkö; Besuch in Tanger
1909	ernennt Bethmann-Hollweg nach Rücktritt Bülows zum neuen Reichskanzler
1912	lehnt anläßlich des Besuches des englischen Kriegsministers Lord Haldane in Berlin den britischen Vorschlag zur Begrenzung des Flottenbaues ab
1914-1918	übt die Funktion des »Obersten Kriegsherrn« im I. Weltkrieg nur repräsentativ aus
1918	tritt, dem Rat der Obersten Heeresleitung folgend, auf holländischen Boden über (10.11.); unterzeichnet die Thronentsagung (28.11.)
1922	heiratet, ein Jahr nach dem Tode von Auguste Viktoria, die verwitwete Prinzessin Hermine von Schönaich-Carolath
1940	begrüßt die siegreichen Truppen der Deutschen Wehrmacht in Doorn (Holland): »Da sind ja meine Soldaten!«
1941	stirbt am 4. Juni im Alter von 83 Jahren im Exil (Schloß Doorn)

Wilhelm der Zweite, Deutscher Kaiser, im Jahre 1901, Photographie

Wenn man von Wilhelm II., dem letzten Deutschen Kaiser sprechen will, muß man zuerst einmal von Otto v. Bismarck sprechen. Denn es war Bismarck, der es in seinem berühmten Konflikt mit der preußischen Kammer, in den sechziger Jahren des vorigen Jahrhunderts, verhinderte, daß die preußische Monarchie, wie er es ausdrückte, ein »rein ornamentaler Schmuck des Verfassungsgebäudes« wurde – daß der König von Preußen, wie der König von England, eine rein repräsentative, politisch machtlose, aber dafür politisch auch unverwundbare Figur wurde.

Die große Rede, in der Bismarck vor der Kammer das fortdauernde Recht des persönlichen Regiments für den preußischen König postulierte, wurde am 27. Januar 1863 gehalten, dem vierten Geburtstag des späteren Wilhelm II. Und Bismarck wies ausdrücklich darauf hin: »Es ist ein eigentümlicher Zufall«, sagte er – und was für eine tragische Ironie liegt nachträglich in seinen Worten! – »daß die Beratung ... gerade zusammenfällt mit dem heutigen Geburtstag des jüngsten mutmaßlichen Thronerben. In diesem Zusammentreffen, meine Herren, sehen wir eine verdoppelte Aufforderung, fest für die Rechte des Königtums, fest für die Rechte der Nachfolger seiner Majestät einzustehen.«

Bismarck siegte – und sprach mit seinem Sieg, ohne es zu wissen, nicht nur sein eigenes politisches Todesurteil (das 27 Jahre später vollstreckt wurde), sondern auch das historische Todesurteil für die Monarchie selbst. Die gewaltige Machtfülle, die er dem künftigen Deutschen Kaiser sicherte, setzte diesen 27 Jahre später instand, ihn, Bismarck, kurzerhand kaltzustellen. Sie belud diesen Monarchen aber gleichzeitig mit einer politischen Verantwortung, die ihn weitere 28 Jahre später, nach der Katastrophe des verlorenen Ersten Weltkrieges, seinen Thron kostete. Und auch die Monarchie als solche überlebte diese Katastrophe nicht.

So merkwürdig es klingen mag, aber in einem ganz bestimmten Sinne war Wilhelm II. ein Opfer Bismarcks! Nicht, weil die Entlassung Bismarcks die erste große Tat – viele werden sagen: der erste große Fehler – seiner Regierungszeit war, und auch nicht, weil über den nächsten acht Jahren der kaiserlichen Regierung die grollende Fronde des großen Entlassenen als schwerer verdüsternder Schatten lag. Sondern weil Bismarck, lange vorher, diesem Monarchen eine Rolle, eine Stellung und eine Aufgabe zugemessen hatte, der er nicht gewachsen war.

Das ganz richtige Gefühl der preußischen Liberalen der achtzehnhundertsechziger Jahre, daß die halbabsolute Monarchie Bismarckscher Prägung ein Anachronismus geworden war, daß die politische und militärische Führung eines modernen Staates ein zu schwieriges, spezialisiertes und kompliziertes Geschäft geworden war, um es noch länger dem Zufall der Geburt zu überlassen – nach der Probe aufs Exempel, die in der Person Wilhelms II. gemacht worden war, und nach der Katastrophe von 1918 wurde es allgemein und überwältigend. Mit dem Kaiser fiel die Krone.

Die Ironie reicht noch tiefer. Wilhelm II. war nicht der geborene Staatsmann – und noch weniger der geborene Feldherr –, der er hätte sein müssen, um das Riesengewand, das Bismarck für ihn geschneidert hatte, auszufüllen. Daran scheiterte er; »es war nicht seine Schuld«, wie Winston Churchill ritterlich schrieb, »es war sein Schicksal«. Aber er wäre wahrscheinlich ein nicht nur zulänglicher, sondern ein ungewöhnlich erfolgreicher Repräsentationsmonarch gewesen, wenn er es nur hätte sein dürfen.

Wenn Bismarck es zugelassen hätte, daß die preußische – und später die deutsche – Monarchie zeitgemäßerweise so etwas wie die englische geworden wäre: wohl möglich, nicht nur daß sie heute noch existierte, sondern daß der zweite Wilhelm als ihr wahrer stilsetzender Neubegründer einen Ehrenplatz in der Geschichte einnähme, ähnlich wie seine Großmutter, die Queen Victoria von England, nach der noch heute ein ganzes englisches Zeitalter heißt. Auch nach Wilhelm II. heißt heute noch ein deutsches Zeitalter. Das Wort »wilhelminisch« hat sich im deutschen Sprachgebrauch gehalten wie das Wort »viktorianisch« im englischen, und es weckt nicht nur kritische Gefühle, sondern auch wehmutsvolle. Wer heute von der wilhelminischen Zeit und vom wilhelminischen Stil spricht, denkt nicht an das schreckliche Ende. Auch an die Auswüchse, Prahlereien und Geschmacklosigkeiten, die ebenfalls dazu gehören, denkt man heute eher mit einem milden, verzeihenden, sozusagen seufzenden Lächeln. Woran man sich heute hauptsächlich erinnert, wenn man von wilhelminischen Zeiten spricht, das ist, daß die meisten Deutschen sich unter Kaiser Wilhelm II. ein Vierteljahrhundert lang äußerst wohl und glücklich gefühlt haben – wohler und glücklicher als in irgendeiner Zeit vorher oder nachher.

Das war nicht das Werk des Kaisers. Nicht er hatte es zustandegebracht, daß das deutsche Leben um die Jahrhundertwende so wunderbar ins Weite und Breite ging und daß die Deutschen reich und mächtig, und selbstbewußt bis zur Überheblichkeit, bis zum Übermut wurden: Aber er, der Kaiser, personifizierte die glückliche und übermütige Stimmung dieser Glanzzeit; personifizierte sie besser und genauer, als es vielleicht irgendein anderer gekonnt hätte.

Und das ist es ja, was ein Monarch heute noch bestenfalls kann, wozu er noch gut sein kann: personifizieren. Wilhelm II. besaß, mit Golo Mann zu sprechen, »das Talent, im Mittelpunkt zu stehen, zu glänzen, Stil und Stimmung zu prägen«. Auch das ist ein Talent! Nicht jeder hat es.

Der Kaiser hatte es, und das erklärt die ungeheure Popularität, deren er sich während der 25 Friedensjahre seiner dreißigjährigen Regierungszeit erfreute! Man hat ihm eine ungewöhnlich rasche Auffassungsgabe nachgerühmt, aber sein Repräsentationstalent ging über rasche Auffassungsgabe weit hinaus: Er war beinahe so etwas wie ein Medium. Er konnte die Stimmung, die ihn umgab, das, was im jeweiligen Augenblick von ihm erwartet wurde, sozusagen einatmen und dann wieder ausstrahlen. Golo Mann zitiert, aus den Erinnerungen des Prinzen Alexander von Hohenlohe, eine wahre Szene, von der er mit Recht bemerkt, daß sie geradewegs aus seines Onkels, Heinrich Manns, Roman »Der Untertan« stammen könnte: wie der Kaiser auf weißem Pferd aus dem Berliner Schloß reitet, den Lohengrinhelm auf dem Kopf, mit glitzerndem Gefolge, und ein Bürger den Zylinder schwingt und immer wieder ruft: »Wir danken Dir, wir danken Dir!«

Deutsche Untertanenhysterie? Aber nein, genau dasselbe hat sich, ob man es glauben will oder nicht, in England abgespielt: Als der Kaiser 1901, mit echten Tränen in den Augen, hinter dem Sarge seiner Großmutter einherritt – vierzehn Tage lang hatte er, alles andere zurücklassend, an ihrem Todeslager gesessen, in seinen Armen war die alte Dame gestorben, persönlich hatte er sie, zusammen mit ihrem Sohn, seinem Onkel, dem nunmehrigen Eduard dem Siebenten, in den Sarg gebettet – da riefen die Londoner Bürger, genau wie die Berliner, lauthals und einmal über das andere, mit echter Rührung: »Thank you, Kaiser!«

Er hatte eben, was die Engländer »a sense of occasion« nennen – das Talent, genau die Stimmung des Augenblicks zu erfassen und genau den Nerv seines jeweiligen Publikums zu treffen! Nachher liest sich, was er in solchen Momenten sagte und tat, oft befremdlich. Die Improvisationen, mit denen er gewohnheitsmäßig seine vielen Reden schmückte – oft indiskret, ausschweifend und prahlerisch, manchmal unangenehm blutrünstig –, haben nachträglich sein Bild sehr verdunkelt. Aber man darf nicht vergessen, daß sie in dem Augenblick, als sie gesprochen wurden, meist Beifallsstürme entfesselten. Sie kamen nicht aus seinem Innersten – er war kein blutrünstiger Gewaltmensch –; sie reflektierten, nur allzu genau, die Stimmung seines Publikums. Die Prahlerei, das Kraftprotzentum, das »Uns kann keiner« – es lag damals nur allzusehr in der Luft, in der *deutschen* Luft. Der Kaiser, mit seiner medialen Begabung, fing es auf, strahlte es zurück – und gerade davon war man damals entzückt und begeistert, und man dankte es ihm. 25 Jahre lang war er »unser herrlicher junger Kaiser, um den uns die Welt beneidet«. Später, nach dem tiefen Fall, wurde er dann zum Sündenbock. Er hatte zwar nur gesagt, was *alle* fühlten; aber er war es, der es gesagt hatte; und er mußte dafür büßen.

Nur dafür? Oder doch auch für das dicke Ende, das nachkam, und für das er die Verantwortung trug? Trug er die Verantwortung dafür? Verfassungsmäßig ohne Zweifel. Auch tatsächlich? Die furchtbaren Fehler deutscher Außenpolitik, die unter seiner Regierung gemacht wurden – waren es seine Fehler? Hat er den Krieg verschuldet, und dann die Niederlage? Regierte der Kaiser?

»Regierte der Kaiser?« So heißt ein Buch, das die Tagebuchaufzeichnungen eines seiner engsten Berater, des Chefs seines Marinekabinetts aus dem Kriege, enthält. Die Antwort, die das Buch erteilt, ist, wenigstens für die Kriegszeit, ein eindeutiges »Nein«. Spätestens im Kriege hörte der Kaiser auf zu regieren – wenn er es je getan hatte. Der »Oberste Kriegsherr« wurde ein Zuschauer – ein nervöser und stimmungsunterworfener Zuschauer, himmelhochjauchzend bei Siegesnachrichten, zu Tode betrübt, wenn die Dinge schlecht liefen. Schon im November 1914 sagte er seinem Verwandten und dem späteren letzten Reichskanzler, dem Prinzen Max von Baden, bei einem Besuch im Hauptquartier: »Der Generalstab sagt mir gar nichts und fragt mich auch nicht. Wenn man sich in Deutschland einbildet, daß ich das Heer führe, so irrt man sich sehr. Ich trinke Tee und säge Holz und gehe spazieren, und dann erfahre ich von Zeit zu Zeit, das und das ist gemacht, ganz wie es den Herren beliebt.«

So war es tatsächlich. Im Augenblick des Kriegsausbruchs hatte der Kaiser noch einmal auf glänzende Weise sein Mediums-Talent bewährt, die Stimmung des Augenblicks zu erfassen und genau das richtige Wort dafür zu finden. »Ich kenne keine Parteien mehr, ich kenne nur noch Deutsche« – das war prächtig gesagt, das schlug ein! Es war das letzte Mal. Dann wurde der Kaiser stumm und unsichtbar; ein Schattenkaiser. Daß er das Heer nicht führte, merkte man bald. Wie sollte er auch? Er war kein Soldat wie noch sein Großvater, er verstand nichts von Heeresorganisation und Strategie, und es war vielleicht ein Segen, daß er gar keinen Versuch machte, wirklich den »Obersten Kriegsherrn« zu spielen. Er griff aber auch in die Kriegspolitik kaum mehr aktiv ein, und selbst sein Repräsentationstalent verließ ihn.

Auf die Stimmungen der Kriegszeit – die Begeisterung der ersten Monate, die verbissene Tapferkeit der ersten Jahre, dann die wachsende Hoffnungslosigkeit, das verhärmte Durchhalten, das Zähneknirschen, schließlich die Verzweiflung – auf all das sprang er nicht mehr an, wie er auf die stolzen, überschwenglichen und prahlerischen Stimmungen der vorangegangenen Glanzzeiten angesprungen war. Er verstummte. Man hat das unabweisliche Gefühl, daß Krieg, wirklicher Krieg, ihn verstörte, seine Talente lähmte, etwas in ihm zerbrach. Er war kein Kriegsmann! Der wirkliche deutsche Kaiser wurde im Laufe des Krieges Hindenburg.

Um so schlimmer, könnte man sagen. Denn hatte der Kaiser in den Jahren und Jahrzehnten, die auf den Krieg hinführten, nicht wirklich regiert, waren dies nicht die Jahre seines »persönlichen Regiments« gewesen? In den Augen der Feindmächte war der Kaiser bekanntlich der wirklich Schuldige am Kriege – der Mann, der den Ersten Weltkrieg gewollt und bewußt herbeigeführt hat, wie später Hitler unstreitig den Zweiten. Die Deutschen sind so weit nie gegangen. Da sie ja das, was sie die »Kriegsschuldlüge« nannten, für Deutschland als solches immer erbittert zurückgewiesen haben, konnten sie auch den Kaiser nicht anklagen, den Krieg absichtlich angerichtet zu haben. Aber daß er durch große persönliche Fehler in der politischen Führung, durch Unbedachtheiten und Ungeschicklichkeiten aller Art der Hauptverantwortliche dafür geworden sei, Deutschland in den Krieg hineinschlittern zu lassen, das ist auch in Deutschland nach 1918 herrschende Meinung geworden, und die Meinung ist nach 1945 kaum mehr überprüft worden.

Vielleicht wäre es Zeit für eine solche Überprüfung. Merkwürdigerweise hat sie in den letzten Jahren eher außerhalb als innerhalb Deutschlands eingesetzt, zum Beispiel mit dem großen, überaus gründlichen und um Gerechtigkeit bemühten Werk des Engländers Michael Balfour über den Kaiser. Auch dieses Buch könnte den Titel tragen: »Regierte der Kaiser?«, und auch dieses Buch kommt zu einer eher negativen Antwort, und zwar auch für die 25 Friedensjahre, in denen der Kaiser, »ein Fabeltier seiner Zeit«, so sehr sein Talent bewährte, im Mittelpunkt zu stehen und von sich reden zu machen. Ja, er stand im Mittelpunkt, er machte von sich reden; aber eigentlich regiert hat er nie, auch damals nicht.

Natürlich, alles, was geschah, geschah unter seiner Verantwortung: So wollte es die Bismarcksche Verfassung. Sie wollte wohl auch, genau genommen, daß er mehr als nur die formelle Verantwortung trug, daß er wirklich regierte. Sie war eben auf ihren Schöpfer zugeschnitten; sie verlangte, daß jeder preußisch-deutsche Monarch entweder einen Bismarck fand – oder selbst ein Bismarck war. Aber beides war eben zuviel verlangt. Bismarcks wachsen nicht auf Bäumen; noch werden sie zufällig auf Thronen geboren. Daß der Kaiser dem Anspruch der Bismarckschen Verfassung nicht genügte, daraus kann man ihm fairerweise keinen Vorwurf machen. Vielleicht wäre seine wirkliche Aufgabe gewesen, diese Verfassung auf zeitgemäße Weise zu revidieren und zu reformieren – wie er es viel zu spät, im allerletzten Augenblick, im Oktober 1918, ja sogar noch versucht hat. Aber das hat, als es Zeit gewesen wäre, merkwürdigerweise niemand, weder Freund noch Feind, ernsthaft von ihm verlangt.

»Persönliches Regiment?« Von der Bismarckschen Verfassung her gesehen, hat Wilhelm II. eher zu wenig – viel zu wenig – als zu viel persönlich regiert. Er redete mit, er »mischte mit«, man könnte sogar sagen: er mischte sich ein – manchmal auf durchaus vernünftige, manchmal auf weniger vernünftige, gelegentlich auf unheilvolle Weise. Eigentlich regieren ließ er andere – Tirpitz, Schlieffen, Holstein, Bülow, schließlich Ludendorff. Sein Anteil an den großen Fehlern der Vorkriegspolitik schwankt. Balfour ist, mit überzeugender Detailbegründung, zu folgendem Urteil gekommen:

»Was die Nichterneuerung des Rückversicherungsvertrages, die Marokkokrise von 1905/06 und die Agadirepisode betrifft, so wurde Wilhelm eher wider Willen mitverantwortlich für das, was andere Leute taten. Das könnte sogar für das Krügertelegramm zutreffen. In den Verhandlungen über ein deutsch-englisches Bündnis, in der bosnischen Krise der Jahre 1908/09, bei den Schritten, die zum Kriege führten, und der Entscheidung zum uneingeschränkten Unterseebootkrieg wirkte er willig mit, aber die Verantwortung für die Einleitung der Politik lag auch in diesen Fällen bei anderen. Die einzige größere politische Entscheidung in Deutschland, für die die Hauptverantwortung dem Kaiser zugeschrieben werden muß, betrifft den Flottenbau. Das ist sicher eine schwere Belastung. Aber selbst wenn man das annimmt, so war wahrscheinlich eine Bewegung in dieser Richtung in der deutschen Entwicklung gegeben ... Durch den Bau einer Flotte führte Wilhelm nur das Streben vieler seiner Untertanen seiner logischen Erfüllung entgegen.«

Also wieder nur der Repräsentant, wieder der Katalysator, wieder das Medium, das mit einem sechsten Sinn spürt, was »man« will, und sich zum blinden Exekutivorgan des Kollektivwillens macht?

Im Fall des Flottenbaus vielleicht doch mehr. Die Flotte war wirklich das persönliche Kind des Kaisers – auch wenn ihr eigentlicher Schöpfer und Chefpropagandist Tirpitz wurde. Aber er wurde es mit dem vollen, leidenschaftlichen, spontanen Willen des Kaisers, und auf seinen Anstoß. Der Kaiser hatte die Idee, in Tirpitz fand er sein Werkzeug. Daß »unsere Zukunft auf dem Wasser lag«, daß der Deutsche Kaiser »der Admiral des Atlantik« werden sollte – das war zunächst nicht das natürliche Gefühl der Deutschen. Das mußte ihnen erst eingeimpft werden. Es war in diesem Fall einmal wirklich der Kaiser, dem diese fernliegende Idee entsprang – und der sie den Deutschen durch Tirpitz schmackhaft machen ließ.

Wie kam er auf die Idee? Merkwürdig zu sagen: Es war der Engländer in Wilhelm II., der sich hier meldete – und es ist eine tiefe Ironie der Geschichte, daß es gerade das halbe Engländertum dieses Monarchen war, das die Flottenrivalität und damit die für beide Reiche so unheilvolle Feindschaft zwischen Deutschland und England verursachte.

Die englische Seite Wilhelms II. – merkwürdig, daß sie von seinen deutschen Biographen so wenig beachtet worden ist. Dabei erklärt sein Zwischen-zwei-Nationen-Stehen, seine eigentümliche Haßliebe zu dem Land, das er immer als seine zweite Heimat empfand, vieles an den Unausgeglichenheiten dieses widerspruchsvollen Charakters, viel mehr jedenfalls als der verkrüppelte Arm, ein Geburtshandicap, mit dem er auf respektheischende Weise fertig wurde. Womit er lebenslang *nicht* fertig wurde, das war etwas ganz anderes: seine Beziehung zu seiner englischen Mutter, die er haßte, und seiner englischen Großmutter, die er liebte. Gehaßt oder geliebt, England blieb immer sein Mutterland, wie Deutschland sein Vaterland. Noch im Exil erklärte er: »Das deutsche Volk ist das unpolitischste der Welt. Ich habe englisches Blut, und deshalb verstehe ich etwas von Politik.«

Nun, wie dem auch sei: Englisches Blut hatte der Kaiser jedenfalls, und immer wieder fühlte er sich von England angezogen, immer wieder fühlte er sich momentweise als Engländer. In seiner frühen Regierungszeit fuhr er Jahr für Jahr wochenlang zur Regatta nach Cowes, bis es den Engländern zu viel wurde; und als er 1899 nach Windsor eingeladen wurde, war es »der erhebendste Eindruck meines Lebens«.

Merkwürdigerweise waren seine Beziehungen zu seinen englischen Verwandten immer viel intensiver als zu seinen deutschen: Zwischen Vater und Sohn herrschte kühle Abneigung, zwischen Mutter und Sohn Haß; für seinen deutschen Großvater hatte der Enkel scheuen Respekt, für seine englische Großmutter Liebe. England, könnte man sagen, war ihm immer zugleich die gehaßte Mutter und die geliebte Großmutter. Kalt ließ es ihn nie. Und die Flotte – zugleich Nachahmung und Herausforderung Englands – befriedigte beides zugleich: die Liebe und den Haß. Werden wie England – und England seinen Hochmut abgewöhnen: Beides zugleich bedeutete die Flotte für den Kaiser.

Man sage nicht, das sei eine zu privat psychologisierende Deutung einer schwerwiegenden politischen Entscheidung. Das Private und das Politische verwischten sich für den Kaiser ständig; darin war er ganz und gar Monarch; darin lag aber auch ein gut Teil des Kindlichen, das ihm lebenslänglich anhaftete.

Denn in einem gewissen Sinne wurde er nie ganz erwachsen. Noch der zweiundsechzigjährige Witwer war, nach dem Zeugnis eines sehr loyalen Adjutanten, »verliebt wie ein Fähnrich«, als er im holländischen Exil seine zweite Frau freite; und aus derselben Quelle erfahren wir unzählige Äußerungen aus den letzten Lebensjahrzehnten des äußerlich so würdigen, so schweigsam gewordenen Exilierten in Doorn, die durch ihre Naivität entwaffnen.

Ein Beispiel für viele. Im Oktober 1923 hielt der Afrikaforscher Leo Frobenius in Doorn einen Vortrag. »Der Erfolg bei Seiner Majestät«, lesen wir, »kam in folgenden Worten am nächsten Tage zum Ausdruck: ›Ich bin wie erlöst! Endlich weiß ich, welche Zukunft wir Deutschen haben, wozu wir noch berufen sind! Die ganzen Jahre nach der Revolution habe ich darüber gegrübelt, jetzt endlich weiß ich es: Wir werden die Führer des Orients gegen den Okzident! Mein Bild ›Völker Europas‹ muß ich jetzt ändern. Wir gehören ja auf die andere Seite! Wenn wir den Deutschen erst einmal beigebracht haben, daß Franzosen und Engländer gar keine Weißen, sondern Schwarze – die Franzosen z. B. Hamiten – sind, dann werden sie schon gegen die Bande vorgehen!‹«

Man darf solche Naivitäten nicht zu ernst nehmen. Es waren Seifenblasen, die im Gehirn des Kaisers ebenso schnell zerplatzten, wie sie aufgestiegen waren. Immerhin, diese intellektuelle Seifenblasenproduktion riß nie ab, sie gehört zum Charakterbild des Kaisers. Hier ein Pendant, über sieben Jahre vorher im kaiserlichen Kriegshauptquartier aufgezeichnet. Es ist Juni 1916.

»Nach dem Essen läßt er (der Kaiser) sich eine ihm zugegangene Denkschrift über die Entzifferung der Hethitersprache kommen und liest sie vor, raisonniert dann darüber, daß man ihm diese äußerst wichtige Sache nicht gleich gemeldet. Als Lyncker bemerkt, man habe wohl geglaubt, der Kaiser sei im Kriege mit wichtigeren Dingen beschäftigt, brauste er auf und sagte: ›Was wichtigere Dinge! Die Erschließung der Hethitersprache ist mindestens so wichtig wie der ganze Krieg. Hätte sich die Welt mehr mit den Hethitern beschäftigt, so wäre der Krieg gar nicht ausgebrochen, denn dann hätten Frankreich und England erkannt, daß die Gefahr immer vom Osten kommt und hätten sich niemals mit Rußland verbündet!‹«

Wie gesagt, man kann mit dieser Art von Allerhöchsten Narreteien zuviel hermachen – obwohl zugegeben werden muß, daß der Kaiser auf allen Lebensstufen soviel davon hervorbrachte wie andere nur um das zwölfte Lebensjahr herum. Trotzdem, wenn es ernst wurde, konnte er auch ganz vernünftig werden. Es wäre unfair zu behaupten – wie es geschehen ist –, daß die Neigung des hohen Herren zu gedanklichen Spielereien und Phantastereien der Art, von der wir eben zwei Beispiele gegeben haben, seinen Regierungsstil ernsthaft beeinflußt hätte. Nur in einer anderen Art sind diese Spielereien doch wieder charakteristisch; denn das Dilettantische, Unverantwortliche, Unstete, das ihnen anhaftet, läßt sich auch in den ernsteren, gewichtigeren Denktätigkeiten dieses Monarchen wiederfinden.

Man hat ihn manchmal einen kaiserlichen Schauspieler genannt, und tatsächlich hatte alles, was er tat, etwas von Spiel und Schauspiel. Er spielte immer, aber nicht eigentlich wie ein Schauspieler, sondern mehr wie ein spielendes Kind. Er spielte im Grunde mit der Politik und mit seinem kaiserlichen Amt genau so wie mit seinen archäologischen, historischen und religionsphilosophischen Interessen. Er war ein Dilettant auf vielen Gebieten, auch auf dem, auf dem professioneller Ernst von ihm verlangt wurde: *er spielte Kaiser.*

Er spielte eine Weile lang sehr gut. Nur wenn aus dem Spiel Ernst wurde, versagte er meistens – am schlimmsten und am nachhaltigsten in der großen Schicksalsstunde seines Kaisertums, am 9. November 1918.

Das macht es so schwer, den Kaiser zu klassifizieren, ihm seinen historischen Rang zuzuweisen. Er spielte an einem wichtigen historischen Wendepunkt eine bedeutende Rolle, und er spielte eine Weile höchst erfolgreich – aber er *spielte* nur, und als es Ernst wurde, war er plötzlich sozusagen nicht mehr da. Wenn man ihn bei seinen Worten oder Taten packen will, greift man verblüfft ins Leere. Schreckliche Vorstellung, daß er fast als Kriegsverbrecher vor ein Nürnberger Siegergericht des Ersten Weltkrieges gestellt worden wäre – es wäre gewesen, als ob man ein Kind, das mit Streichhölzern gespielt hat, als Brandstifter anklagte.

Er war kein Kriegsverbrecher, aber er war auch kein Friedensfürst; kein Bösewicht, aber auch kein Held; kein großer Mann, obwohl auch wieder durchaus keine Null. Man kann ihm nie wirklich böse sein; aber man kann ihn auch nie ganz ernstnehmen, weil er eben zeitlebens ein großes spielendes Kind blieb – charmant wie ein Kind und egoistisch wie ein Kind, schnell interessiert und schnell ermüdet wie ein Kind, schnell gekränkt und schnell versöhnt, schnell gebrochen und schnell getröstet, liebebedürftig und treulos wie ein Kind, vor allem aber eben verspielt und verantwortungslos wie ein Kind; ein begabtes, glänzendes Kind, fast ein Wunderkind; aber unfähig zum wirklichen Ernst, ein ewiger Fremdling in der düsteren, furchtbar realen Männerwelt, in der sich das abspielt, was wir Geschichte nennen.

Eigentlich hatte er viel Glück gehabt. Lange Zeit, mehr als ein Vierteljahrhundert lang, hatte er in der Geschichte mitspielen dürfen, und obwohl er nur spielte, war er sozusagen durchgerutscht. Wenn er 1913 gestorben wäre, die Geschichte würde ihn gut behandeln. Dann ereilte ihn der Ernst der Geschichte doch und stellte ihn schauerlich bloß – erst der Krieg, und dann, furchtbar und endgültig, die Niederlage.

Am 9. November 1918 wurde es wirklich Ernst für ihn. Jetzt mußte sich zeigen, was im Ernst an ihm war. Als ihm Hindenburg und Groener am Morgen dieses milden, wolkigen Herbstsonnabends im Hauptquartier in Spa eröffnen mußten, daß das Frontheer nicht bereit sei, mit ihm an der Spitze kehrt zu machen, gegen die Heimat zu marschieren und seinen Thron gegen die Revolution zu verteidigen, war er zum ersten Mal ganz auf sich selbst und die eigene Substanz gestellt. Keiner konnte ihm die Entscheidung abnehmen, die er jetzt fällen mußte. Immer noch standen ihm mehrere Möglichkeiten offen. Er konnte den Tod an der Front suchen. Er konnte sich selbst der Revolution stellen – allein und unbewaffnet, im stolzen, todbereiten Vertrauen auf sein königliches Recht wie Karl I. von England, oder auch an der Spitze irgendeines kaisertreuen Truppenteils – es gab noch ein paar. Er konnte, nüchtern, aber vollkommen ehrenhaft, zugunsten eines Enkels abdanken und damit die Monarchie retten – nichts anderes wollte ja Ebert in Berlin, und die sozialdemokratische Regierung hätte liebend gerne dabei mitgespielt. Alles dies wären, in harter Lage, honorige Entscheidungen gewesen; jede davon hätte ihm einen geachteten Platz in der Geschichte gesichert. Er wählte keinen davon. Er wählte das Unmögliche – nicht abdanken, sondern fliehen.

»Ich mache nur noch aufmerksam«, sagte General Groener in den hektischen Beratungen dieses Nachmittags in Spa: »Wenn der Kaiser abgedankt hat, so kann er reisen, wohin er will. Wenn er *nicht* abgedankt hat, darf er das Heer nicht verlassen. Nicht abdanken und das Heer verlassen, ist eine Unmöglichkeit.«

Aber gerade diese Unmöglichkeit wählte der Kaiser. Er hat sich später darauf berufen, daß fast alle, auch Hindenburg, ihm zur Abreise nach Holland geraten hätten. Aber er war nicht verpflichtet, solchem Rat zu folgen. Gerade in dieser Lage war er nur sich selbst verantwortlich. Und warum verweigerte er gerade Groener, dem einzigen, der ihm *nicht* zur Abreise geraten hatte, beim Abschied den Händedruck?

Es war eben alles nur ein Spiel gewesen. Jetzt, da aus dem Spiel bitterer Ernst wurde, bitterer, tödlicher Ernst für die eigene Person, mußte es zu Ende sein. Man mußte aus der Sache wieder heraus – zurück in die behagliche, vertraute Welt des gefahrlosen Kinderzimmers, wo das Kindermädchen mit der Wärmflasche wartete. »Und jetzt«, sagte der Kaiser, als sein holländischer Gastgeber, Graf Bentinck, am Portal von Schloß Amerongen in Holland, auf ihn zutrat, »und jetzt müssen Sir mir eine Tasse heißen, guten, echten englischen Tee geben lassen!«

So reiste der Kaiser aus der Geschichte. Es war der 10. November 1918, und es war das Ende der Monarchie – der alten, blut- und ruhmbedeckten preußischen und jungen, glänzenden deutschen. Ihr letzter Erbe hatte sie – verspielt.

HENNING VON TRESCKOW

WOLFGANG VENOHR

10.1.1901	geboren in Magdeburg (Preußen)
Juni 1917	Fahnenjunker im 1. Garde-Regiment zu Fuß
Juni 1918	jüngster Leutnant des deutschen Heeres
Okt. 1920	Abschied von der Reichswehr; Student der Berliner Universität
Januar 1923	Angestellter des Potsdamer Bankhauses Wilhelm Kann
Juli 1924	Weltreise mit dem Militärschriftsteller Professor Kurt Hesse
Januar 1926	Heirat mit Erika von Falkenhayn, Tochter des früheren preußischen Kriegsministers und Chefs der Obersten Heeresleitung im I. Weltkrieg
Febr. 1926	Wiedereintritt in die Reichswehr, Infanterieregiment »Graf Neun«
Okt. 1934	Versetzung an die Kriegsakademie zu Berlin
Sept. 1936	Abkommandierung in den Generalstab im Reichskriegsministerium
Febr. 1938	Protestaktion bei General v. Witzleben anläßlich der Blomberg-Fritsch-Krise
Januar 1939	Kompaniechef in Elbing (Ostpreußen)
Aug. 1939	Ia der 228. Infanteriedivision und Teilnahme am Polenfeldzug
Okt. 1939	Versetzung in die Führungsabteilung der Heeresgruppe A (Generalfeldmarschall v. Rundstedt)
Mai/Juni 1949	Teilnahme am Frankreichfeldzug
Dez. 1940	Ia der Heeresgruppe Mitte (Generalfeldmarschall v. Bock)
Mai 1941	Protestaktion bei Feldmarschall v. Bock gegen den »Kommissarbefehl«
22.6.1941	Teilnahme am Rußlandfeldzug
Dez. 1941	Verschwörungskontakt mit Dr. Karl Silex
April 1942	Beförderung zum Oberst i. G.
13.3.1943	Erster Attentatsversuch gegen Hitler auf dem Flug von Smolensk nach Rastenburg
21.3.1943	Zweiter Attentatsversuch gegen Hitler im Berliner Zeughaus
11.4.1943	Konfirmation seiner beiden Söhne
Mai 1943	Verschwörungsaktion bei Generalfeldmarschall v. Manstein
Juni 1943	Verschwörungsaktion bei Generalfeldmarschall v. Kluge
Sept. 1943	Ausarbeitung einer Umsturzkonzeption zusammen mit Claus v. Stauffenberg in Berlin
Okt. 1943	Regimentskommandeur des 442. Grenadierregiments im Südabschnitt der Ostfront
Dez. 1943	Chef des Stabes der 2. Armee im Mittelabschnitt der Ostfront
30.1.1944	Schlüsselgespräch mit Generalleutnant Edgar Röhricht
Apr./Mai 1944	Fronturlaub in Potsdam
1.6.1944	Beförderung zum Generalmajor
Juni 1944	Botschaft an die »deutsche Widerstandsbewegung«
21.7.1944	Freitod im Alter von 43 Jahren im Wald nordostwärts Nowosiolki

Henning v. Tresckow, 1944, als Generalmajor, Photographie

Es ist der 21. Juli 1944. Vierundzwanzig Stunden nach dem gescheiterten Attentat auf Adolf Hitler.

Durch einen Wald nordostwärts Nowosiolki, im östlichen Polen, fahren zwei feldgraue Kübelwagen. Nicht weit entfernt grummelt Artilleriefeuer. Man hört dumpfe Abschüsse von Panzerkanonen und die trockene Antwort der Pak. Man ist im Niemandsland zwischen der deutschen Abwehrfront und den vorgehenden Sowjets.

Im ersten Wagen sitzt ein deutscher General: ein schlanker Mann von Anfang Vierzig, auf dessen rechter Brustseite das Deutsche Kreuz in Gold im Sonnenlicht glänzt. Der Fahrer sieht das strenge Profil des jugendlichen Generals, aber er sieht auch die Totenblässe im Gesicht seines Vorgesetzten. Er schiebt den Stahlhelmrand aus dem schweißnassen Gesicht und fühlt sich unbehaglich. Während der Fahrt wurde nicht ein einziges Wort gewechselt, und die letzten deutschen Vorpostenstellungen hat man längst passiert.

Auf einer Lichtung läßt der General halten. Er steigt aus und geht – begleitet von einem Generalstabsmajor, der im zweiten Wagen saß – schweigend in den Wald. Durch die Bäume schimmern die roten Streifen an den Reithosen der beiden Offiziere.

Die beiden Fahrer sind kaum aus ihren Fahrzeugen gestiegen, da kommt der Major zurückgelaufen und ruft aufgeregt: »Die Karte!« Doch noch ehe jemand etwas unternehmen kann, fallen plötzlich im Wald Schüsse. Eine dumpfe Detonation folgt. Die beiden Fahrer reißen die Maschinenpistolen von den Schultern und gehen hinter den Fahrzeugen in Deckung. »Partisanen«, denken sie und lockern die Handgranaten im Koppel.

Als alles ruhig bleibt, richten sich die drei Männer auf und stürzen atemlos in den Wald. Sie finden, auf den Waldboden hingestreckt: den Generalmajor des deutschen Heeres Henning von Tresckow. Tot.

Sieht man von seinem Freund, Claus von Stauffenberg, ab, so war Henning v. Tresckow der schärfste Widersacher, der gefährlichste Gegenspieler, den Hitler im deutschen Heer gefunden hat. Zweimal entging der Diktator im Jahre 1943 nur um Haaresbreite, wie durch ein Wunder, Attentatsversuchen. Und beide Male war es Henning von Tresckow, der sie organisiert, der es auf sein Leben abgesehen hatte.

Es ist schon merkwürdig: Kein Kommunist, kein Pazifist, kein Agent des Ostens oder des Westens war es, der immer wieder – zum Schluß auch als Mitverschwörer des 20. Juli 1944 –, eiskalt und überlegt, den Versuch machte, Adolf Hitler zu ermorden. Sondern ein deutscher, ein preußischer Offizier.

Denn Tresckow, am 10. Januar 1901 geboren, war Preuße vom Scheitel bis zur Sohle, entstammte einem Milieu, das von den ruhmreichen Traditionen der brandenburgisch-preußischen Armee geprägt war. 21 Vorfahren waren preußische Generäle gewesen. Zwei erhielten den Schwarzen Adler-Orden, die höchste Auszeichnung des Hohenzollernstaates; 15 bekamen den Pour le mérite. Die preußischen Infanterieregimenter Nr. 8 und Nr. 32 hießen »Alt« und »Jung-Tresckow«. Drei Grenadierbataillone trugen den Namen der Familie in den Schlesischen Kriegen Friedrichs des Großen. Tresckows kämpften in den Schlachten bei Mollwitz und Kesselsdorf, bei Hohenfriedberg, Prag und Kolin, bei Roßbach, Leuthen, Torgau und Kunersdorf. Sie fochten in den Befreiungskriegen gegen Napoleon und in den deutschen Einigungskriegen unter Bismarck und Moltke.

Soviel Tradition kann Last und Zwang sein. Henning v. Tresckow empfand sie als Vorzug, als Auszeichnung, Offizier in Preußen zu sein, das hieß in seinen Augen zweierlei: einer privilegierten Elite anzugehören und dem Staate verantwortungsvoll zu dienen. Von diesem Bewußtsein blieb er zeit seines Lebens motiviert, man könnte auch sagen: prädestiniert.

Sein Elternhaus: Gut Wartenberg in der Neumark, dem nordöstlichen Teil der Mark Brandenburg (heute Polen). Sein Vater: Hermann von Tresckow, eine praktisch-prosaische Natur, Offizier und Landwirt, der als junger Leutnant noch die Kaiserkrönung im Spiegelsaal von Versailles erlebt hatte, als General der Kavallerie aus dem Dienst geschieden war, um dann 1902 die Bewirtschaftung von Gut Wartenberg zu übernehmen. Die Mutter: Marie-Agnes, eine Tochter des schlesischen Grafen Zedlitz-Trützschler; musisch veranlagt, sensibel, belesen, hilfsbereit-fromm, aber auch kühl distanziert, mit einem Schuß herber Melancholie.

Ein märkischer Landhaushalt also, von preußisch-protestantischem Zuschnitt. Man war ebenso selbstbewußt wie sparsam (im Zug nach Berlin immer III. Klasse), junkerlich wie erdverbunden. Verhältnisse, kurz gesagt, wie sie Fontane mit feiner Kenntnis und Beobachtungsgabe in »Vor dem Sturm« beschrieben hatte. Der sonntägliche Kirchgang war mehr als ein gesellschaftliches Ereignis; Predigt und Choral boten Kraft, Trost und Erbauung. Gott und der König (von Preußen) waren »ein' feste Burg« des Lebens.

Der junge Tresckow hat die herbe Luft dieser preußischen Welt tief eingeatmet. Wartenberg blieb ihm auch später, bis in die letzten Tage seiner Existenz, Hort und Refugium. Mehr noch bedeutete ihm Potsdam, Residenz- und Garnisonsstadt der Preußenkönige. Der Text des Glockenspiels der Garnisonskirche

»Üb' immer Treu' und Redlichkeit
bis an Dein kühles Grab.
Und weiche keinen Finger breit
von Gottes Wegen ab.«

wurde ihm zur Richtschnur des Daseins.

Familie, Heimat, Geschichte, Tradition: Aus so festem Grunde läßt sich die außerordentliche Charakterstärke erklären, mit der Tresckow später alle Prüfungen bestehen sollte. Als er 1924, mit dreiundzwanzig Jahren, zu einer Weltreise aufbrach, stand er in der Nacht vor Beginn des großen Abenteuers gelassen am Ufer der mondüberglänzten Havel. Seine stärkste Empfindung: »Potsdam wird stärker sein als alles, was die Welt zu zeigen hat.«

Man darf das nicht als borniertes Preußentum mißverstehen, das sich in provinzieller Überheblichkeit Genüge tat. Weltoffenheit war für einen Adligen selbstverständlich; und daß »hinter dem Berge auch Leute wohnen«, wie sein brandenburgischer Landsmann Fontane gemahnt hatte, war Tresckow von Jugend an bewußt. Sein Entschluß, nach dem Ende des I. Weltkriegs den feldgrauen Rock des Offiziers auszuziehen, um ein (übrigens recht erfolgreicher) Bankkaufmann zu werden, verriet nur allzu deutlich, wie wenig er zu engstirniger Einseitigkeit neigte.

Nein, was Tresckow die Selbstsicherheit und zugleich die Selbstgenügsamkeit gab, die ihn Potsdam »über alles« stellen ließen, das war sein geradezu britisch anmutendes Selbstwertgefühl, das bei Deutschen so selten anzutreffen ist. Darüber hinaus aber lag es darin begründet, daß Potsdam ihm mehr als Heimat, daß es ihm Idee, ja, »Traum« war, wie er 1943 selbst formulieren sollte. So war Professor Kurt Hesse 1924 außerordentlich überrascht von der inneren Festigkeit und seelischen Gelassenheit, die sein 23jähriger Reisebegleiter angesichts der diversen Weltwunder offenbarte. Fast konsterniert berichtete er: »Das Erstaunliche für mich war, daß Henning von Tresckow für die tropische Landschaft in Brasilien und in anderen Teilen Südamerikas ganz wenig Interesse zeigte. Immer wieder sagte er: ›Ja, aber wie schön ist doch unsere märkische Landschaft.‹«

Kann es da Wunder nehmen, daß Tresckow, der bald nach Rückkehr von seiner Reise die stolze Erika von Falkenhayn, Tochter eines früheren preußischen Generals und Kriegsministers, geheiratet hatte, im bürgerlichen Bankgeschäft auf Dauer keine rechte Befriedigung, keine innere Erfüllung fand? Der »preußische Lockruf« zog ihn wieder unter die alten zerschlissenen Fahnen.

Am 1. Februar 1926 trat Henning von Tresckow als 25jähriger Leutnant in die Reichswehr ein: in das 9. Infanterieregiment zu Potsdam, das die feudalen Traditionen der preußischen Gardeinfanterie weitertrug. Die »Idee von Potsdam« hatte sich in der Tat stärker als alles andere erwiesen! Tresckows Bestimmung war – bis zu seinem Tode – die des Soldaten.

Die 100 000 – Mann – Reichswehr, die Armee der Weimarer Republik, war ein Staat im Staate. In ihren Reihen herrschte ein reaktionärer, ein monarchistischer Geist (es war erst sieben Jahre her, daß der Kaiser gegangen war, als Tresckow eintrat); das Offizierskorps war unverhohlen antidemokratisch gesonnen.

Man muß sich in die Zeit zurückversetzen: »Weimar« galt vielen Deutschen als identisch mit »Versailles«. Das Siegerdiktat von Versailles aber wurde praktisch von allen Deutschen – von links bis rechts, von den Kommunisten bis zu den Konservativen – abgelehnt, wurde als Beleidigung, Demütigung und Versklavung empfunden. Vor allem: Im Unterschied zu der Zeit nach 1945 kultivierte niemand im deutschen Volk irgendwie geartete Schuldgefühle! Die »Kriegsschuldlüge« der Sieger wurde von sämtlichen deutschen Parteien als solche gebrandmarkt, die alliierten Berichte über angebliche Greueltaten deutscher Soldaten in Belgien (»abgehackte Kinderhände«) hatten sich sehr bald als primitive Feindpropaganda erwiesen. Jedermann war stolz auf die ruhmreiche alte Armee, die über vier Jahre einer Welt von Feinden getrotzt hatte, und um so bitterer und entehrender empfand man die erzwungene

Beschränkung auf 100 000 Mann, die das Deutsche Reich praktisch wehrlos machte (zum Vergleich: die kleine Bundesrepublik besitzt rund 500 000 Soldaten).

Die demokratischen Parteien der Republik galten der Reichswehrführung schlechthin als »Erfüllungsgehilfen« der ehemaligen Feindmächte. Die Linke, die Arbeiterparteien, die Gewerkschaften wurden als »wehrfeindlich« angesehen, und es kann in der Tat nicht bestritten werden, daß es vor allem der deutschen Sozialdemokratie sichtlich schwerfiel, zu den Streitkräften der Republik ein halbwegs erträgliches Verhältnis zu finden. Da man es aber nach 1918 versäumt hatte, aus eigener Kraft eine republikanische Armee zu schaffen, hätte man sich nolens volens um die nun einmal vorhandene Reichswehr bemühen müssen.

Die Schuld lag jedoch auf beiden Seiten. Das ältere Offizierskorps der Reichswehr - kaisertreu und monokelbewehrt - machte aus seiner arroganten Verachtung aller linken Kreise kein Hehl. Der spätere Generaloberst und Oberbefehlshaber des Heeres, v. Fritsch, titulierte den sozialdemokratischen Reichspräsidenten Ebert ungeniert als »Schweinehund«, und in den Offizierskasinos verunglimpfte man die Nationalfarben der Republik als »Schwarz-Rot-Gelb« oder »Schwarz-Rot-Mostrich«.

Im Potsdamer Infanterieregiment Nr.9, das wegen der feudalen Zusammensetzung seines Offizierskorps gern »Graf Neun« genannt wurde, fand Henning v. Tresckow ein Milieu vor, das hochkonservativ und gestochen elitär genannt werden muß. *Persönlich* war das durchaus seine Welt; *politisch* jedoch setzte er sich sehr bald und sehr deutlich von den Kameraden ab.

Tresckow war damals beileibe noch kein politischer Offizier. Er litt gewiß als Patriot unter dem Versailler Friedensdiktat und als Offizier unter den diskriminierenden Beschränkungen, die man der Reichswehr auferlegt hatte. Dennoch war er überglücklich, wieder unter den Fahnen zu sein. Er genoß das herbe Fluidum soldatischer Männlichkeit und das Erlebnis der Kameradschaft. Man darf sagen: Tresckow war ganz und gar Junker! Und er dachte durchaus hierarchisch, elitär. Von einem Demokratieverständnis konnte bei ihm keine Rede sein. Gleichheit gab es nur im Tode; sonst nirgendwo. Und jedermann hatte ohne Ansehen der Person an seinem gesellschaftlichen Platz seine Pflicht zu tun. »Suum cuique - jedem das Seine.« Die Maxime des autoritären Preußentums war ihm Lebensdevise.

Aber: er las die Schriften Oswald Spenglers; vor allem den Essay über »Preußentum und Sozialismus«. Und diese Lektüre schlug eine soziale Saite in seinem Innern an. Seine Bewunderung für den aufgeklärten Absolutismus der Preußenkönige im 18. Jahrhundert, für die preußischen Reformen Scharnhorsts und Gneisenaus, Steins und Boyens schien hier eine neue gesellschaftspolitische Dimension zu gewinnen. Hatte Friedrich II. sich nicht als »Sachwalter der Armen« bezeichnet? Scharnhorst nicht gefordert, daß die preußische Armee immer »an der Spitze des Fortschritts« marschieren müsse? Tresckow bejahte jedenfalls Spenglers Satz: »Altpreußischer Geist und sozialistische Gesinnung sind ein und dasselbe.«

Von da war es kein allzu weiter Schritt mehr zum Nationalsozialismus eines Mannes namens Adolf Hitler. Sozialer Ausgleich unter nationalem Vorzeichen: war das nicht der beste Weg zur Überwindung des wütenden Klassenkampfes? Eine »Volksgemeinschaft« aller Deutschen: schien das nicht das wirksamste Rezept zu sein, um dem staatsfeindlichen Internationalismus der Linken zu begegnen? Hitlers Parole von den »Arbeitern der Stirn und der Faust«: verhieß sie nicht, dem Arbeiter endlich seine soziale Ehre zu geben, so daß er sich auch mit der Idee der Nation versöhnen konnte?

Bereits 1929 setzte sich Tresckow im Potsdamer Offizierskasino für die Hitlerbewegung ein, vertrat er in einem Vortrag vor Kameraden die Thesen Gottfried Feders zur antikapitalistischen »Brechung der Zinsknechtschaft«, die im NSDAP-Programm verankert waren. Ein Jahr später unternahm er ernsthafte Anstrengungen, das Offizierskorps seines Bataillons nationalsozialistisch zu beeinflussen. Tresckow nahm damit innerhalb seines feudalreaktionären Lebenskreises eine ausgesprochen avantgardistische, um nicht zu sagen »nationalrevolutionäre« Position ein.

In diesem Sinne begrüßte er Hitlers Machtübernahme am 30. Januar 1933 und erlebte, optimistisch gestimmt, den »Tag von Potsdam« am 21. März gleichen Jahres. Schienen sich doch im Händedruck des greisen Reichspräsidenten v. Hindenburg und des jungen Reichskanzlers Hitler über den Särgen der Preußenkönige Tradition und Fortschritt miteinander zu verschmelzen! Voll innerer Genugtuung beobachtete er vom Balkon seiner Wohnung, unmittelbar neben der Garnisonskirche, die militärischen Zeremonien des Tages. In einer leidenschaftlichen Diskussion, die sich nach dem feierlichen Staatsakt in seiner Wohnung abspielte, verteidigte er entschieden die NS-Bewegung. Er erhoffte sich eine enge Verbindung altpreußischer Tugenden mit den Ideen des nationalen Sozialismus, die Adolf Hitler verkündete.

Am 1. Oktober 1934 wurde Tresckow für zwei Jahre zur Kriegsakademie in

Berlin, in der Moabiter Kruppstraße, kommandiert. (Das Gebäude steht noch. Heute ist dort die Bereitschaftspolizei stationiert.) Tresckow, inzwischen Hauptmann, wurde Bester seines Jahrgangs. Der intelligente, kühle, selbstsichere Offizier, der mit seitlich geneigtem Kopf und mokantem Lächeln ebenso gut zuhören wie dozieren konnte, beeindruckte selbst seine Vorgesetzten. Ihre Beurteilung lautete:

- »Ganz besonders zur Verwendung im Generalstab geeignet.«
- »Eine ausgesprochene Führerpersönlichkeit.«
- »Sehr befähigt; aber hartköpfig.«

Der Karriere stand also nichts im Wege. Ende 1936 wurde Tresckow zum Generalstab versetzt, und es kann kein Zweifel bestehen, daß er völlig in seinem militärischen Beruf aufging. Auch außen- und nationalpolitisch bestand zwischen Tresckow und dem neuen Reich Übereinstimmung: die Wiedervereinigung des Saargebiets mit Deutschland – die Verkündung der Allgemeinen Wehrpflicht – die Besetzung der entmilitarisierten Zone des Rheinlands waren Ereignisse, die seine patriotische Zustimmung fanden. Vor allem der Wiederaufbau einer stolzen starken Armee, die Wiederherstellung der soldatischen Würde und Ehre mußten ihn mit tiefer Genugtuung erfüllen. Tresckow liebte den militärischen Glanz. »Parade, Militärmusik, Sonne, Trubel, Staubwolken über Marschkolonnen«: das – so notierte seine Frau – bedeutete ihm etwas. Und im Offizierskorps sah er die gesellschaftliche Repräsentanz der Staatsidee.

Und doch war das alles nur äußere Fassade! Denn seit Mitte 1934, seit der sogenannten Röhm-Affaire, war Tresckows sittliches Gewissen, war sein preußisch-protestantisches Rechtsempfinden tief herausgefordert. Dabei wird man bezweifeln dürfen, daß ihm der Tod Röhms oder der der anderen SA-Führer menschlich naheging. Sie waren in den Augen der gesellschaftlich etablierten Reichswehroffiziere »Rabauken« und Emporkömmlinge; vor allem aber Konkurrenten im Kampf um die militärische Macht in Deutschland. Doch daß Hitler Dutzende von Menschen ohne Gerichtsverfahren ermorden ließ, daß er die Anmaßung besaß, sich zum »Obersten Gerichtsherrn« des deutschen Volkes aufzuwerfen: das verstieß gegen alle ethischen Normen preußischer Tradition! Denn so wenig sich Tresckow an den autoritären und elitären Zügen des alten Preußentums stieß, so unnachgiebig bestand er auf den moralischen Überlieferungen des preußischen Rechtsstaates, den schon

Friedrich der Große begründet hatte. Seit der Röhm-Affaire hatte sich das Hitlerregime in seinen Augen »sittlich decouvriert«.

Der Februar 1938 mit der Blomberg/Fritsch-Krise sah Tresckow zum ersten Mal in Opposition. Der Generalstabshauptmann war viel zu intelligent, um nicht sofort zu erkennen, daß es darum ging, die Führung der Wehrmacht in die Hände Hitlers und Görings zu spielen. Aber was ihn anwiderte, was seine sittliche Empörung provozierte, war vor allem die schmutzige Art privater Intrigen und intimer Verdächtigungen, ja Ehrabschneidungen, mit denen die Nazis in ihrem bedenkenlosen Machtkampf vorgingen. War das der neue Stil des Dritten Reiches?

Tresckow verabredete mit seinem Regimentskameraden Graf Baudissin, sofort den Abschied zu verlangen, und Baudissin erinnerte sich später:

»Wir einigten uns sehr schnell, daß wir uns dem General v. Witzleben, dem Kommandierenden General des III. Armeekorps in den Marken, anvertrauen wollten. Wir kamen – ich sehe es noch vor mir – in sein Dienstzimmer, wo er uns sehr kameradschaftlich empfing. Er hörte uns an, sehr still, ohne eine Reaktion zu zeigen. Dann fragte er uns, ob wir eigentlich auch gewillt wären, gegebenenfalls Widerstand zu leisten. Als wir das uneingeschränkt bejahten, sagte er mit Betonung, dann müsse er uns bitten, weiter aktiv zu bleiben.«

Henning von Tresckow blieb bei den Fahnen. Aber das Wort vom WIDERSTAND war nun einmal gefallen! Und niemals sollte sich das alte Vertrauensverhältnis zwischen Tresckow und dem Regime wiederherstellen, das 1933 seine positive Haltung geprägt hatte.

Immerhin, und das darf und soll nicht verschwiegen werden: Als am 1. September 1939 der II. Weltkrieg ausbrach, wünschte Tresckow leidenschaftlich den Sieg der deutschen Waffen. Schließlich war er Offizier und Nationalist, und beides von ganzem Herzen! Den Polenfeldzug erlebte er als Major und Generalstabsoffizier einer Division, den Frankreichfeldzug in der Führungsabteilung der Heeresgruppe A, die die operative Entscheidung herbeiführte.

Als am 25. Juni 1940 um 0.35 Uhr das Signal »Das Ganze halt!« erklang und alle Glocken des Reiches den Waffenstillstand zwischen Deutschland und Frankreich einläuteten, war Tresckow aufs tiefste bewegt, ja erschüttert. Nun – so mußte es einem Mann erscheinen, der noch als Soldat am I. Weltkrieg teilgenommen hatte – waren die gewaltigen Opfer von 1914 bis 1918 nicht umsonst gewesen, war die Beleidigung und Demütigung vom 11. November 1918 (Waffenstillstandsdiktat der westlichen Alliierten) für immer ausgelöscht. Fast auf den Tag genau 200 Jahre nach der Thronbesteigung Friedrichs des Großen hatte die preußisch-deutsche Armee ihren strahlendsten Triumph errungen.

In dieser Stimmung schrieb Tresckow: »Wir gehen voller Zuversicht an unsere neuen Aufgaben. Aller Kleinmut, dessen ich mich freudig schuldig bekenne, ist angesichts unserer ungeheuren Erfolge verflogen ... So wird alles weiter gut werden und hoffentlich ein guter Frieden folgen.«

Ein guter Frieden, zwischen Frankreich und Deutschland: Das war Tresckows große Hoffnung. Und wie sehr hatte er damit recht! War Hitler tatsächlich der nationalistische Befreier, als den ihn das deutsche Volk verstanden hatte, und nicht der imperialistische Eroberer, wie seine Gegner immer wieder behauptet hatten, dann konnte jetzt, im Sommer 1940, noch »alles gut werden«. Denn entschloß sich der deutsche Führer nun, im Augenblick eines grandiosen *militärischen* Sieges, zu einem großmütigen *politischen* Verhalten, indem er mit Frankreich einen Vertrag der Verständigung schloß, die besetzten Gebiete unverzüglich räumte und einen hundertjährigen Frieden für Europa verkündete, so war auch kein Churchill in der Lage, die Kriegsflamme am Leben zu halten.

In den vier Monaten von Juni bis Oktober 1940 erkannte Tresckow jedoch, daß dies alles von einem Manne wie Hitler nicht zu erwarten, wurde es ihm zur festen unumstößlichen Gewißheit, daß jede Hoffnung auf Frieden und Verständigung reine Illusion war. Er täuschte sich nicht mehr über den Vernichtungswillen der eigenen Führung, und er täuschte sich nicht über die Vernichtungsabsichten der Gegner. Alles Optimistische fiel für immer von ihm ab, und der scharfe Blick seiner Skepsis ließ ihn einen bestürzenden Blick in die Zukunft tun. Während eines Parisbesuchs im Oktober 1940 prophezeite er mit dem ihm eigenen Sarkasmus der OKH-Sekretärin Luise von Benda:

»Wenn Churchill Amerika dazu bringt, in den Krieg einzutreten, werden wir langsam und sicher durch die Materialüberlegenheit erdrückt! Dann wird von uns höchstens das Kurfürstentum Brandenburg übrigbleiben, und ich werde die Leibwache kommandieren.«

Dann stand er am Arc de Triomphe und am Grabmal des Unbekannten Soldaten. Lange blickte er mit allen Anzeichen innerer Bewegung auf die flackernde, blaue Flamme. Totenblaß, wie seine Begleiterin berichtete, zitierte er Schleiermachers Worte:

»Dies sei mein Ruhm, den ich suche:
zu wissen,
daß eine Stelle kommt auf meinem Wege,
die mich verschlingt.
Und doch an mir und um mich nichts zu ändern,
wenn ich sie sehe,
und nicht zu zögern meinen Schritt.«

Am 10. Dezember 1940 wurde der Oberstleutnant v. Tresckow als 1. Generalstabsoffizier zur Heeresgruppe Mitte nach Posen versetzt. Sie stand unter dem Befehl seines Onkels, des Generalfeldmarschalls Fedor v. Bock, bei dem sich Tresckow Mitte Januar meldete.

Der 40jährige Offizier, der die ehemalige preußische Provinzhauptstadt Posen betrat, war in den letzten Monaten gereift, war ein anderer geworden: Tresckow hatte sich zum *politischen* Soldaten gewandelt! Die Armee, die ihm bislang ein Stück Heimat gewesen war, betrachtete er nun als Hort des Widerstandes. In der Wehrmacht sah er von jetzt an ein Instrument der Politik; ein Instrument des *preußischen Widerstandes* gegen den Faschismus.

Dennoch: Von der Idee zur Tat war ein weiter Schritt. Tresckow, der sehr bald von dem geplanten Angriff auf die Sowjetunion erfuhr, hatte noch keine konkrete Vorstellung, auf welche Weise und mit welchen Mitteln man Hitler in den Arm fallen konnte. Vor allem aber: Mißbilligte er wirklich den Angriff im Osten? Die uns überkommenen Zeugnisse widersprechen sich. *Politisch* lehnte er das Unternehmen wohl ab und sprach von »einer allgemeinen Eroberungsgier«. *Militärisch* dagegen, als Soldat, reizte ihn das gewagte Abenteuer, »im Rahmen der Verfolgung« bis Moskau vorzudringen. Um Tresckow zum aktiven Verschwörer zu machen, mußte anderes geschehen: mußte er *moralisch* herausgefordert werden.

Im Mai 1941, einen Monat vor Angriffsbeginn, erhielt er Kenntnis von Hitlers »Kommissarbefehl«: Sowjetische Kommissare seien nach ihrer Gefangennahme von der Truppe zu erschießen! Tresckow zog unverzüglich den Generalstabsmajor Rudolf v. Gersdorff ins Vertrauen. Beide Offiziere stimmten nach kurzem Gedankenaustausch darin überein, daß hier zum ersten Mal ein verbrecherischer Befehl an die Soldaten der Wehrmacht erlassen wurde.

»Tresckow war außer sich vor Erregung«, erinnerte sich Gersdorff später. Er ließ sofort das Flugzeug des Feldmarschalls startklar machen und ging dann zusammen mit Gersdorff zu Bock, der das Ungeheuerliche des Hitlerbefehls klar erkannte und erschüttert kommentierte: »Das ist ja grauenvoll!«

Zwischen Bock und Tresckow kam es zu folgendem Dialog:

Tresckow:	»Ich habe Deine Maschine startklar machen lassen. Du mußt jetzt sofort mit Leeb und mit Rundstedt (den Oberbefehlshabern der Heeresgruppen Nord und Süd – d. Verf.) in Verbindung treten. Ihr drei müßt heute noch zu Hitler fliegen, ihm die Pistole auf die Brust setzen und kategorisch von ihm verlangen, daß er einen Befehl zurücknimmt, der der Truppe Verbrechen zumutet.«
Bock (erregt)	»Dann schmeißt mich der Hitler 'raus!«
Tresckow:	»Dann hast Du wenigstens einen anständigen Abgang vor der Geschichte.«
Bock (gereizt)	»Dann schickt er Euch womöglich den Himmler hierher!«
Tresckow:	»Laß man gut sein; mit dem werden wir schon fertig.«

Als die Wehrmacht dann am 22. Juni 1941 zum Angriff auf Rußland antrat, ordnete Tresckow an: »Solange ich Ia der Heeresgruppe Mitte bin, wird kein Kommissar erschossen!«

Doch was nützte das, wenn im Hinterland der deutschen Armeen Himmlers Einsatzkommandos wüteten? Und das taten sie auch im rückwärtigen Gebiet der Heeresgruppe Mitte. So umstellte ein lettisches Einsatzkommando den jüdischen Stadtteil von Borissow, holte sämtliche Einwohner aus den Häusern und massakrierte etwa 7000 Juden: Männer, Frauen und Kinder.

Als Tresckow davon hörte, stürmte er außer sich vor Scham und Wut in das Zimmer Bocks, der ebenfalls gerade von dem Massaker erfahren hatte. Tresckow schrie ihn an: »Das darf nie wieder passieren. Darum müssen wir jetzt handeln! In Rußland haben wir die Waffengewalt. Schreiten wir unnachsichtig ein, so wird es Schule machen.« Er verlangte, daß Himmlers Einsatzkommando vor ein Kriegsgericht zu stellen und bis auf den letzten Mann zu füsilieren sei.

Dazu kam es nicht. Der deutsche Feldkommandant von Borissow nahm sich auf dem Wege zum Hauptquartier des Feldmarschalls v. Bock das Leben. Bock selbst begnügte sich mit einem schriftlichen Protest bei Hitler. Tresckow, den während der leidenschaftlichen Auseinandersetzungen mit seinem Onkel

Weinkrämpfe geschüttelt hatten, faßte in der Stille den Entschluß, von nun an nicht mehr zu ruhen und zu rasten, bis Hitler gestürzt, ja: physisch beseitigt war.

Was diese Entscheidung dem disziplinierten Soldaten ebenso wie dem gläubigen Protestanten in Tresckow abverlangt haben mag, läßt sich nur ahnen. Er hat nie darüber gesprochen. Aber nachdem er sich einmal dazu durchgerungen hatte, war sein Gewissen durch nichts mehr zu korrumpieren – auch durch die überwältigenden Siege der Heeresgruppe Mitte in den Kesselschlachten von Brjansk und Wjasma im Oktober 1941 nicht.

Und sofort machte er ernst mit seinem Entschluß zum Widerstand! Noch bevor es zum Umschwung der militärischen Lage kam, Ende November/Anfang Dezember 1941, flog er nach Berlin und suchte dort den Chefredakteur der angesehenen »Deutschen Allgemeinen Zeitung«, Dr. Karl Silex, auf, den er mit den Worten begrüßte: »Der Krieg ist verloren. Hitler ist verrückt und muß beseitigt werden!« Man dürfe sich durch Brjansk und Wjasma nicht täuschen lassen, fuhr er fort: »Es ist nicht gelungen, das russische Militärpotential in einem einzigen Sommerfeldzug auszuschalten, um die Masse der deutschen Divisionen für die Rückverlegung in den Westen freizubekommen.« Jede Voraussetzung für einen Sieg sei damit geschwunden.

Tresckow fragte Silex, was er denn zu tun gedächte, wenn es zu einem Sturz Hitlers käme, und als dieser antwortete: »An dem Tage, an dem Ihr es geschafft habt, steht Euch die ›Deutsche Allgemeine Zeitung‹ zur Verfügung«, lachte Tresckow auf: »genauso schlapp« wie all die Feldmarschälle, und fügte bitter hinzu: »Keiner will mitmachen, bevor die Sache nicht sicher ist.«

Um den Oberst i. G. Henning v. Tresckow herum kristallisierte sich 1942 im Stab der Heeresgruppe Mitte ein Kreis adliger Opposition und preußischen Widerstandes. Mitverschwörer waren: die Majore Berndt von Kleist, Rudolf Freiherr von Gersdorff und Hans Graf von Hardenberg sowie die Leutnante Fabian von Schlabrendorff und Heinrich Graf Lehndorff. Niemand von diesen Männern täuschte sich über die wahre Lage Deutschlands.

Tresckow war die beherrschende Figur des Verschwörerkreises. Dabei darf man sich nicht vorstellen, daß er bei allen Offizieren des Stabes der Heeresgruppe Mitte »beliebt« gewesen wäre. So mancher von ihnen stieß sich an seiner kühlen preußischen Art, die nicht zu Gemütlichkeit oder bequemen Kompromissen neigte, oder litt unter seiner geistigen Überlegenheit, die er kaum kaschierte, sondern oft in Ironie kleidete. Einer seiner Mitarbeiter urteilte über ihn: »Leider war er nicht frei, wie so viele seiner Klasse, wenn man so sagen darf, von generalstabsmäßigem Dünkel. Das hing auch zweifellos mit seiner Intelligenz zusammen; ein gewisser Intellektualismus war ihm nicht abzustreiten. Tresckow war der Prototyp des preußischen Offiziers! Seinen geraden Charakter zeichneten Eigenwilligkeit und Zähigkeit aus. Er vertrat seine Auffassungen offen und hart, auch wenn es anderen manchmal unangenehm war.«

Und genauso offen und unverhüllt sprach Tresckow auch im Stabe der Heeresgruppe seine *politischen* Ansichten aus, wobei er – auch darin ganz Preuße – nicht an Gefühle, sondern an die Vernunft appellierte. »Er war eben«, erinnerte sich Dr. Silex später, »ein kühler Mensch bis ins Tiefste seines Wesens hinab, der selten Emotionen zeigte. Und was mich immer gewundert hat: Die Zahl seiner Mitwisser war ja außerordentlich groß. Und Tresckow war bei seinen Diskussionen recht unvorsichtig. Im ganzen Stab war doch kaum ein Zweifel daran, daß er etwas beabsichtigte, was mit der normalen Anschauung eines Soldaten einfach unvereinbar war. Dennoch hat keiner der vielen Leute von seinem Mitwissen gegen ihn Gebrauch gemacht. Was doch zeigt, daß sie – selbst wenn sie andere Ansichten hatten – von seiner Persönlichkeit tief beeindruckt waren, die das alles auf sich nahm. Er nahm das alles auf sich selbst! Und es gehört in sein Bild eines ehrgeizigen Patrioten, daß er derjenige sein wollte, der das alles alleine verantwortete.«

Diese Verantwortung eines Patrioten nahm Tresckow 1943 insgesamt viermal auf sich, als er folgende Aktionen gegen Hitler in Bewegung setzte:

1. Aktion – Am 13. März 1943 besuchte der Diktator die Heeresgruppe Mitte, die inzwischen Generalfeldmarschall Hans v. Kluge führte. Während eines Mittagessens bei der Heeresgruppe übergab Schlabrendorff auf Befehl Tresckows einem Begleitoffizier Hitlers ein Paket mit zwei Zeitzünderminen für den Rückflug. Hitler begab sich nach der Besprechung mit Kluge zum Flugplatz Smolensk Nord. Das Flugzeug startete nach Ostpreußen. Nach Tresckows Berechnung mußte die Bombe in Höhe von Minsk explodieren, das Flugzeug zerreißen und über Minsk abstürzen. Hitlers Maschine wurde von zwei Jägern begleitet. Diese Jäger standen mit der Heeresgruppe in Funkverbindung. Als das Flugzeug über Minsk war, kam keine Nachricht. Eine Stunde später ging die Meldung ein, daß Hitler wohlbehalten in Rastenburg gelandet war. Die Zeitzünder hatten versagt.

2. Aktion – Acht Tage später sollte Hitler im Berliner Zeughaus eine Ausstellung der Heeresgruppe Mitte besichtigen. Tresckow fragte den Freiherrn von Gersdorff, ob er willens sei, Hitler dabei zu begleiten und sich mit ihm in die Luft zu sprengen. Gersdorff erklärte sich bereit und erhielt die Bomben. Während der Unterhaltung sagte Tresckow: »Ist es nicht ungeheuerlich, daß hier zwei Generalstabsoffiziere der Wehrmacht sich überlegen, wie sie am besten ihren Obersten Befehlshaber töten können? Aber es muß sein.« Hitler jedoch, wie von einem sechsten Sinn für Gefahren gewarnt, hastete in wenigen Minuten durch die Ausstellung. Die Bomben, auf 15 Minuten eingestellt, konnte Gersdorff im letzten Moment entschärfen.

3. Aktion – Kurz darauf sandte Tresckow den Freiherrn von Gersdorff zu Generalfeldmarschall v. Manstein, der zwar einer scharfen Kritik an der Hitlerschen Kriegführung voll zustimmte, aber – als er von Attentatsplänen hörte – erregt aufsprang und ausrief: »Da mache ich nicht mit! Das wäre das Ende der Armee.«

4. Aktion – Im Sommer 1943 traten Tresckow und Gersdorff an Generalfeldmarschall v. Kluge heran, um ihn für den Aufstand gegen Hitler zu gewinnen. Bei einem Spaziergang redete Tresckow heftig auf Kluge ein und sagte ihm: »Rechts neben Ihnen geht einer, der schon einmal ein Attentat auf Hitler versucht hat.« Der Feldmarschall blieb stehen und fragte betroffen: »Gersdorff, was haben Sie getan?!« Tresckow antwortete: »Das einzige, was zu tun übrigbleibt.« Nach einigen Schritten in nachdenklichem Schweigen breitete Kluge die Arme aus und rief: »Kinder, Ihr habt mich!«

Im Spätsommer 1943 war dem Obersten v. Tesckow bewußt, daß sämtliche Verschwöreraktionen gescheitert waren und daß es sinnlos war, in Generäle oder Marschälle Aufstandserwartungen zu setzen. Weder Kluge noch sonst jemand war bereit, wenn es ernst wurde, seinen Eid, seinen Gehorsam, seine Treue zu brechen.

Doch am 10. August 1943 traf Tresckow endlich in Berlin einen ebenbürtigen Verschwörer: den schwerverwundeten, aber vor Tatenlust sprühenden Generalstabsobersten Claus Graf von Stauffenberg. In diesem 35jährigen

Mann begegnete Tresckow nicht nur eine »kongeniale« Natur, der Prototyp des gebildeten Offiziers, sondern vor allem eine willensstarke Persönlichkeit, ein Charakter, der auch vor dem Äußersten nicht zurückschreckte. Mehr noch: In der Person Stauffenbergs bot sich zum ersten Mal die Chance, anstelle von Attentatsversuchen bzw. Protestschritten, die immer nur auf die *Person* Adolf Hitlers gerichtet waren, ein breit angelegtes Aufstandsunternehmen zu organisieren, mit dem sich ganz generell das faschistische *System* stürzen ließ; denn: Stauffenberg war als neuer Stabschef des Ersatzheeres vorgesehen, einer militärischen Zentralfunktion, in der alle Befehlsstränge zusammenliefen.

In der kurzen Zeit von vier Wochen, von Anfang September bis Anfang Oktober 1943, entwickelten die beiden Offiziere die geschlossene Konzeption eines antifaschistischen Umsturzes. Heimlich wie Diebe trafen sie sich im Berliner Grunewald; ständig auf der Hut vor Spitzeln des SD oder der Gestapo. Auf einsamen Spaziergängen entstand ein durchdachtes Konzept, dessen Kernstück eine raffinierte Idee war: Der Wehrmachtsplan »Walküre« für den Fall innerer Unruhen im Reichsgebiet (z. B. von Fremdarbeitern oder Kriegsgefangenen) wurde einfach »umgedreht«; wurde als *legaler* Deckmantel für die *illegale* Mobilisation aller bewaffneten Kräfte gegen das NS-Regime benutzt.

Erika v. Tresckow und Margarethe v. Owen schrieben nach Tresckows und Stauffenbergs Diktat in größter Heimlichkeit die detaillierten Umsturzbefehle für die Reichsbehörden und für die Kommandostellen der Wehrmacht. Alle begannen mit dem Satz: »Der Führer Adolf Hitler ist tot.«

Denn auch darin waren sich Tresckow und Stauffenberg einig: Ohne die physische Beseitigung des Diktators war nichts zu hoffen, waren alle Putsch- und Aufstandspläne auf Sand gebaut! Beide wußten, daß die Verschwörer in elitärer Einsamkeit und Isolation planten. Hatte das deutsche Volk etwa bis zum Frühjahr 1943 die Kriegsereignisse mit ziemlichem Gleichmut, fast ohne Spur von innerer Begeisterung hingenommen, so hatten die brutalen Terrorangriffe der alliierten Luftwaffe auf Städte und Wohnviertel Führer und Volk seitdem unheilvoll zusammengebombt. Und als im Laufe des Jahres 43 die zynischen Vernichtungspläne der Gegner für Deutschland (Casablanca und Teheran) bekannt wurden, scharte sich die Nation in einer verzweifelten Leidenschaft der Einmütigkeit um Adolf Hitler.

Tresckow täuschte sich darüber nicht. Er sah die Lage nüchtern und illusionslos. An die »Spontaneität der Massen« glaubte er ohnehin nicht. Seine philosophisch-historische Grundüberzeugung, daß kleine verantwortungsbewußte Eliten die Geschichte machten, kam in einem Schlüsselgespräch zum Ausdruck, das er am 30. Januar 1944 mit Generalleutnant Edgar Röhricht hatte. Auf die Stimmung der deutschen Bevölkerung angesprochen, entgegnete Tresckow kühl, daß es nur auf das Beispiel ankäme; das Weitere finde sich dann: »Die Masse braucht doch nur den Anstoß; zumal sie gelernt hat, Ordre zu parieren!« Wer das Gesetz des Handelns durch die Tat an sich risse, bestimme auch den weiteren Kurs der Ereignisse. »Der Grundsatz«, fuhr Tresckow fort, »daß Zuwarten und Entschlußlosigkeit schwerer wiegen als ein Fehlgreifen in der Wahl der Mittel, gilt nicht nur für den taktischen Bereich. In solcher Lage muß auch mal der Sprung ins Ungewisse gewagt werden ...«

Wie ungewiß Deutschlands außen- und militärpolitische Lage inzwischen geworden war, stand Tresckow deutlich vor Augen. Nüchtern analysierte er die Absichten der Alliierten und zeigte sich besonders von den Westmächten enttäuscht. Als General Röhricht daraufhin erschrocken fragte: »Verständigung mit den Sowjets also?«, reagierte Tresckow durchaus positiv. Ganz offensichtlich wurden die altpreußischen Traditionen eines guten Verhältnisses zu Rußland in ihm mächtig. Es muß aber noch weit mehr gewesen sein, was in ihm arbeitete, was ihn bewegte. Wahrscheinlich war es der Einfluß Stauffenbergs, der ihn in neue revolutionäre Bahnen politischen Denkens geführt hatte. General Röhricht konnte jedenfalls nie vergessen, wie Tresckow plötzlich in die Worte ausbrach: »Wir sind in den letzten Generationen hoffnungslos verbürgerlicht, was weder an Namen noch an Herkunft gebunden ist; herabgestiegen in die Ebene der genormten behäbigen Sicherheit ... Die Würfel werden rollen, ... allein um der eigenen Achtung willen, mag darüber zu Bruch gehen, was will!« Und nachdenklich fügte er hinzu: »Vielleicht erfüllt sich damit Nietzsches prophetisches Wort: ›Die Zukunft der deutschen Kultur ruht auf den Söhnen der preußischen Offiziere!‹«

Was sollte das heißen? Wohin sollten die Würfel rollen? Und was sollte alles »zu Bruch« gehen? Wollte Tresckow mit den Sowjets paktieren? Seine Attacke auf die »Verbürgerlichung« ließ vermuten, daß er sich mit sozialistischen Konsequenzen für das Nachkriegsdeutschland vertraut gemacht hatte. Hier knüpfte er ganz offensichtlich an seine frühen Sympathien für Spenglers »Preußentum und Sozialismus« an. Er ließ Röhricht auch nicht im unklaren darüber, daß man die Sowjetunion mindestens genauso wie die Westmächte in das außenpolitische Kalkül einbeziehen müsse. Bismarck und der Geist von Tauroggen mögen bei diesen Überlegungen Pate gestanden haben. In alledem deckten sich seine Gedanken mit denen seines Freundes Stauffenberg, der sich seit Anfang 44 immer mehr von der blinden Vernichtungswut der westlichen Kriegsgegner überzeugt hatte. Aber selbstverständlich blieb er, genauso wie Stauffenberg, der Überzeugung, daß das Deutsche Reich seine Eigenständigkeit und Unabhängigkeit zwischen Ost und West bewahren müsse! Tresckows Widerstand gegen Hitler speiste sich *moralisch* aus seinem Gewissen, *politisch* aus dem Willen, daß Deutschland niemals eine Beute der Russen und der Angloamerikaner werden dürfe.

Im April und Mai 1944, inzwischen Chef des Stabes der 2. Armee und kurz vor seiner Beförderung zum Generalmajor, besuchte Tresckow noch einmal Potsdam. Ernst, ja schwermütig ging er mit seiner Frau Erika durch die Straßen der alten preußischen Residenzstadt. Schweigend saßen sie zusammen auf einer Bank im Schloßpark von Sanssouci. Tief erschüttert stand er vor der Potsdamer Garnisonkirche (die genau ein Jahr später unter britischem Bombenhagel für immer in Schutt und Asche sank). Er erinnerte sich der Worte, die er ein Jahr zuvor, am 11. April 1943, anläßlich der Konfirmation seiner beiden Söhne in der Garnisonskirche, in einer Tischrede an sie gerichtet hatte:

> »Vergeßt niemals, daß Ihr auf preußischem Boden aufgewachsen und heute an der heiligsten Stätte des alten Preußentums eingesegnet seid. Das birgt eine große Verpflichtung in sich: die Verpflichtung zur Wahrheit, zur innerlichen und äußerlichen Disziplin, zur Pflichterfüllung bis zum Letzten. Vom wahren Preußentum ist der Begriff der Freiheit niemals zu trennen. Wahres Preußentum heißt Synthese zwischen Bindung und Freiheit, zwischen Stolz auf das Eigene und Verständnis für Anderes. Nur in der Synthese liegt die Aufgabe des Preußentums, liegt der preußische Traum.«

An einem der letzten Spaziergänge durch den frühlingshaft leuchtenden Park von Sanssouci nahm Tresckows Verwandter Alexander Stahlberg teil, der lange Zeit Ordonnanzoffizier des Generalfeldmarschalls v. Manstein gewesen war. Ausführlich sprachen sie über die Verschwörung, über Plan und Ziel des Aufstandsversuches, den Tresckow für die nächsten Wochen erwartete. Als Stahlberg schließlich fragte: »Meinst Du, daß der Staatsstreich eine Chance hat zu gelingen?«, blieb Tresckow stehen, fixierte Stahlberg sekundenlang und erwiderte: »Mit allergrößter Wahrscheinlichkeit wird er mißlingen ...«

Hatte es dann überhaupt einen Sinn zu handeln? Den militärischen Eid und Gehorsam zu brechen, die Gewissenslast eines Mordanschlags auf sich zu nehmen? Selbst den feurigen, ungestümen Stauffenberg bedrückten solche Zweifel, nachdem es den Westalliierten am 6. Juni 44 gelungen war, in Frankreich zu landen. Über Graf Lehndorff ließ er bei Tresckow, der wieder an der Ostfront stand, anfragen, ob es noch einen »praktischen Zweck« habe, den Aufstandsplan zu verwirklichen und den Diktator zu beseitigen. Die Antwort, die Tresckow gab, wurde zum moralischen Vermächtnis des deutschen Widerstands:

> »Das Attentat muß erfolgen; coûte que coûte. Sollte es nicht gelingen, so muß trotzdem in Berlin gehandelt werden. Denn es kommt nicht mehr auf den praktischen Zweck an. Sondern darauf, daß die deutsche Widerstandsbewegung vor der Welt und vor der Geschichte den entscheidenden Wurf gewagt hat.«

Stauffenberg wagte diesen Wurf: am 20. Juli 1944. Und ganz im Geiste Tresckows handelte er noch in Berlin, nachdem bekannt wurde, daß das Attentat mißlungen war – wie es Tresckow geahnt und gefordert hatte.

Einen Tag später, in den Morgenstunden des 21. Juli 1944, hatte sich dann der Generalmajor Henning v. Tresckow, Chef des Stabes der 2. Armee, mit zwei Kübelwagen auf den Weg gemacht, um im Wald nordostwärts Nowosiolki den Tod zu suchen. Zu Schlabrendorff hatte er vorher gesagt: »Ich werde mich nun erschießen. Denn bei den Untersuchungen müssen sie auf mich stoßen und versuchen, andere Namen aus mir herauszupressen.« Etwas später hatte er bleich, aber mit der ihm eigenen Kühle hinzugesetzt: »Niemand von uns kann über seinen Tod Klage führen. Wer in unseren Kreis getreten ist, hat damit das Nessushemd angezogen.«

In den Mittagsstunden des 21. Juli hatte Tresckow dann im Wald mit Pistolenschüssen einen Partisanenüberfall vorgetäuscht und sich eine Gewehrgranate an die Schläfe gesetzt. Die beiden Fahrer und der Generalstabsmajor fanden ihn an einer Böschung, auf dem Rücken liegend, die Arme ausgebreitet; die Pistole neben sich. Langsam trugen sie die Leiche zurück und betteten sie in einen der Wagen. Es war 15.45 Uhr, als die 2. Armee über

Sprechfunk die Nachricht empfing: »Generalmajor von Tresckow während einer Erkundungsfahrt im Wald nordostwärts Nowosiolki gefallen.«

Dann setzten sich die beiden Fahrzeuge mit dem toten General langsam in Bewegung.

Dies sei mein Ruhm, den ich suche:
zu wissen,
daß eine Stelle kommt auf meinem Wege,
die mich verschlingt.
Und doch an mir und um mich nichts zu ändern,
wenn ich sie sehe,
und nicht zu zögern meinen Schritt.

ERNST NIEKISCH

SEBASTIAN HAFFNER

23.5.1889	geboren in Trebnitz (Schlesien)
1891	aufgewachsen in Nördlingen; besucht das Lehrerseminar Altdorf bei Nürnberg; nach Examensabschluß Praktikantenjahr in Nördlingen
1908	Militärdienst als Einjährig-Freiwilliger beim Infanterieregiment Neuburg a. d. Donau
1912	als Lehrer nach Augsburg berufen
1914	bei Kriegsausbruch zum 3. Reserve-Infanterieregiment in Augsburg eingezogen
1917	wird Mitglied der Sozialdemokratischen Partei
1918-1919	ist nach Kriegsende wieder Lehrer in Augsburg, gleichzeitig Redakteur bei der sozialdemokratischen »Schwäbischen Volkszeitung«; führend an der Münchner Revolution beteiligt, wird er 1919 Vorsitzender des revolutionären Zentralrats der Arbeiter-, Bauern- und Soldatenräte in Bayern; nach dem Scheitern der Revolution zu zwei Jahren Freiheitshaft verurteilt; Austritt aus der SPD
1926	gründet die Zeitschrift »Widerstand« (Blätter für nationalrevolutionäre Politik), deren Herausgeber er bis zum Verbot der Zeitschrift, 1934, bleibt
1937	wird von der Gestapo verhaftet
1939	wird wegen »Vorbereitung zum Hochverrat« zu lebenslänglichem Zuchthaus verurteilt
1945	von der Sowjetarmee aus dem Zuchthaus Brandenburg-Görden befreit
1945-1948	Leiter der Volkshochschule Wilmersdorf in Westberlin; tritt der KPD bei
1948-1954	Professor an der Humboldt-Universität in Ostberlin; findet in der DDR keine politische Aufgabe; interveniert nach dem 17. Juni 1953 bei der sowjetischen Besatzungsmacht gegen Walter Ulbricht; zieht sich von der SED zurück.
1958-1966	veröffentlicht seine Autobiographie »Gewagtes Leben«; erhält kurz vor seinem Tode, nach langem Kampf im »Fall Niekisch«, von der Bundesrepublik eine geringe Haftentschädigung
1967	stirbt am 23. Mai, seinem Geburtstag, im Alter von 78 Jahren in Berlin

Ernst Niekisch, kurz vor seinem Tode, Gemälde von A. Paul Weber

Es gibt zwei Fragen, auf die 99 von 100 Deutschen heutzutage wahrscheinlich nur ein verlegenes Blinzeln oder ein Achselzucken als Antwort hätten. Die eine heißt: Wer war der letzte große Preuße? Die andere: Wer war eigentlich in Deutschland Hitlers wirklicher Gegenspieler?

Man kann lange nach Antworten suchen. Man kann verschiedene Namen versuchsweise in Vorschlag bringen, die man gleich selber wieder verwerfen wird. Am Ende wird die Antwort auf beide Fragen lauten müssen:

Ernst Niekisch.

Wer war Ernst Niekisch? Von hundert Deutschen, die man fragen würde, wüßte heute wohl kaum einer eine Antwort. Ernst Niekisch, 1889 in Schlesien geboren, ist 1967 in Berlin als ein Gescheiterter, Vergessener gestorben. Er war aber einer der großen Deutschen des 20. Jahrhunderts, und sein Scheitern ist vielleicht nur Teil und Abbild des deutschen Scheiterns, sein Vergessenwerden ein Symptom des verlorenen deutschen Geschichts- und Selbstbewußtseins.

Gegen Hitler hat es bekanntlich zwei ernsthafte deutsche Auflehnungsakte gegeben, beide zu spät, und beide zum Mißerfolg verurteilt durch das Fehlen einer durchdachten, überzeugenden politischen Gegenkonzeption: den kommunistischen der »Roten Kapelle« und den preußischaristokratischen des 20. Juli. Es gab aber eine Gegenkonzeption, die beide genau umspannte; eine Synthese von revolutionärem Sozialismus und preußischem Staatsdenken. Und der Mann, der sie entwickelt und in Schriften von großartiger Wucht und Prägnanz niedergelegt hatte, war eben Ernst Niekisch. Auch hat Niekisch nicht nur gedacht und geschrieben: Er hat seine Gesundheit und acht Jahre seines Lebens in Hitlers Zuchthäusern für seine Idee und seine Überzeugung geopfert. Umsonst?

Niekisch ist als Politiker gescheitert – zweimal gescheitert: als junger Mann in der Münchner Revolution von 1918/19, an der er führend beteiligt war; später als Führer des von ihm gegründeten »Widerstandskreises« in der Krise der Weimarer Republik, die in Hitlers Machtergreifung mündete. Aber er hinterläßt ein historisch-politisches Werk, das nicht nur literarischen Glanz besitzt (er schrieb ein kleistisches Deutsch, vielleicht das großartigste Deutsch, das in diesem Jahrhundert geschrieben worden ist), sondern immer noch unberechenbare politische Sprengkraft.

Und was er außerdem noch hinterläßt, das ist die Geschichte seines Lebens, eines heroisch-tragischen Lebens, eines »gewagten Lebens«, wie er selbst es genannt hat. Wenn man Niekischs Leben betrachtet, kommt einem Nietzsches berühmtes Epitaph auf Schopenhauer in den Sinn. Die erste Zeile freilich paßt nicht; was Niekisch lehrte, ist alles andere als »abgetan«. Aber die folgenden Zeilen könnten auf Niekisch geschrieben sein:

> Was er lebte, wird bleiben stahn.
> Seht ihn nur an:
> Niemandem war er untertan.

Niekischs Vater war ein kleiner Handwerker, ein Feilenhauermeister, der bald nach der Geburt seines Sohnes von Schlesien nach Bayern verzogen war. So kam es, daß der Urpreuße Niekisch sein politisches Leben in der bayerischen Revolution begann. Er hat selbst erzählt, wie das vor sich ging. Er war im November 1918 ein junger Volksschullehrer in Augsburg und betätigte sich nebenbei als Hilfsredakteur der örtlichen sozialdemokratischen Zeitung. Die Schule war wegen Grippe geschlossen, und so saß er am 8. November bereits frühmorgens allein in der Redaktion, als ein Unteroffizier des 3. Augsburger Infanterieregiments hereinkam: In München sei die Republik ausgerufen, die Augsburger Soldaten seien dabei, Räte zu wählen und wünschten, daß jemand von der Partei in die Kaserne käme, »nicht nur um zu raten, sondern um die Führung zu ergreifen«. Niekisch rief telefonisch einige führende Partei- und Gewerkschaftsleute in die Redaktion. »Dabei setzte es mich in Erstaunen, bei diesen Männern, die im Geruche von ›Revolutionären‹ standen, so viel Vorsicht, Behutsamkeit, ja vielleicht sogar Feigheit zu entdecken. Sie machten Ausflüchte, wollten Direktiven aus München abwarten, keiner wagte es, die Kaserne zu betreten, weil niemand wissen könne, was ihm dort begegne ... Die alten Herren zogen sich aus der Schlinge, indem sie, gegen meinen Einspruch, mich, den Jüngsten, dazu bestimmten, die Lage in der Kaserne zu erforschen.«

Aber wer in die Kaserne ging, sollte ja nicht nur die Lage erforschen, sondern die Führung ergreifen, und das tat der junge Niekisch, da es nun einmal kein anderer tun wollte. Noch an diesem Tage wurde er zum Vorsitzenden der vereinigten Augsburger Arbeiter- und Soldaten-Räte gewählt, die er ins Leben rief, und zwei Monate später war er Vorsitzender des Zentralrats der Arbeiter-, Bauern- und Soldaten-Räte Bayerns geworden. Es gab eben nicht viele, die so wie er den Mut hatten, die Führung zu ergreifen.

Nach der Ermordung des Münchner Revolutionsführers Kurt Eisner am 21. Februar 1919 war Niekisch ein paar Wochen lang der mächtigste Mann in Bayern. Daß der knapp Dreißigjährige, politisch bis dahin gänzlich Unerfahrene, das Chaos jener Tage zu meistern gewußt hätte, läßt sich nicht behaupten. Immerhin zeigte er nicht nur Wagemut, sondern auch politischen Realismus. Er erkannte, daß die Revolution, im übrigen Reich schon niedergeschlagen, in Bayern, wo sie noch lebendig war, nur durch einen rechtzeitigen Kompromiß zwischen Räten und Parlament zu retten sein würde; und für ein paar Wochen setzte er diesen Kompromiß durch. Noch nach der Gründung der Münchner Räterepublik im April, die er in der gegebenen Lage für falsch hielt und nicht mitmachte, suchte er zwischen der Münchner Räteregierung und der nach Bamberg geflohenen parlamentarischen Regierung einen Frieden zu vermitteln, der vielleicht Noskes Freikorps draußengehalten und die Greuel der Konterrevolution verhindert hätte. Das mißlang. Die Konterrevolution triumphierte, und Niekisch büßte seinen Anteil an der Revolution mit zwei Jahren Festungshaft.

In diesen zwei Jahren erzwungener Muße entwickelte er die politische Synthese »rechter« und »linker« Ideen, die sein Grundgedanke wurde und die seinen Namen für etwa ein Jahrzehnt, von 1926 bis 1935, in Deutschland berühmt machte. Man hat sie, kaum ganz treffend, als »Nationalbolschewismus« abgestempelt. Vielleicht wäre es richtiger, wenn der Begriff nicht durch Hitler korrumpiert und diskreditiert wäre, von National-Sozialismus, noch richtiger, von Staatssozialismus oder »preußischem Sozialismus« zu sprechen.

»Preußentum und Sozialismus« – so hieß ein kleines Buch von Oswald Spengler, das in jenen Jahren Furore machte. Spengler behauptete darin, Preußentum und Sozialismus – »richtig verstandener Sozialismus« – seien immer dasselbe gewesen. Das zu behaupten, lag Niekisch fern. Wahrheitsliebend wie er war, sah er das historische Preußen als die ständisch-feudale, vorbürgerliche, erst recht vorsozialistische Gründung, die es wirklich gewesen war. Aber konnten Preußentum und Sozialismus vielleicht dasselbe *werden*?

Gemeinsam war ihnen immerhin mancherlei: ein asketischer Zug, eine hohe Disziplin der Selbstlosigkeit, ein säkularer, freidenkender Idealismus, und schließlich ein unversöhnlicher Gegensatz zum individualistischen Bürgertum westlicher Prägung, zum liberalen Kapitalismus. »Die Schicksalslinie Preußens«, schrieb Niekisch, »steht in einem umgekehrten Verhältnis zur Schicksalslinie des deutschen bürgerlichen Weltgefühls; Preußen ist in dem Maße lebendig und ausgreifend, in dem das bürgerliche Weltgefühl versickert und verkümmert.«

Hatte die sozialistische Revolution nicht dieselbe Schicksalslinie? Konnte, ja mußte sie nicht, um in Deutschland zu siegen, sich mit der Staatsidee verbinden, wie sie das alte Preußen in Deutschland am reinsten verkörpert hatte? Gedanken dieser Art waren schon in den berühmten Gesprächen Bismarcks und Lassalles im Jahre 1863 aufgetaucht, auch gelegentlich bei Engels. Aber erst Niekisch dachte sie zu Ende und brachte sie in ein zusammenhängendes System.

Niekisch war zunächst und vor allem ein sozialistischer Revolutionär, seine tiefste und ursprünglichste Abneigung galt dem Besitzbürgertum, sein Trauma war die verratene und verlorene deutsche Revolution von 1918. Aber er war auch ein Preuße, und er litt auch an dem anderen großen deutschen Trauma von 1918/19: dem des verlorenen Krieges und des demütigenden Versailler Friedens. Zwei Fragen bohrten in dem Gefangenen in seiner Festungszelle: Wie kann man die Revolution doch noch zum Siege führen? Und: Wie kann man die Fesseln von Versailles brechen? Die Antwort, die sich allmählich in ihm formte, hieß: Das eine durch das andere! Nur ein revolutionäres und sozialistisches Deutschland könnte, im Bunde mit dem revolutionären Rußland, dem bürgerlichen Westen, der Deutschland besiegt und beleidigt hatte, noch einmal Trotz bieten – ein nachbürgerliches Deutschland im Bunde mit dem nachbürgerlichen Rußland, so wie es 1813 das vorbürgerliche Preußen im Bunde mit dem vorbürgerlichen Rußland getan hatte. Und umgekehrt müßte sich aus dem *nationalen Befreiungsimpuls* die Kraft zur *sozialen Revolution* gewinnen lassen, wenn sich beweisen ließ, daß die Revolution eben die Vorbedingung der Befreiung war.

Daß sie das war, davon war Niekisch überzeugt! Denn das deutsche Bürgertum, das die Weimarer Republik beherrschte, blieb, so sah es Niekisch, mit tausend unsichtbaren Fesseln an den kapitalistischen Westen gebunden, auch wenn es sich noch so sehr gegen Versailles ereiferte und sich noch so nationalistisch gab. Nie würden diejenigen, denen es letzten Endes ums Geldverdienen und ums gute Leben ging, die moralische Kraft zur nationalen Emanzipation mit allen ihren materiellen Opfern aufbringen können.

Der Gedanke einer »preußischen« Politik gegen Versailles, also eines Bündnisses mit Rußland gegen den Westen, lag im damaligen Deutschland in der Luft: Er fand 1922 eine gewisse Verwirklichung im Vertrag von Rapallo, und in den folgenden Jahren in der geheimen Zusammenarbeit zwischen Reichswehr und Roter Armee. Nur blieb dieses Bündnis immer angefochten, immer auch etwas unnatürlich und zerbrechlich, solange Deutschland ein bürgerlich-kapitalistisches, Rußland ein proletarisch-sozialistisches Land war.

Niekisch sah tiefer als die Männer von Rapallo und die Männer der Reichswehr, wenn er erklärte, daß Deutschland eine soziale Revolution brauche, um sich für diese »preußische Außenpolitik« in Form zu bringen und sie wirklich durchzustehen. Die Frage war: Mit wem ließ sich die Revolution machen?

Der SPD, der er ursprünglich angehört hatte, hatte Niekisch schon 1919 angeekelt den Rücken gekehrt (er warf den Brief mit seiner Austrittserklärung unterwegs in den Briefkasten, während er, verhaftet, ins Untersuchungsgefängnis abgeführt wurde). Eine Weile führte er, nach seiner Festungshaft, die Landtagsfraktion der bayerischen USPD. Als sich die USPD 1922 auflöste und zwischen SPD und KPD aufspaltete, wurde er politisch heimatlos. Er konnte sich keiner der beiden linken Parteien anschließen. Von der SPD trennte ihn neben der Erinnerung an 1918 ihre bürgerlich-pazifistische »Erfüllungspolitik«; von den Kommunisten ihr Internationalismus und ihre zunehmende Abhängigkeit von der Moskauer Internationale.

Niekisch war nie ein Internationalist; es war ihm selbstverständlich, in Staaten zu denken. Er wollte wohl das deutsche Bündnis mit Moskau, aber keine Moskauer Einmischung in deutsche Innenpolitik und keine Moskau-Hörigkeit. Eine Weile versuchte er mit den Gewerkschaften zu arbeiten, dann mit den sächsischen »Altsozialisten«, einer heute vergessenen Abspaltung von der SPD. Aber das waren schwache Notbehelfe, und 1926 hatte sich Niekisch zu der Überzeugung durchgerungen, daß man politisch in Deutschland ganz von vorn anfangen müsse.

Für das, was er wollte, war keine bestehende Partei zu gebrauchen. Man mußte die Bewegung, die die soziale Revolution und mit ihr die nationale Befreiung tragen sollte, ganz neu von unten aufbauen. Er gründete die Zeitschrift »Widerstand«, er hielt Reden landauf, landab, und er begann, in vielen deutschen Städten die Zellen und Zirkel zu formen, die in den folgenden Jahren als »Widerstandskreis« von sich reden machten.

Ein solcher politischer Neubeginn war in den zwanziger Jahren in Deutschland nicht so phantastisch, wie er heute erscheinen mag; und äußerlich waren die Jahre nach 1926 die erfolgreichsten in Niekischs Leben. Sein Name wurde bekannt, er wurde zur öffentlichen Figur, er wurde von den verschiedensten Seiten umworben, und seine Ideen wurden leidenschaftlich diskutiert. Tatsächlich zeigten gerade diese Jahre seine schwächste Seite, und für seine Bewunderer sind es eher peinliche Jahre.

Niekisch war immer ein scharfer und tiefer politischer Denker, und, wie sich später zeigen sollte, ein Mann von heroischer Tapferkeit. Ein praktischer Politiker war er nie! Es fehlte ihm fast alles dazu: die Wendigkeit, die Anpassungsfähigkeit, das unentbehrliche Quentchen Opportunismus, das Organisationsvermögen, das demagogische Talent, vielleicht sogar das urwüchsige, elementare Streben nach Macht und Erfolg, das das Grundkapital jedes Politikers ist. Statt dessen besaß er ein Übermaß von intellektueller Integrität, von abweisendem Stolz, von Eigensinn, ja von Querköpfigkeit. Der harte blaue Blick, mit dem er Dinge und Menschen auf den Grund sah, die Rückhaltlosigkeit, mit der er sein Leben lang sagte, was er dachte, gewann ihm wenig Freunde, gewiß keine Massenanhängerschaft; allenfalls ein paar begeisterte Schüler. Das, was er sich 1926 vorgenommen hatte, war mit Niekischs Arsenal von persönlichen Qualitäten nicht zu verwirklichen.

In gewissem Sinne konkurrierte er in diesen Jahren mit Hitler. Taktisch waren beide auf dasselbe aus: die Schaffung einer neuen politischen Bewegung, die die existierenden politischen Parteien überspülen und wegschwemmen sollte, um eine bestimmte vorgegebene politische Konzeption durchzusetzen. Beide wandten sich auch zunächst an dieselbe Schicht: die rebellische »bündische« Jugend jener Jahre, mit ihrem schweifenden, intellektuell ungefestigten Idealismus, ihrem Nationalismus, ihrer Opfer- und Abenteuerbereitschaft, ihrer »antikapitalistischen Sehnsucht«. Wer nicht genau hinhörte, mochte manchmal kaum viel Unterschied bemerken zwischen Hitlers »Nationalsozialismus« und Niekischs »Nationalbolschewismus«: Beide ritten schließlich auf der nationalen Welle, beide waren Feinde der Weimarer Republik, beide umwarben die Jugend, und beide schlugen revolutionäre Töne an – Töne, die gebildeten Bürgern gleichermaßen unangenehm in den Ohren klangen. Man muß es zugeben, die Sprache des Niekisch von 1930 klingt auch heutigen Ohren nicht immer angenehm, sie wurde mitunter steil und schrill. (Das Publikum, das man anspricht, färbt eben auf die Tonlage ab.)

In Wirklichkeit waren Hitler und Niekisch schon damals die schärfsten Antipoden, die es in Deutschland gab. Das einzig Gemeinsame war ihre Gegnerschaft gegen die Weimarer Republik, ihre Bereitschaft, die ohnehin Fallende zu stoßen und die Tote zu beerben. Im übrigen wollten sie in jeder Einzelheit das genaue Gegenteil: Hitler die nachträgliche Rache an den »Novemberverbrechern«, Niekisch den nachträglichen Sieg der Novemberrevolution; Hitler die faschistische Konterrevolution, Niekisch die sozialistische Revolution; Hitler den antibolschewistischen Kreuzzug und die Kolonisierung Rußlands mit stiller Beihilfe des Westens, Niekisch das Bündnis mit dem bolschewistischen Rußland gegen den Westen. Hitler dachte in Begriffen von *Rasse* und *Raum*, Niekisch in Begriffen von *Klasse* und *Staat*. Hitler wollte Massen einfangen für eine kapitalistisch-imperialistische Politik; Niekisch eine neue Elite gewinnen für eine Politik des preußisch-asketischen Sozialismus. Hitler hatte sich, bei aller »sozialistischen« Phrasendrescherei, längst mit dem kapitalistischen Großbürgertum arrangiert; für Niekisch war und blieb das kapitalistische Großbürgertum der eigentliche innere Feind. Was nebenbei erklärt, warum sich Hitlers Parteikassen füllten, während Niekischs »Widerstandsbewegung« immer arm und ein wenig sektenhaft blieb.

Aber das ist nicht die einzige Erklärung für Hitlers Erfolg und Niekischs Mißerfolg. Man wird es zugeben müssen, daß der fürchterliche Hitler ein geborener Politiker war und der ehrenhafte Niekisch nicht. Hitler war ein großer Demagoge, der nicht zögerte, allen alles zu versprechen; Niekischs starre Rechtschaffenheit und Geradlinigkeit stieß Flugsand mehr ab, als sie ihn anzog. Hitler schloß unbedenklich Bündnisse nach allen Seiten; Niekisch wies beispielsweise Hugenbergs Bündnisanträge mit Schaudern ab. Vor allem: Hitler kannte sein Publikum; er spürte instinktiv, daß die bündische Jugend mit all ihrer Windjacken- und Lagerfeuerromantik im Grunde doch eine *bürgerliche* Jugend war, künftiges Material für seine SA und SS. Niekisch predigte der falschen Gemeinde; sein großer taktischer Irrtum war, daß er glaubte, die *Rechte*, oder doch Teile davon., für eine *linke* Politik einspannen zu können. (Es ist in Deutschland viel leichter, die Linke für eine rechte Politik einzuspannen.)

Kurz, Niekisch scheiterte, wo Hitler triumphierte. Als praktischer Politiker versagte er zum zweiten Mal, und endgültig. In dem Wettlauf um die Nachfolge der Weimarer Republik, den er mit Hitler aufgenommen hatte, hatte er nie eine wirkliche Chance. Aber dieselben Eigenschaften, die ihm den Sieg verlegt hatten, machten ihn in der Niederlage groß.

Denn er blieb unbeugsam; er machte nach Hitlers Sieg weiter, als ob nichts geschehen wäre. Immer in persönlicher Gefahr, oft gewarnt, ein paarmal schon kurz verhaftet, fuhr er fort, zu reden und zu schreiben, was er immer geredet und geschrieben hatte. Und in der kahlgeschlagenen politischen Landschaft des gleichgeschalteten Deutschland von 1933 warf der einsame Opponent Niekisch plötzlich einen riesigen Schatten. Der »Widerstand« erschien noch, unerklärlicherweise, fast zwei Jahre lang. Er hieß immer noch »Widerstand« – was plötzlich fanfarenhaft herausfordernd klang; er predigte immer noch, was er immer gepredigt hatte. Erst Ende 1934 wurde er verboten.

Niekisch schrieb weiter. Da er keine Zeitschriftenartikel mehr schreiben konnte, schrieb er Bücher – Bücher wie »Die dritte imperiale Figur« und »Das Reich der niederen Dämonen«, die in Maschinenschrift zirkulierten und das Schneidendste an Verdammung enthalten, was je über Hitler und sein Reich geschrieben worden ist. Andere hätten sich gehütet, solche Manuskripte auch nur in ihrer Wohnung zu haben. Niekisch versuchte allen Ernstes, sie von einem Züricher Verleger in der Schweiz herausbringen zu lassen, und das, ohne selber Emigrationspläne zu haben. Er besuchte weiter seine »Widerstandszirkel« im Reich, und wenn er Auslandsreisen machte, nahm er Fühlung mit politischen Emigranten auf. Man kann seine Tätigkeit nicht eigentlich konspirativ nennen, denn wirkliche, konkrete Staatsstreichpläne hatte er nicht; es konnte sie in diesen Jahren wohl auch nicht geben.

Was Niekisch tat, war schlichte Herausforderung: Er verweigerte ostentativ die allgemein geübte Gleichschaltung, er trug seine Hitler-Feindschaft zur Schau, er bot sich gewissermaßen zum Märtyrertum an. Vielleicht war gerade das der Grund, daß er so erstaunlich lange ungeschoren blieb; vielleicht hielt auch irgendein heimlicher Anhänger irgendwo im Staatsapparat diskret eine schützende Hand über ihn. Jedenfalls blieb Niekisch mitten im Dritten Reich vier Jahre lang der letzte bekannte und erklärte offene, ja öffentliche Hitler-Feind. Dann war die Geduld, oder die stille Protektion, am Ende. Im März 1937 wurde er verhaftet, im Januar 1939 wegen »Vorbereitung zum Hochverrat« zu lebenslänglichem Zuchthaus verurteilt. Erst im April 1945 befreite ihn die vorrückende Rote Armee aus dem Zuchthaus Brandenburg-Görden – als ein körperliches Wrack, halb blind und fast bewegungsunfähig.

In fast jedem Leben gibt es einen »Augenblick der Wahrheit« – eine Situation, die den Menschen, vielleicht ihm selber unbewußt, in seinem innersten Wesen zeigt, ganz nackt, ganz so, wie er wirklich ist. Manchmal ist solche Enthüllung peinlich, manchmal erschreckend, manchmal ergreifend, oft komisch. Bei Niekisch ist sie erstaunlich.

Es war die Haft, die ihm seine letzte Wahrheit entriß. Er kämpfte heroisch gegen die Verzweiflung und die Haftpsychose an – nicht ganz erfolgreich, denn seine Lähmung, die sich später noch einmal ein wenig besserte, war höchstwahrscheinlich im Ursprung eine seelische Erkrankung; direkten körperlichen Mißhandlungen war er nicht ausgesetzt. Aber *wie* er die Haftkrankheit bekämpfte, das ist das Außerordentliche! »Ich erdachte mir ein System leiblicher und geistiger Hygiene, das ich streng durchführte ... Dabei band ich mich an einen wohlüberlegten Stundenplan. In der ersten Stunde beschäftigte ich mich mit Philosophie, in der zweiten mit Soziologie, dann hing ich Gedanken über ein Buch nach, das ich zu schreiben beabsichtigte. Im Anschluß an das Essen setzte ich mein geistiges Training fort. Literaturgeschichte, Volkswirtschaftslehre, mitunter Mathematik, Fragen der Ästhetik waren die Gegenstände, auf die ich mich jetzt konzentrierte ... In der Regel hing ich meinen Meditationen laut sprechend nach; ich stellte mir vor, ein Auditorium vor mir zu haben, dem ich Vorträge hielt. Einmal war dieser Eindruck so stark, daß ich, als der Beamte aufschloß, um mir Brot zu bringen, längere Zeit benötigte, um mich wieder zurechtzufinden. Die Beamten mochten mich mitunter wohl für geistig angegriffen halten.«

Wenn Preußentum Disziplin – pedantische Disziplin – ist, durchgehalten auch im Unkontrollierbaren und scheinbar Sinnlosen, dann ist Niekischs einsame Selbst-Disziplin in der Zelle vielleicht der letzte, höchste und vergeistigste Extrakt des Preußentums, von dem die Geschichte weiß. Niekisch Tag für Tag – nach Stundenplan – in seiner Zelle Vorträge an ein nichtexistentes Publikum haltend: Es klingt befremdend, imponierend bis zur halben Lächerlichkeit, fast unglaublich. Aber wir müssen ihm glauben, denn es existiert ein Zeugnis dieser heroisch-grotesken, asketischen intellektuellen Selbstzucht: sein – nicht nur dem Umfang nach – größtes Buch, »Europäische Bilanz«, das er 1945, unmittelbar nach seiner Befreiung, immer noch körperlich ein gebrochener Mann, unter Bedingungen unbeschreiblicher Not und Unbequemlichkeit, wie nach Diktat oder wie eine bloße Abschrift, niederschrieb. Das Vorwort gibt die Erklärung: »Die ›Europäische Bilanz‹ ist in den

Tagen und mehr noch in den Nächten langer Gefangenschaft entstanden. Kein Buch war zur Hand, um darin nachzuschlagen. Für die Niederschrift fehlten Papier und Feder. Verfügbar war nur der Stoff, den das Gedächtnis aus vergangener Zeit behalten und aufbewahrt hatte; er war zu mobilisieren, und nirgends sonst konnte er, wenn er durchleuchtet und als Material des denkerischen und formenden Prozesses verwertet war, hinterlegt werden als in den Kammern der Erinnerung. Der Russe öffnete am 27. April 1945 das Tor zu neuer Freiheit. In kurzen vier Monaten war aufgezeichnet, was in acht Jahren langsam ausgereift war.«

Die ›Europäische Bilanz‹ ist eine radikale Abrechnung mit der gesamten europäischen Geschichte, insbesondere mit der europäischen Geistesgeschichte. Der Gefangene, dem die Gegenwart vermauert war und die Zukunft genommen schien, hatte sich als geistigen Freiheitsraum die Vergangenheit erobernd und beherrschend erschlossen – und eben damit den Anlauf genommen zu einer Wirkung in die ferne Zukunft, weit über seine verlorengegebene Lebenszeit hinaus. Der gescheiterte Politiker war zum Historiker, das heißt zum rückwärts gewandten Propheten geworden – nicht anders als einst der größte aller Historiker, der ja ebenfalls ein gescheiterter Politiker war: Thukydides.

Niekischs Geschichtsschreibung ist thukydideisch – das heißt nicht erzählend, schildernd und beschreibend, sondern »unterscheidend, wählend und richtend«. Er stellt nicht dar, er erklärt; er produziert keinen Bilderbogen, sondern einen Atlas. Und was er in der Vergangenheit sucht, das sind die Keime der Zukunft. Das ist es, was die »Europäische Bilanz« und ihre Vorstudie, die »Grundlinien europäischer Politik« aus dem Jahre 1935, die heute ein Geheimtip weniger Kenner sind, zu Büchern mit so unberechenbarer Fernwirkung macht. Es sind fordernde Bücher, Bücher, die zu verlangen scheinen, weitergeschrieben zu werden – mit Taten.

Mit dem ungeheuren literarisch-historischen Produktivitätsstoß, der seiner Befreiung fast unmittelbar folgte – die »Deutsche Daseinsverfehlung«, die »Legende von der Weimarer Republik« und die Autobiographie »Gewagtes Leben« gehören noch in dieselbe Periode – war Niekischs Lebens- und Leistungshöhepunkt erreicht und überschritten. Was danach kommt, ist Abgesang. »Die Freiheit, die sich mir wieder aufgetan hatte, erwies sich als ein fast undurchdringliches Gestrüpp neuer, atembeengender Gebundenheiten.« Niekischs Gesundheit war zerstört, und er alterte jetzt. Tiefer Pessimismus – »Der Ertrag der ganzen deutschen Geschichte erweist sich als ein schreckliches Nichts« – wechselte mit einem flackernden Aufleben angeborener politischer Leidenschaft.

Es war ein solches Aufflackern, das ihn dahin brachte, 1945 das zu tun, was er nach dem Ersten Weltkrieg nie über sich gebracht hatte: er trat der KPD bei. Aber Ulbricht hatte keine wirkliche politische Verwendung für Niekisch. Seine Parteimitgliedschaft versandete. Die Bundesrepublik bestrafte ihn dafür, indem sie dem lebenslang arm Gebliebenen, nun Alternden, Kranken und zunehmend Arbeitsunfähigen mit standhafter Schäbigkeit die Haftentschädigung verweigerte. Sein langer, quälender Kampf um seine Wiedergutmachung – der »Fall Niekisch« –, kurz vor seinem Tode schließlich noch mit einem mageren Vergleich leidlich beigelegt, war das Letzte, was in den fünfziger und sechziger Jahren noch über ihn durch die Zeitungen geisterte. Er war der Zeit fremd geworden, und er starb vergessen. Aber so sind manche großen Männer gestorben, die glorreich wieder auferstanden sind.

Ernst Niekisch hat für seine Auferstehung vorgesorgt. Das Korpus historisch-politischer Denkarbeit, das er hinterläßt, hat im Deutschland des zwanzigsten Jahrhunderts nicht seinesgleichen. Im Augenblick ist es so etwas wie ein vergrabener Schatz, gehütet von einer Handvoll alter Kampfgefährten und dankbarer Schüler. Aber wo man seine Bücher aufschlägt – und einige, immerhin, sind in den letzten Jahren wieder aufgelegt worden – sprühen Funken, und man fühlt elektrische Schläge. Es ist viel Zukunft in diesem Werk.

Sogar, fern von Deutschland, heute schon viel neue Gegenwart. Niekischs politischer Grundgedanke, daß nationale Befreiung und sozialistische Revolution dasselbe sind, die beiden Seiten derselben Münze: was ist er anderes als die gemeinsame Maxime der Taten Maos und Ho Chi Minhs, Fidel Castros und Che Guevaras? Die antibürgerlichen, antikapitalistischen, antiwestlichen Revolutionsparteien der Dritten Welt tragen alle denselben Namen: FLN – auf deutsch: Nationale Befreiungsfront. Die sozialistische Revolution trägt überall die nationalistische Fahne! So unwahrscheinlich es klingen mag: der wahre Theoretiker der Weltrevolution, die heute im Gange ist, ist nicht Marx und nicht einmal Lenin. Es ist Niekisch.

Ob seine Gedanken in ihrem Ursprungsland noch einmal historisch wirksam werden, steht bei einer ferneren Zukunft. Deutschland ist heute, wie Niekisch selbst in einem Augenblick tiefer Resignation nach dem Zweiten Weltkrieg schrieb, »zum Gegenstand organisierender Zwangsläufigkeiten von Großraumimperien geworden. Dagegen kommt keine ehrgeizige Auflehnung mehr auf.« Man kann, um des europäischen Friedens willen, eine solche Auflehnung heute nicht einmal wünschen, und der alte, traurige, resignierte Niekisch der letzten Jahrzehnte würde zustimmen. Er riet in dieser Stimmung selber dem deutschen Volke zur Selbstbescheidung: »Es muß sich bewußt auf einen kleinen politischen Fuß umstellen.«

Und doch, und doch! Die Weltgeschichte ist lang, die Völker dauern, die Konstellationen wechseln, und die Ideen kommen wieder. Es ist schwer zu glauben, daß in einer revolutionären Welt Europa allein für immer im induzierten Schlaf des amerikanisch-sowjetischen Friedens dahindämmern wird. Auch Deutschland wird unvermeidlich eines Tages in die Geschichte zurückkehren, mit dem, was Niekisch einen »eigenen deutschen Gestaltungs- und Machtwillen« nannte. Und vielleicht bewahrheitet sich dann sogar, was er im nächsten Satz hinzufügte: »Schlägt dieser durch, so erblickt man sogleich ein preußisches Antlitz.«

PERSONENREGISTER